改訂

マンション建替法の解説

編著◎マンション建替法研究会

大成出版社

発刊に寄せて

我が国のマンション供給は昭和四十年代後半から本格化し、そのストック総数はいまや約六百万戸を超え、マンションは都市における主要な居住形態として広く普及しています。マンションにおける良好な居住環境の確保は、国民生活の安定向上のために重要な課題であることから、老朽化したマンションの建替えの円滑化を図ることを目的として、平成十四年に「マンションの建替えの円滑化等に関する法律」が制定されています。

一方で、現在までのマンションの建替えの実績は累計で百九十六件、約一万五千五百戸に留まっており、南海トラフ巨大地震や首都直下地震等の巨大地震発生のおそれがある中で、特に耐震性不足の老朽化マンションの建替え等が喫緊の課題となっております。

このため、地震によるマンションの倒壊その他の被害からの国民の生命、身体及び財産の保護を図ることを目的として、平成二十六年に「マンションの建替えの円滑化等に関する法律の一部を改正する法律」が成立し、耐震性不足のマンションに関し、多数決でマンションと敷地を一括で売却するためのマンション敷地売却制度と建替えに係る容積率の緩和特例が創設されました。

さらに、改正マンション建替法に基づき策定した「マンションの建替え等の円滑化に関する基本的な方針」に従い、「耐震性不足のマンションに係るマンション敷地売却ガイドライン」及び「マンション敷地売却関連書式・支援制度集」を作成・公表するとともに、補助制度や債務保証制度、融資制度、税制特例といったマンション敷地売却に係る支援制度も措置しています。併せて、専門家による相談体制も整備しています。

従来のマンションの建替えに係る施策とともに、新たな施策が有効に活用され、マンションの建替え等が円滑に実施されていくことを期待するところです。

つきましては、本書がマンション再生の主役である区分所有者や管理組合をはじめ、これらをサポートする専門家の方々等の理解の一助となり、マンションの建替え等を検討・実施していくうえで有効活用されますことを、心より祈念いたしております。

平成二十七年八月

マンション建替法研究会

目次

第三部　資料

本文中に使用した法令等の内容現在は次のとおりである。

・マンションの建替え等の円滑化に関する法律
（平成二十六年六月二十五日法律第八十号現在）
・マンションの建替え等の円滑化に関する法律施行令
（平成二十六年八月二十日政令第二百八十三号現在）
・マンションの建替え等の円滑化に関する法律施行規則
（平成二十七年一月二十九日国土交通省令第五号現在）

第一部　序論

耐震性不足のマンションに係るマンション敷地売却制度や容積率の緩和特例の創設等を内容とする「マンションの建替えの円滑化等に関する法律の一部を改正する法律」（平成二十六年法律第八十号）は、衆参両議院における審議・賛成多数による可決を経て平成二十六年六月十八日成立、同月二十五日に公布、同年十二月二十四日より施行された。また、改正とあわせて、マンション敷地売却によるマンションの建替え等の支援措置や相談体制の整備も行われた。

一　改正の背景

「マンションの建替えの円滑化等に関する法律」（平成十四年法律第七十八号）については、今後、老朽化したマンションが急増することが見込まれていることに対応して、区分所有者によるマンションの建替えの円滑化等を図り、マンションにおける良好な居住環境の確保を図ることを目的として平成十四年に制定されたものである。本法では、法人格を有するマンション建替組合の設立や権利変換手法による関係権利の再建後のマンションへの円滑な移行等を主な内容としており、従来のいわゆる等価交換方式によるマンションの建替えに加え、権利変換手法によるマンションの建替えとの選択肢を創設したことは、マンションの建替えの促進に一定程度の効果があったものと考えられる。

しかしながら、マンションのストックは平成二十六年末現在で約六百十三万戸、このうち旧耐震基準に基づき建設されたものは約百六万戸であり、高経年のマンションは今後飛躍的に増大することが見込まれている。一方で、これまでマンションの建替えについては累計で百九十六件、約一万五千五百戸（いずれも平成二十六年四月時点）しか進んでいない状況である。南海トラフ巨大地震や首都直下地震等の巨大地震発生のおそれがある中、生命・身体の保護の観点から、耐震性不足のマンションの建替え等が喫緊の課題となっている。

マンションの建替えが進まない主な理由としては、

(1)　区分所有者による組合において権利者相互の意見・権利を調整する負担が大きいこと
(2)　容積率に余裕がないため建替え費用が回収できず経済負担が大きいこと

などが従来から指摘されていた。また、平成二十五年六月十四日に閣議決定された規制改革実施計画においても「老朽化マンションについて、建替えを含めた再生事業が円滑に進むよう、区分所有建物に係る権利調整の在り方や建築規制等の在り方、専門家による相談体制等を含め、多角的な観点から総合的な検討を行い、結論を得る」とされた。

このような状況を踏まえ、平成二十六年法律第八十号により改正されたマンションの建替えの円滑化等に関する法律（改正後の法律名は「マンションの建替え等の円滑化に関する法律。」以下「改正マンション建替法」という。）では、

(1)　マンション敷地売却制度を創設し、マンション等の再建や代替建築物の提供・あっせんを買受人に実施させ、区分所有者による組合における権利調整の負担を軽減する
(2)　容積率の緩和特例を創設し、耐震性不足のマンションの建替えに係る事業採算性の向上（区分所有者の負担軽減）を図る

こととされたものである。

二　改正マンション建替法により新たに追加された規定の概要

改正前のマンションの建替えの円滑化等に関する法律に規定されていたマンション建替組合の設立、マンション建替事業の個人施行、権利変換手続による関係権利の円滑な移行に加え、改正マンション建替法では、耐震性不足のマンションに係るマンション敷地売却制度及び容積率の緩和特例に関し、次のような規定が新たに追加された。

(1)　除却の必要性に係る認定

マンション敷地売却制度や容積率の緩和特例の対象となる耐震性不足のマンションについて適切に判断するため、特定行政庁が除却の必要性に係る認定を行うこととされた。認定の申請は、区分所有法に規定するマン

マンションストック戸数の推移と旧耐震基準ストック

・現在のマンションストック総数は約613万戸（平成26年末時点)、このうち旧耐震基準に基づき建設されたものは約106万戸。

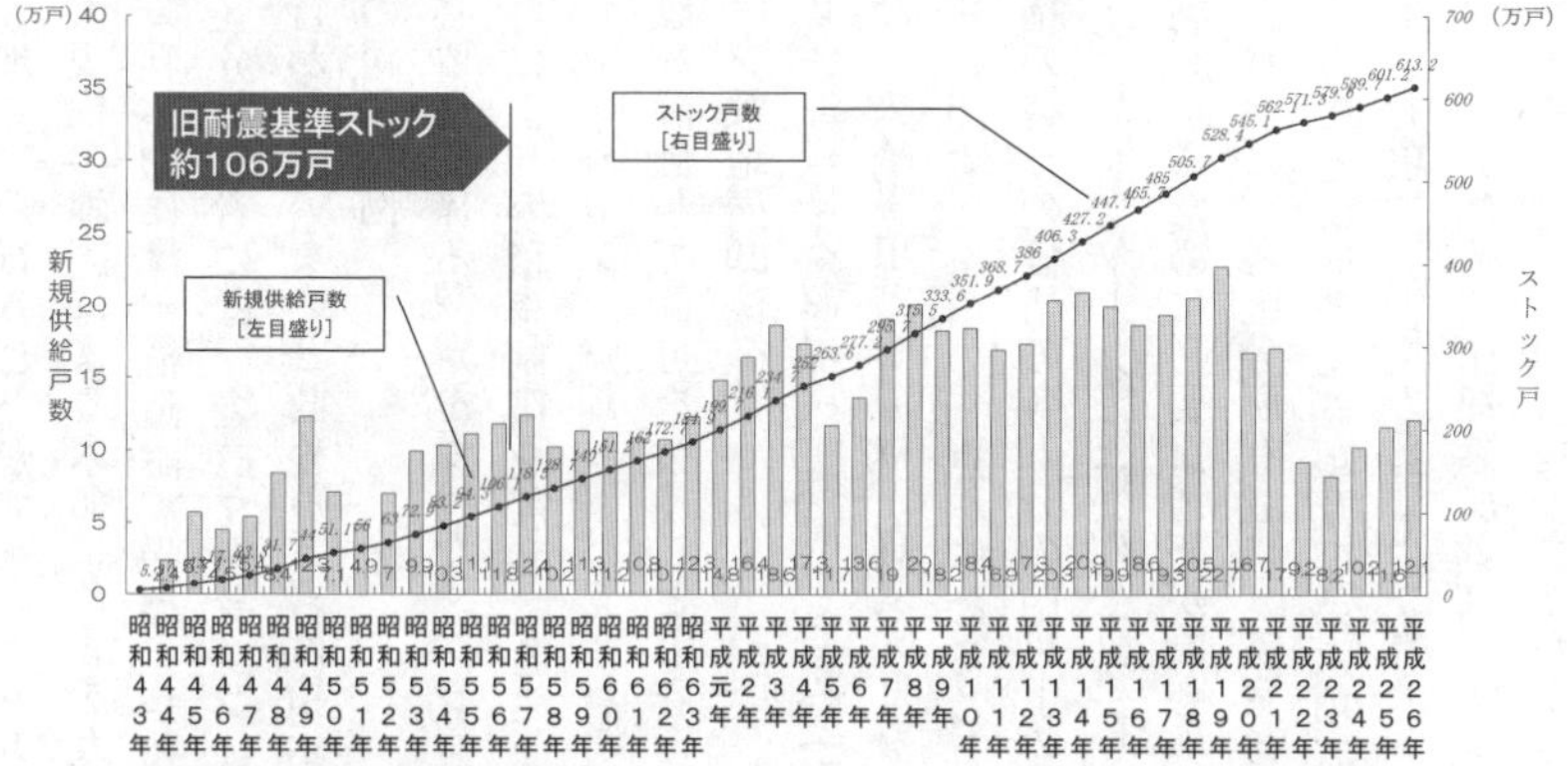

※1. 新規供給戸数は、建築着工統計等を基に推計した。
2. ストック戸数は、新規供給戸数の累積等を基に、各年末時点の戸数を推計した。
3. ここでいうマンションとは、中高層（3階建て以上）・分譲・共同建で、鉄筋コンクリート、鉄骨鉄筋コンクリート又は鉄骨造の住宅をいう。
4. マンションの居住人口は、平成22年国勢調査による1世帯当たり平均人員2.46を基に算出すると約1,510万人となる。

築後30、40、50年超のマンション数

・築後40年超のマンションは現在51万戸であり、10年後には約3倍の151万戸、20年後には約6倍の296万戸となる見込み。

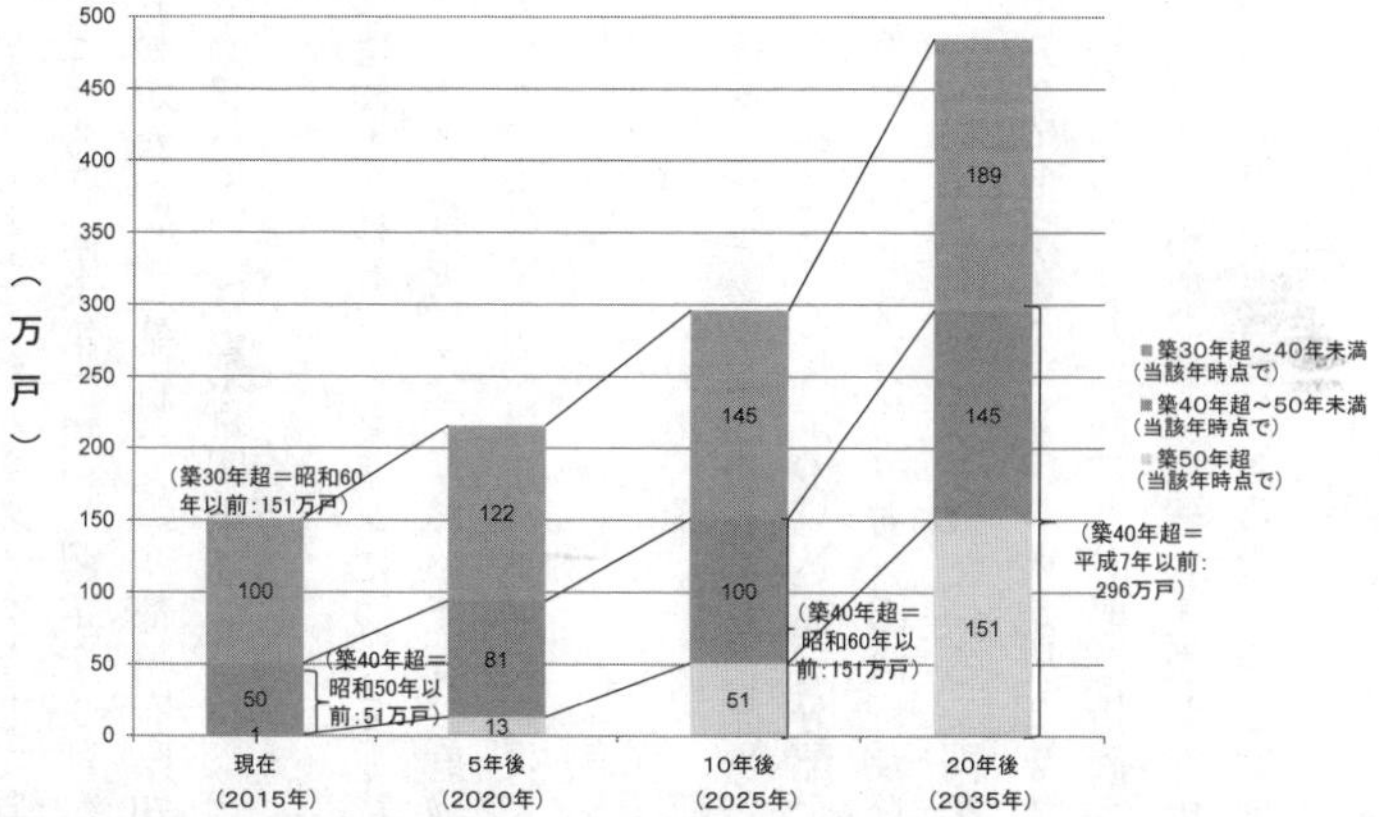

※現在の築50年超の分譲マンションの戸数は、国土交通省が把握している築50年超の公団・公社住宅の戸数を基に推計した戸数
※5年後、10年後、20年後に築30、40、50年超となるマンションの戸数は、建築着工統計等を基に推計した平成25年末のストック分布を基に、10年後、20年後に築30、40、50年を超える戸数を推計したもの

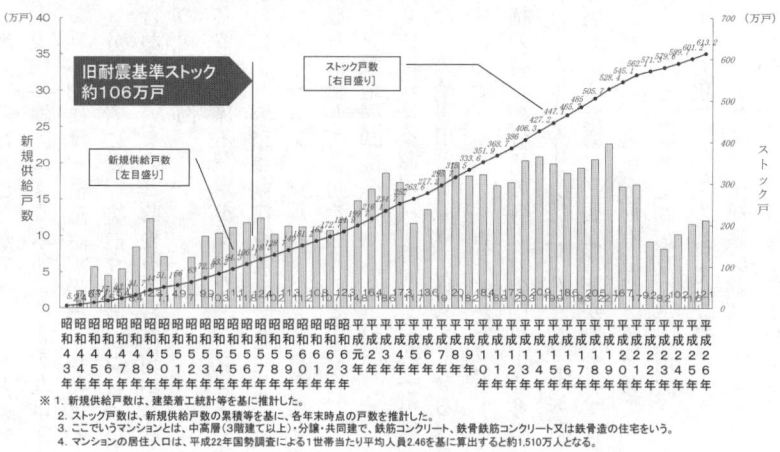

ションの管理者等が行うことができることとされている（第百二条第一項）。認定の基準としては、耐震診断の結果、大規模の地震により人命に危害を及ぼすような倒壊等の被害が生じるおそれがあるものとして判定されたもの（具体的には、構造耐震指標（Is値）が〇・六未満など）となる（同条第二項）。認定を受けたマンションの区分所有者には、当該マンションについての除却の努力義務がかかり（第百三条）、都道府県知事等は除却が行われていないと認めるときは指示及び公表ができることとされている（第百四条）。

(2) 容積率の緩和特例

除却の必要性に係る認定を受けたマンションの建替えにより新たに建築されるマンションについて、特定行政庁の許可により容積率制限を緩和できるようにされている（第百五条）。特定行政庁においては、危険な耐震性不足のマンションが除却・建替えされることの公益性に加え、公開空地の整備のほか、地域の防災、環境等への貢献を評価して許可を行うこととなる。

(3) マンション敷地売却決議

除却の必要性に係る認定（(1)参照）と買受計画の認定（(4)参照）を踏まえ、マンション敷地売却決議を行うこととされた。決議事項としては、買受人となるべき者の氏名又は名称、売却による代金の見込額、分配金の額の算定方法に関する事項の三点を定めることとされており（第百八条第二項）、区分所有者、議決権及び当該敷地利用権の持分の価格の各五分の四以上の多数により決議をすることができることとされている（同条第一項）。区分所有法第六十二条に規定する建替え決議にならって、各区分所有者がマンション敷地売却をすべきか否かを判断するために必要な情報が前もって提供されるよう、決議のための集会に向けた必要な措置（①少なくとも二月前に、各区分所有者に、議案の要領、売却を必要とする理由、耐震改修又は建替えをしない理由等を通知すること（同条第五項及び第六項）、②少なくとも一月前に、区分所有者に対する説明会を開催すること（同条第七項））が規定されている。

また、マンション敷地売却参加者は、マンション敷地売却に参加しない区分所有者に対し、マンション敷地売却に参加するか否かの催告を踏まえた上で、区分所有権等を時価で売り渡すよう請求することができることとされている（第百八条第十項）。

(4) 買受計画の認定

マンション敷地売却決議は五分の四以上の多数決によって売却することを決めるものであり、少数反対者を含めた居住者に対し代替建築物の提供・あっせんを適切に行うことができる者を買受人とすることが必要となる。このため、買い受けようとする者は買受計画を作成し、都道府県知事等の認定を受けることとしており（第百九条第一項）、決議における買受人は当該認定を受けた者でなければならないこととされている（第百八条第三項）。買受計画の認定にあたり、買い受けようとする者は、買受け及び除却の予定時期・資金計画や代替建築物の提供・あっせんに関する計画等を記載した買受計画を都道府県知事等に提出する（第百九条第二項）。都道府県知事等においては、買受けに関する資金計画をはじめとするこれらの計画の内容が、買受け及び除却並びに代替建築物の提供・あっせんが確実に行われるような計画になっているかどうかを確認した上で認定する（第百十条）。買受人は、買受計画に従って、マンションの買受け及び除却並びに代替建築物の提供・あっせんを実施しなければならないものとされている（第百十三条）。

(5) マンション敷地売却組合の設立

マンション敷地売却の実施にあたっては、買受人との売買契約の締結や事業の実施に必要な資金の借入れ等に係る各種契約を行う必要があるが、マンション敷地売却合意者全員や代表者個人の名義でこれらを行った場合は手続が煩雑になったり法的安定性に欠けたりするなどの問題がある。このため、マンション敷地売却組合を設立し（第百二十条第一項）、マンション敷地売却事業を進めることができることとされた。組合の設立には、区分所有者（マンション敷地売却合意者）の四分の三以上の同意の上で（同条第二項）、都道府県知事等の認可を受けることとされている。

また、組合は、マンション敷地売却に参加しない区分所有者に対し、区分所有権等を時価で売り渡すよう請求することができることとされている（第百二十四条）。

(6) 分配金取得計画による関係権利の変動

① 分配金取得計画の認可

組合は、組合設立認可の公告後において、分配金取得計画を定め、都道府県知事等の認可を受けることとされている（第百四十一条）。分配金取得計画には、組合員の氏名等、組合員が有する区分所有権又は敷地利用権、組合員が取得する分配金の価額、明渡しにより借家人等が受ける損失の額、権利消滅期日等を定めることとされている（第百四十二条）。分配金の価額については、マンション敷地売却決議で定められた算定方法により算定した価額となり（第百四十三条第一項）、明渡しによる損失額については公共用地補償に準じた客観的基準による適正な額の移転料、営業補償、家賃差額補償等の合計額となる（第百四十三条第三項、施行令第三十二条及び施行規則第六十七条）。

② 分配金取得計画に基づく権利の変動

分配金取得計画に定められた権利消滅期日において、個別の区分所有権及び敷地利用権がマンション敷地売却組合に帰属される（第百四十九条）。併せて、権利消滅期日においては、次の権利は法律に基づき消滅する（同条）。

(イ) 売却マンションを目的とする所有権以外の権利（担保権や借家権等）

(ロ) 売却マンションの敷地利用権が所有権であるときは当該所有権に係る敷地を目的とする所有権、地役権、地上権以外の権利（敷地の所有権に係る担保権等）

(ハ) 売却マンションの敷地利用権が借地権であるときは当該借地権を目的とする権利（借地権に係る担保権等）

③ 分配金取得計画に基づく支払等及び明渡し

都道府県知事等に認可された分配金取得計画に基づき、組合は各権利者に対し、それぞれ次のような支払等を行うこととされている。

(イ) 組合員に対し、権利消滅期日までに分配金を支払う（第百五十一条）。

(ロ) 担保権者の権利の保全のため、組合員の有する区分所有権又は敷地利用権が担保権の目的となっている場合において分配金を支払うときは、担保権者のすべてから供託しなくてもよい旨の申出があったときを除き、その分配金を供託し（第百五十二条）、これにより担保権者は供託された分配金に対してその権利を行使することができることとされている。

(ハ) 借家人等に対し、権利消滅期日までに一定の算定方法による補償金を支払う（第百五十三条）。

マンション又はその敷地の占有者は、一定の場合（分配金取得計画公告の日の翌日から起算して三十日を経過していないとき、分配金や補償金、売渡し請求の代金の支払等がないとき）を除き、権利消滅期日までに組合に明渡しを行わなければならないこととされている（第百五十五条）。

(7) その他の改正内容

危険又は有害な状況にあるマンションの建替えの促進のための特別の措置（改正前の法第五章）については、市町村が建替えの勧告をすることを通じてマンションの建替えを促し、区分所有者や借家人に対する代替住居の入居保証の責任を市町村が負う制度とされていたが、これまでに活用された事例はなく、今回の改正により廃止された。これに伴い、法律名が「マンションの建替えの円滑化等に関する法律」から「マンションの建替え等の円滑化に関する法律」に変更された（改正前は、危険又は有害な状況にある建替えの促進のための特別の措置を含むことから「円滑化等」とされていた）。

三 マンション敷地売却によるマンションの建替え等の支援措置等

マンションの建替えに対しては従来より様々な資金面での支援を行っているが、マンション敷地売却によるマンションの建替え等についても、従来と同等の次のような支援を行うこととされている。

(1) 優良建築物等整備事業により、調査設計計画費や土地整備費（建築物除却費、補償費等）、共同施設整備費（共用廊下、共用階段等）に対して補助を行うこととされている。

(2) 民間再開発促進基金により、事業に要する一定の資金を組合等が金融機関から借り入れる際に債務保証を行うこととされている。

(3) 住宅金融支援機構のまちづくり融資により、マンションの建替えに係る建築物の建設等に必要な資金につい

改正マンション建替法のスキーム

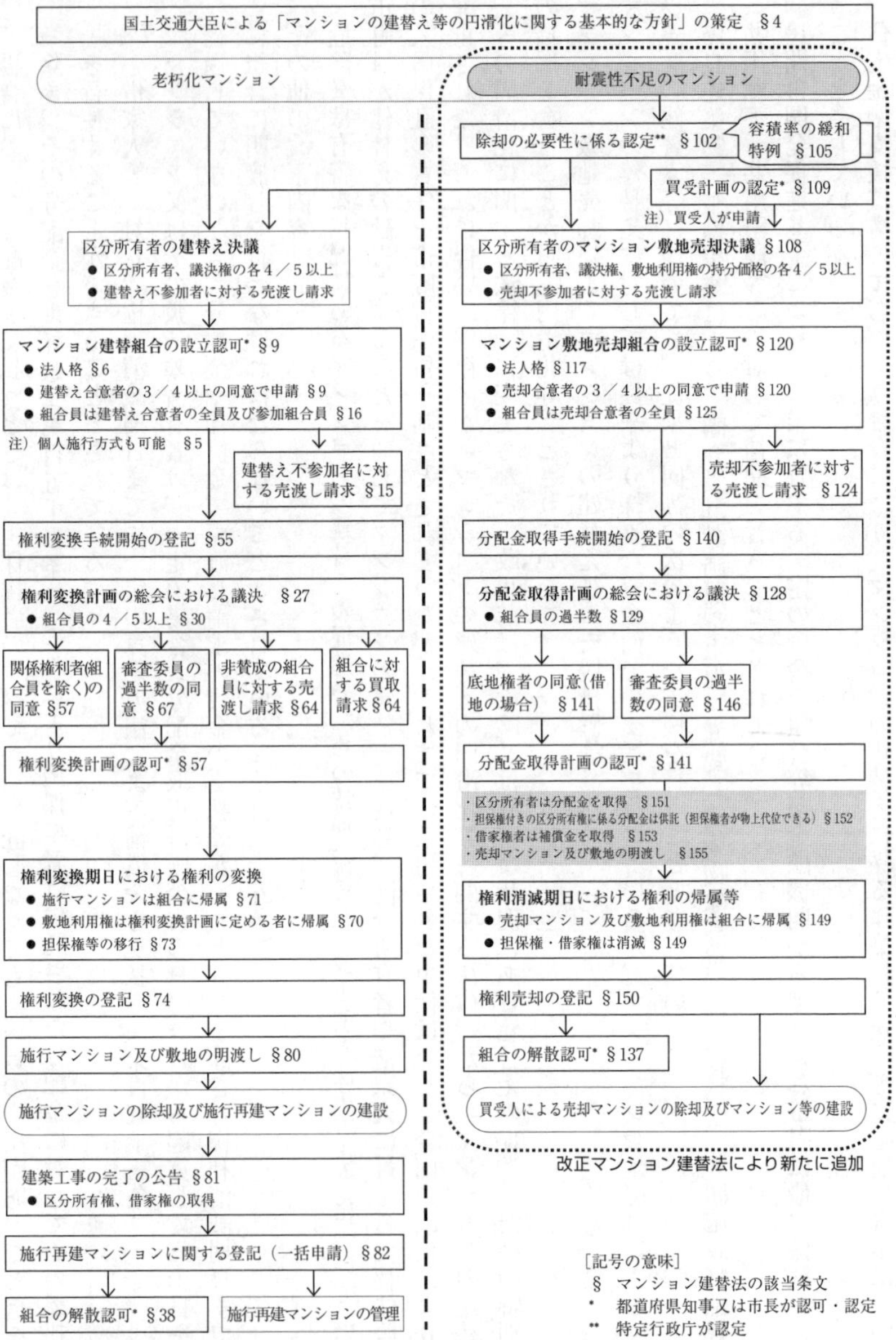

八

[記号の意味]
§ マンション建替法の該当条文
* 都道府県知事又は市長が認可・認定
** 特定行政庁が認定

て融資を行うとともに、高齢者が自ら居住するためにマンションの建替えによる住宅を建設・購入する場合に特例的な返済制度により融資を行うこととされている。

(4) 税制については、既存の一般的な住宅税制特例と併せ、マンション敷地売却における転出者の譲渡所得等や組合の形式的取得に係る登記等の課税について特例措置が適用される。

また、マンションの建替えやマンション敷地売却等に係る相談を対象とした相談体制（電話相談と対面相談）を整備するとともに、区分所有者や専門家等がマンション敷地売却を検討・実施する上で参考となるよう「耐震性不足のマンションに係るマンション敷地売却ガイドライン」及び「マンション敷地売却関連書式・支援制度集」を作成・公表している。

第二部　逐条解説

第一章　総則

（目的）
第一条　この法律は、マンション建替事業、除却する必要のあるマンションに係る特別の措置及びマンション敷地売却事業について定めることにより、マンションにおける良好な居住環境の確保並びに地震によるマンションの倒壊その他の被害からの国民の生命、身体及び財産の保護を図り、もって国民生活の安定向上と国民経済の健全な発展に寄与することを目的とする。

一　本条は、本法の目的について規定するものである。
　本法は、マンション建替事業（第二章）、除却する必要のあるマンションに係る特別の措置（第三章）及びマンション敷地売却事業（第四章）について定めることにより、マンションにおける良好な居住環境の確保並びに地震によるマンションの倒壊その他の被害からの国民の生命、身体及び財産の保護を図り、もって国民生活の安定向上と国民経済の健全な発展に寄与することを目的とするものである。

二　本法は、マンションの「建替え」の円滑化のための措置とマンション及びその敷地の「売却」の円滑化のための措置という二つの性格の異なる事項を定める法律であり、法律の題名にある「建替え等」の「等」とは、後者の「売却」のことを指している。

（定義等）

第二条　この法律において、次の各号に掲げる用語の意義は、それぞれ当該各号に定めるところによる。

一　マンション　二以上の区分所有者が存する建物で人の居住の用に供する専有部分のあるものをいう。

二　マンションの建替え　現に存する一又は二以上のマンションを除却するとともに、当該マンションの敷地（これに隣接する土地を含む。）にマンションを新たに建築することをいう。

三　再建マンション　マンションの建替えにより新たに建築されたマンションをいう。

四　マンション建替事業　この法律（第三章を除く。）で定めるところに従って行われるマンションの建替えに関する事業及びこれに附帯する事業をいう。

五　施行者　マンション建替事業を施行する者をいう。

六　施行マンション　マンション建替事業を施行する現に存するマンションをいう。

七　施行再建マンション　マンション建替事業の施行により建築された再建マンションをいう。

八　マンション敷地売却　現に存するマンション及びその敷地（マンションの敷地利用権が借地権であるときは、その借地権）を売却することをいう。

九　マンション敷地売却事業　この法律で定めるところに従って行われるマンション敷地売却に関する事業をいう。

十　売却マンション　マンション敷地売却事業を実施する現に存するマンションをいう。

十一　区分所有権　建物の区分所有等に関する法律（昭和三十七年法律第六十九号。以下「区分所有法」という。）第二条第一項に規定する区分所有権をいう。

十二　区分所有者　区分所有法第二条第二項に規定する区分所有者をいう。

十三　専有部分　区分所有法第二条第三項に規定する専有部分をいう。

十四　共用部分　区分所有法第二条第四項に規定する共用部分をいう。

十五　マンションの敷地　マンションが所在する土地及び区分所有法第五条第一項の規定によりマンションの敷地とされた土地をいう。

十六　敷地利用権　区分所有法第二条第六項に規定する敷地利用権をいう。

十七　借地権　建物の所有を目的とする地上権及び賃借権をいう。ただし、臨時設備その他一時使用のため設定されたことが明らかなものを除く。

十八　借家権　建物の賃借権をいう。ただし、一時使用のため設定されたことが明らかなものを除く。

2　区分所有法第七十条第一項に規定する一括建替え決議（以下単に「一括建替え決議」という。）の内容により、区分所有法第六十九条第一項に規定する団地内建物（その全部又は一部がマンションであるものに限る。以下「団地内建物」という。）の全部を除却するとともに、区分所有法第七十条第一項に規定する再建団地内敷地に同条第三項第二号に規定する再建団地内建物（その全部又は一部がマンションであるものに限る。以下この項において「再建団地内建物」という。）を新たに建築する場合には、現に存する団地内建物（マンションを除く。）及び新たに建築された再建団地内建物（マンションを除く。）については、マンションとみなして、この法律を適用する。

一　本条は、本法における用語の定義について規定するものである。

二　第一項について、以下、号ごとに説明を加える。

（第一号　マンション）

本法の対象となる「マンション」とは、「二以上の区分所有者が存する建物で人の居住の用に供する専有部分のあるもの」であり、マンションの管理の適正化の推進に関する法律における「マンション」と同義の概念である。

「マンション」の定義に関しては、次の二点に留意する必要がある。

一つ目は、本法での「マンション」とは、建物の区分所有等に関する法律（以下「区分所有法」という。）の対象となるいわゆる分譲マンションのことであり、各戸が区分所有されていない賃貸マンションは含まない点である。すなわち、建物が一人の所有者に属する賃貸マンションは、建替え等に当たっての多数の区分所有者間の権利調整の困難さ等に着目してその円滑化のための措置を講じるという本法の適用の前提を欠くため、本法の対象とはならない。

二つ目は、人の居住の用に供する専有部分（すなわち住戸）があるものに限っている点である。本法は、マンションの良好な居住環境の確保を図るという住宅政策上の観点から措置を講ずるものであることから、商業ビルや事務所ビルは対象とはしていない。一方、住戸部分は最低一戸あればよく、例えば「げた履きマンション」等、住宅と事務所・店舗等が混在する建物も本法の「マンション」に該当することとなる。

なお、「マンション」といっても中高層の共同住宅に限られるわけではなく、いわゆる棟割長屋やタウンハウスについても、右記の二点を満たす限り、本法の「マンション」に該当することとなる。

（第二号　マンションの建替え）

本法の対象となる「マンションの建替え」とは、現に存するマンションを除却するとともに、当該マンションの敷地（これに隣接する土地を含む。）にマンションを新たに建築することをいう。

（第三号　再建マンション）

「再建マンション」とは、マンションの建替えにより新たに建築されたマンションをいい、マンション建替事業により新たに建築されたマンションである「施行再建マンション」（第七号）、マンション建替事業以外の任意の建替えにより建築された「マンション」や、「マンション敷地売却」（第八号）の後にその敷地に新たに建設された「マンション」を含むものである。

（第四号　マンション建替事業）

「マンション建替事業」とは、本法（第三章を除く。）で定めるところ、すなわちマンション建替組合又は個人施行者が施行主体となって権利変換手続により行われるマンションの建替えに関する事業及びこれに附帯する事業をいう。いわゆる任意の建替えは「マンション建替事業」には該当しない。

また、附帯する事業とは、マンション建替事業の本体の事業に附帯する事業であって、マンションの建替えと併せて行われる附属の建物（立体駐車場、集会所、物置等）の建替えを行うこと、仮住居の設置、あっせん等を行うことなど本事業の施行に伴い生ずるものをいう。

（第五号　施行者）

「施行者」とは、マンション建替事業を施行する者をいい、具体的には、マンション建替組合と個人施行者の二つが規定されている（第五条参照）。

（第六号　施行マンション）

「施行マンション」とは、マンション建替事業を施行する現に存するマンションをいう。「マンション」の定義は第一号のとおりであり、住戸が最低二戸あれば「マンション」となり得るが、マンション建替事業の対象となる本号の「施行マンション」は、住戸の数が国土交通省令で定める数（五戸）以上であることが必要であるとされている（第十二条第四号参照）。

（第七号　施行再建マンション）

「施行再建マンション」とは、マンション建替事業の施行により建築された再建マンションをいい、任意建替えにより建築されたマンションも含む概念である「再建マンション」と区別するため、「施行再建マンション」としている。なお、施行再建マンションは、住戸の数が国土交通省令で定める数（五戸）以上であるほか、住戸の規模、構造等が国土交通省令で定める基準に適合することが必要であるとされている（第十二条第六号及び第七号参照）。

（第八号　マンション敷地売却）

本法の対象となる「マンション敷地売却」とは、現に存するマンション及びその敷地を売却することをいい、第二号に規定する「マンションの建替え」と対応する用語である。なお、マンションの敷地利用権が借地権であるいわゆる借地マンションについて、マンション及びその敷地の借地権を売却することも含まれる。

（第九号　マンション敷地売却事業）

「マンション敷地売却事業」とは、本法で定めるところ、すなわちマンション敷地売却組合が実施主体となって分配金取得手続により行われるマンション敷地売却に関する事業をいう。いわゆる任意の（全員合意による）マンションの売却は「マンション敷地売却事業」には該当しない。第四号に規定する「マンション建替事業」と対応する用語である。

（第十号　売却マンション）

「売却マンション」とは、マンション敷地売却事業を実施する現に存するマンションをいう。第六号の「施行マンション」と異なり、住戸の数が国土交通省令で定める数以上であることを要しないため、第一号の「マンション」の定義のとおり、住戸が最低二戸あれば「売却マンション」となり得ることとされている。

（第十一号～第十六号）

それぞれの用語の意義は、区分所有法における定義規定に従うこととしている。

（第十七号　借地権）

「借地権」とは、借地借家法第二条の規定のとおり、建物の所有を目的とする地上権及び土地の賃借権をいうが、一時使用の権利は借地権の扱いを受けない。一時的な権利を権利変換やマンション敷地売却の対象とする必要がないからである。

（第十八号　借家権）

「借家権」とは、建物の賃借権をいうが、一時使用の権利については除外される。一時的な権利を権利変換やマンション敷地売却の対象とする必要がないからである（借地借家法第四十条参照）。

三　第二項については、区分所有法第七十条の一括建替え決議により建替えの対象とされる建物には、商業棟、オフィス棟等のマンション以外の建物が含まれる場合があるため、マンションのほか商業棟等を含む団地内建物について一括建替え決議が行われた場合にも、本法のスキームを利用して建替えを行うことができることとするよう、商業棟等のマンション以外の建物をマンションとみなして、本法を適用することとしているものである。

（国及び地方公共団体の責務）

第三条　国及び地方公共団体は、マンションの建替え又は除却する必要のあるマンションに係るマンション敷地売却（以下「マンションの建替え等」という。）の円滑化を図るため、必要な施策を講ずるよう努めなければならない。

本条は、国及び地方公共団体は、マンションの建替え又は除却する必要のあるマンションに係るマンション敷地売却の円滑化を図るための必要な施策を講ずるよう努めなければならないことを規定するものである。

マンションの建替えやマンション敷地売却には、

・多様な価値観を持った区分所有者間の合意形成に困難を伴う

・土地、建物の権利関係や工事の設計、施工等に関する高度の専門知識が必要である

などの戸建住宅にはない特性を有しており、その円滑化を図るためには、関連制度の整備や必要な支援措置等、国や地方公共団体においても一定の施策を講ずることが必要であることにかんがみ、このような一般的な責務規定を設けたものである。

なお、本条において、マンションの建替え又は除却する必要のあるマンションに係るマンション敷地売却を「マンションの建替え等」と定義付けている。

（基本方針）

第四条　国土交通大臣は、マンションの建替え等の円滑化に関する基本的な方針（以下「基本方針」という。）を定めなければならない。

2　基本方針においては、次に掲げる事項を定めるものとする。

一　マンションの建替え等の円滑化を図るため講ずべき施策の基本的な方向

二　マンションの建替え等に向けた区分所有者等の合意形成の促進に関する事項

三　マンション建替事業その他のマンションの建替えに関する事業の円滑な実施に関する事項

四　再建マンションにおける良好な居住環境の確保に関する事項

五　マンションの建替えが行われる場合における従前のマンションに居住していた賃借人（一時使用のための賃借をする者を除く。以下同じ。）及び転出区分所有者（従前のマンションの区分所有者で再建マンションの区分所有者とならないものをいう。以下同じ。）の居住の安定の確保に関する事項

六　除却する必要のあるマンションに係る特別の措置に関する事項

七　マンション敷地売却事業その他の除却する必要のあるマンションに係るマンション敷地売却の円滑な実施に関する事項

八　売却マンションに居住していた区分所有者及び賃借人の居住の安定の確保に関する事項

九　その他マンションの建替え等の円滑化に関する重要事項

3　基本方針は、住生活基本法（平成十八年法律第六十一号）第十五条第一項に規定する全国計画との調和が保たれたものでなければならない。

4　国土交通大臣は、基本方針を定め、又はこれを変更したときは、遅滞なく、これを公表しなければならない。

一　本条は、国土交通大臣は、マンションの建替え等の円滑化に関する基本的な方針（以下「基本方針」という。）を定めなければならないことを規定するものであり、第二項において、基本方針に定めるべき事項を規定している。また、第三項において住生活基本法に規定する住生活基本計画（全国計画）との調和が保たれたものでなければならないとされている。

二　本法において基本方針が認可等の基準となっている事項は次のとおりである。

(1) マンション建替組合設立及び個人施行の認可基準（第十二条、第四十八条参照）

マンション建替事業の施行者が作成する事業計画が基本方針の内容に照らして適切なものであることを、都道府県知事等による計画の認可要件とする。

(2) 権利変換計画の認可基準（第六十五条参照）

マンション建替事業の施行者が作成する権利変換計画が基本方針の内容に照らして適切なものであることを、都道府県知事等による計画の認可要件とする。

(3) マンションの建替えに係る居住安定に関する措置（第九十条参照）

国及び地方公共団体並びにマンションの建替えを行う者は、基本方針の定めるところに従い、賃借人及び転出する区分所有者の居住の安定を図るために必要な措置を講ずるよう努めなければならないこととする。

(4) マンション敷地売却に係る居住安定に関する措置（第百十五条参照）

国及び地方公共団体は、基本方針に従って、決議要除却マンションに居住していた区分所有者及び賃借人の居住の安定の確保を図るため必要な措置を講ずるよう努めなければならないこととする。

(5) マンション敷地売却組合設立の認可基準（第百二十一条参照）

マンション敷地売却組合設立の際に定める資金計画が基本方針の内容に照らして適切なものであることを、都道府県知事等による設立の認可要件とする。

(6) 分配金取得計画の認可基準（第百四十四条参照）

マンション敷地売却組合が作成する分配金取得計画が基本方針の内容に照らして適切なものであることを、都道府県知事等による計画の認可基準とする。

第二章　マンション建替事業

第一節　施行者

第一款　マンション建替事業の施行

第五条　マンション建替組合（以下この章において「組合」という。）は、マンション建替事業を施行することができる。

2　マンションの区分所有者又はその同意を得た者は、一人で、又は数人共同して、当該マンションについてマンション建替事業を施行することができる。

一　本条は、マンション建替事業を施行することができる主体として、

・マンション建替組合

・マンションの区分所有者又はその同意を得た者（個人施行者）

の二つの事業主体があることを規定するもので、都市再開発法第二条の二に相当する。

二　マンション建替組合については第二款、個人施行者については第三款において、それぞれ規定が設けられている。

三　個人施行者については、市街地再開発事業と同様、施行能力を有する者が区分所有者等関係権利者の全員の同意を得て事業を施行するいわゆる「同意施行」を認めており、多様な事業形態に対応できるものとなっている（第四十五条参照）。

第二款　マンション建替組合

第一目　通則

（法人格）

第六条　組合は、法人とする。

２　一般社団法人及び一般財団法人に関する法律（平成十八年法律第四十八号）第四条及び第七十八条の規定は、組合について準用する。

一　本条は、マンション建替組合に法人格を与えることを規定するもので、都市再開発法第八条に相当する。

二　マンションの建替えの実施に当たっては、建替えに係る工事請負契約の締結や建物の建設に要する資金の借入れ等に係る各種契約を行う必要がある。しかしながら、区分所有法第六十二条第一項の建替え決議後の建替え合意者の団体は、解釈上民法の組合類似の団体とされ、法人格が認められていないことから、これら契約の締結に際しては、建替え合意者全員又は代表者個人の名義で行うこととなり、手続が煩雑になったり、法的安定性に欠けたりするなどという問題がある。このため、本条では、組合に法人格を付与し（第一項）、マンション建替えの円滑な実施のための事業主体の確立を図ることとされている。

三　組合の名称、施行マンションの名称及び所在地等は、組合の設立認可後、都道府県知事等により公告され（第十四条参照）、当該公告を行うことにより登記の機能を実質的に代替しているため、管理組合法人とは異なり、別途組合が登記を行うことは不要であることとされている。

四　組合には、市街地再開発組合と同様、一般社団法人及び一般財団法人に関する法律（以下「一般社団・財団法人法」という。）第四条（住所）及び第七十八条（代表者の行為についての損害賠償責任）の規定が準用される（第二項）。

五　なお、組合に係る税法上の特例については、第四十四条の解説を参照のこと。

（定款）

第七条 組合の定款には、次に掲げる事項を記載しなければならない。

一 組合の名称

二 施行マンションの名称及びその所在地

三 マンション建替事業の範囲

四 事務所の所在地

五 参加組合員に関する事項

六 事業に要する経費の分担に関する事項

七 役員の定数、任期、職務の分担並びに選挙及び選任の方法に関する事項

八 総会に関する事項

九 総代会を設けるときは、総代及び総代会に関する事項

十 事業年度

十一 公告の方法

十二 その他国土交通省令で定める事項

○マンション建替法施行規則

（定款の記載事項）

第一条 マンションの建替え等の円滑化に関する法律（以下「法」という。）第七条第十二号の国土交通省令で定める事項は、次に掲げるものとする。

一 審査委員に関する事項

二 会計に関する事項

一 本条は、マンション建替組合の定款に記載すべき事項について規定するもので、都市再開発法第九条に相当する。

二 定款は、組合運営の最高規範であり、その策定に当たっては、建替え合意者の四分の三以上の同意、かつ、同意した者の区分所有法第三十八条の議決権の合計が建替え合意者の同条の議決権の合計の四分の三以上であることを必要とし（第九条第二項参照）、その上で都道府県知事等の認可を要することとされている（同条第一項参照）。

三 定款に記載すべき事項のうち、

・「マンション建替事業の範囲」（第三号）としては、マンション建替事業及びこれと一体となって行われる駐車場設置工事等の附帯事業の事業内容を明らかにすることが考えられる。

・「参加組合員に関する事項」（第五号）としては、参加組合員の氏名又は名称及び住所、参加組合員が取得を予定する施行再建マンションの専有部分の概要及びその概算額等が考えられる。

・「事業に要する経費の分担に関する事項」（第六号）としては、参加組合員以外の組合員が負担する賦課金（第三十五条参照）、参加組合員が負担する負担金（第三十六条参照）等に関する事項が考えられる。

・「役員の定数、任期、職務の分担並びに選挙及び選任の方法に関する事項」（第七号）における「役員の定数、任期」については、本法において、理事三人以上及び監事二人以上（第二十条第一項参照）、三年以内（第二十二条第一項参照）と定められており、この範囲内において定款で定められることとなる。そのほか、役員の再任に係る制限等も定款で定められるものと考えられる。また、「役員の職務の分担並びに選挙及び選任の方法」については、経理業務等各役員の担当業務、記名投票により選挙を実施するなどの選挙の実施方法、第二十一条第一項に基づき特別の事情がある場合の組合員以外の者からの役員の選任の方法（総会の同意によるなど）を定められるものと考えられる。

・「総代に関する事項」（第九号）については、総代の任期は三年を超えない範囲で定款で定めることとされている（第三十二条第二項参照）ので、総代の任期等が定められることとなる。

・「事業年度」（第十号）とは、事業年度の始期及び終期をもって定め、組合の事業計画中の事業施行期間である（第十条第一項参照）。

・「公告の方法」（第十一号）については、組合の事務所前の掲示板による掲示、特定の新聞紙上での公告等の方法を示すこととなる。組合の行う公告は、権利変換計画の公告（第六十八条第一項参照）、建築工事完了の公告（第八十一条参照）、書類の送付に代わる公告（第九十六条第一項参照）がある。

（名称の使用制限）

第八条　組合は、その名称中にマンション建替組合という文字を用いなければならない。

2　組合でない者は、その名称中にマンション建替組合という文字を用いてはならない。

一　本条は、マンション建替組合という名称の使用制限を規定するもので、都市再開発法第十条に相当する。

二　組合は、他の法人とは混同を来さないように、「○○マンション建替組合」という一定の名称を用いることとし（第一項）、また組合以外の者は、マンション建替組合という文字をその名称中に用いてはならないこととされている（第二項）。

三　本条の規定に違反して、組合以外の者でその名称中にマンション建替組合の名称を用いた者は、十万円以下の過料に処されることとされている（第百七十九条参照）。

第二目　設立等

（設立の認可）

第九条　区分所有法第六十四条の規定により区分所有法第六十二条第一項に規定する建替え決議（以下単に「建替え決議」という。）の内容によりマンションの建替えを行う旨の合意をしたものとみなされた者（マンションの区分所有権又は敷地利用権を有する者であってその後に当該建替え決議の内容により当該マンションの建替えを行う旨の同意をしたものを含む。以下「建替え合意者」という。）は、五人以上共同して、定款及び事業計画を定め、国土交通省令で定めるところにより、都道府県知事（市の区域内にあっては、当該市の長。以下「都道府県知事等」という。）の認可を受けて組合を設立することができる。

2　前項の規定による認可を申請しようとする建替え合意者は、組合の設立について、建替え合意者の四分の三以上の同意（同意した者の区分所有法第三十八条の議決権の合計が、建替え合意者の同条の議決権の合計の四分の三以上となる場合に限る。）を得なければならない。

3　区分所有法第七十条第四項において準用する区分所有法第六十四条の規定により一括建替え決議の内容によりマンションの建替えを行う旨の合意をしたものとみなされた者（マンションの区分所有権又は敷地利用権を有する者であってその後に当該一括建替え決議の内容により当該マンションの建替えを行う旨の同意をしたものを含む。以下「一括建替え合意者」という。）は、五人以上共同して、第一項の規定による認可を受けて組合を設立することができる。

4　第一項の規定による認可を申請しようとする一括建替え合意者は、組合の設立について、一括建替え合意者の四分の三以上の同意（同意した者の区分所有法第七十条第二項において準用する区分所有法第六十九条第二項の議決権の合計が、一括建替え合意者の同項の議決権の合計の四分の三以上となる場合に限る。）及び一括建替え決議マンション群（一括建替え決議に係る団地内の二以上のマンションをいう。以下同じ。）を構成する各マンションごとのその区分所有権を有する一括建替え合意者の三分の二以上の同意（各マンションごとに、同意した者の区分所有法第三十八条の議決権の合計が、それぞれその区分所有権を有する一括建替え合意者の同条の議決権の合計の三分の二以上となる場合に限る。）を得なければならない。

5　前各項の場合において、マンションの一の専有部分が数人の共有に属するときは、その数人を一人の建替え合意者又は一括建替え合意者（以下「建替え合意者等」という。）とみなす。

6　二以上の建替え決議マンション（建替え決議に係るマンションであって一括建替え決議マンション群に属さないものをいう。以下同じ。）若しくは一括建替え決議マンション群又は一以上の建替え決議マンション及び一括建替え決議マンション群に係る建替え合意者等は、五人以上共同して、第一項の規定による認可を申請することができる。この場合において、第二項の規定は建替え決議マンションごとに、第四項の規定は一括建替え決議マンション群ごとに、適用する。

7 第一項の規定による認可の申請は、施行マンションとなるべきマンションの所在地が町村の区域内にあるときは、当該町村の長を経由して行わなければならない。

○マンション建替法施行規則

（認可申請手続）

第二条 法第九条第一項の認可を申請しようとする者は、定款及び事業計画を認可申請書とともに提出しなければならない。

（認可申請書の添付書類）

第三条 法第九条第一項の認可を申請しようとする者は、認可申請書に次に掲げる書類を添付しなければならない。

一 認可を申請しようとする者が施行マンションとなるべきマンションの建替え合意者等であることを証する書類

二 施行マンションとなるべきマンションの全部又は一部が建替え決議マンションである場合においては、当該建替え決議マンションについて法第九条第二項の同意を得たことを証する書類及び当該建替え決議マンションについての建替え決議の内容を記載した書類

三 施行マンションとなるべきマンションの全部又は一部が一括建替え決議マンション群である場合においては、当該一括建替え決議マンション群について法第九条第四項の同意（一括建替え合意者の四分の三以上の同意及び一括建替え決議マンション群を構成する各マンションごとのその区分所有権を有する一括建替え合意者の三分の二以上の同意をいう。次項第三号において同じ。）を得たことを証する書類及び当該一括建替え決議マンション群についての一括建替え決議の内容を記載した書類

四 施行再建マンションの敷地とする隣接施行敷地がある場合においては、当該隣接施行敷地に建築物その他の工作物が存しないこと又はこれに存する建築物その他の工作物を除却し、若しくは移転することができることが確実であることを証する書類

2・3 （略）

一 本条は、次条から第十四条までの規定とともにマンション建替組合の設立について定めるものであるが、先ず組合の設立について都道府県知事等の認可を受けるべきことを規定するもので、都市再開発法第十一条に相当す

る。

認可権者は、市の区域内では市長、町村の区域内では都道府県知事であり、本法ではこれらを「都道府県知事等」ということとしている。

二　組合の設立認可は、区分所有法第六十四条の規定に基づき同法第六十二条の建替え決議の内容により当該マンションの建替えを行う旨の合意をしたものとみなされた者（その後に当該建替え決議の内容により当該マンションの建替えを行う旨の同意をした区分所有者等を含む。以下「建替え合意者」という。）が、五人以上共同して、認可を受けることとされている。

区分所有法第六十四条により建替えを行う旨の合意をしたものとみなされる者は、

・建替え決議に賛成した各区分所有者

・同法第六十三条第一項の催告に対し建替えに参加する旨を回答した各区分所有者

・区分所有権又は敷地利用権を買い受けた各買受指定者

の三者である。

また、これ以外の区分所有者であっても事後的に建替えに同意した者（例えば、催告に対して反対の回答をしたがその後に建替えに同意すると翻意した者）についても「建替え合意者」の範囲に含まれる。

三　第二項では、組合設立の認可申請に際しては、建替え合意者の四分の三以上の同意を必要とし、かつ、建替え合意者の区分所有法第三十八条による議決権の四分の三以上の議決権を必要とすると規定している。これは、管理組合の法人成りの要件として区分所有者及び議決権の各四分の三以上の多数決を定めている区分所有法の規定（同法第四十七条第一項参照）にならったものである。

四　第三項では、団地のマンションの建替えにおいて、一括建替え決議が行われた場合には、一括建替え合意者は、建替え決議が行われた場合と同様に、五人以上共同して、都道府県知事等の認可を受けて組合を設立することができることとされている。

五　第四項では、団地のマンションの建替えにおける一括建替え決議が行われた場合の認可の申請に当たっては、一括建替え合意者の四分の三以上の同意（議決権の四分の三以上の同意）のほか、各棟ごとに一括建替え合意者の三分の二以上の同意（議決権の三分の二以上の同意）を得ることを求めることとしているが、各棟ごとの要件を設ける理由は次のとおりである。

・一括建替え決議の場面では、各棟ごとの意向を反映させることが可能であったが、ひとたび組合が設立されると、その後は一つの団体として多数決により意思決定が行われることとなり、全組合員が一つの団体の意思に拘束されてしまうことから、そうした拘束の及ぶ契機となる組合設立についても改めて各棟の区分所有者の意向を反映させる必要があること

・例えば、組合の設立について、四棟中三棟の全員が同意、一棟の全員が反対であるような場合にまで、当該反対棟を含めた組合の設立を認め、当該反対棟の組合員を団体的意思決定に拘束させるのは不合理であること

以上のことから、一棟のうちの相当多数の割合の区分所有者が反対していても組合の意思決定に拘束させるという事態が生じかねないことから、一括建替え決議があった場合、各棟において三分の二以上の者が賛成していることを要するとされていることも踏まえ、組合設立についても各棟ごとに三分の二以上の者の同意を要することとされている。

六　第五項は、施行マンションの専有部分を複数人で共有している場合の規定であり、前各項における人数のカウントに当たって、共有者を一人として扱うこととされている。

七　第六項は、同一敷地にない二以上のマンションが、共同して一の組合を設立し、建替えを行う場合も想定されることから、そのような場合についても一の組合を設立することができることとされている。

なお、一棟単位で建替え決議がそれぞれ行われた二棟以上の建替え決議マンションのみならず、二団地以上の一括建替え決議マンション群同士、あるいは建替え決議マンションと一括建替え決議マンション群同士、といった組合せの場合にも、共同して一の組合の設立ができるものとしている。この場合、建替え決議又は一括建替え決議の対象となるそれぞれの建替え決議マンション、一括建替え決議マンション群について、それぞれ第二項又は第四項の要件を満たしている必要があることとされている。

八　第七項では、認可の申請は、施行マンションとなるべきマンションの所在地が町村の区域内にあるときは、当該マンションの所在する町村長を経由して行わなければならないとされている。

第十条（事業計画）

第十条　事業計画においては、国土交通省令で定めるところにより、施行マンションの状況、その敷地の区域及びその住戸（人の居住の用に供するマンションの部分をいう。以下同じ。）の状況、施行再建マンションの設計の概要及びその敷地の区域、事業施行期間、資金計画その他国土交通省令で定める事項を記載しなければならない。

2　事業計画は、建替え決議又は一括建替え決議（以下「建替え決議等」という。）の内容に適合したものでなければならない。

○マンション建替法施行規則

（施行マンションの状況）

第四条　法第十条第一項の施行マンションの状況は、次に掲げる事項を記載しなければならない。

一　規模、構造及び設備

二　竣工年月日

三　維持管理の状況

（施行マンションの敷地の区域）

第五条　法第十条第一項の施行マンションの敷地の区域は、施行マンション敷地位置図及び施行マンション敷地区域図を作成して定めなければならない。

2　前項の施行マンション敷地位置図は、縮尺二万五千分の一以上とし、施行マンションの敷地の位置を表示した地形図でなければならない。

3　第一項の施行マンション敷地区域図は、縮尺二千五百分の一以上とし、施行マンションの敷地の区域並びにその区域を明らかに表示するに必要な範囲内において都道府県界、市町村界、市町村の区域内の町又は字の境界並びに土地の地番及び形状を表示したものでなければならない。

（施行マンションの住戸の状況）

第六条　法第十条第一項の施行マンションの住戸の状況は、次に掲げる事項を記載しなければならない。

一　住戸の数

二　住戸の規模、構造及び設備

三　住戸の維持管理の状況

（施行再建マンションの設計の概要）

第七条　法第十条第一項の施行再建マンションの設計の概要は、設計図を作成して定めなければならない。

2　前項の設計図は、次の表に掲げるものとする。

図面の種類	縮尺	明示すべき事項
各階平面図	五百分の一以上	縮尺、方位、間取り、各室の用途及び設備の概要
二面以上の断面図	五百分の一以上	縮尺並びに施行再建マンション、床

		及び各階の天井の高さ

（施行再建マンションの敷地の区域）

第八条　法第十条第一項の施行再建マンションの敷地の区域は、施行再建マンション敷地位置図及び施行再建マンション敷地区域図を作成して定めなければならない。

２　第五条第二項及び第三項の規定は、前項の施行再建マンション敷地位置図及び施行再建マンション敷地区域図について準用する。

（資金計画）

第九条　法第十条第一項の資金計画は、収支予算を明らかにして定めなければならない。

（事業計画に記載すべき事項）

第十条　法第十条第一項の国土交通省令で定める事項は、次に掲げるものとする。

一　施行再建マンションの附属施設の設計の概要

二　施行再建マンションの敷地の設計の概要

（施行再建マンションの附属施設の設計の概要）

第十一条　前条第一号の施行再建マンションの附属施設の設計の概要は、設計図を作成して定めなければならない。

２　前項の設計図は、次の表に掲げるものとする。

図面の種類	縮尺	明示すべき事項
各階平面図	五百分の一以上	縮尺、方位、間取り、各室の用途及び設備の概要
二面以上の断面図	五百分の一以上	縮尺並びに施行再建マンションの附属施設、床及び各階の天井の高さ

（施行再建マンションの敷地の設計の概要）

第十二条　第十条第二号の施行再建マンションの敷地の設計の概要は、設計図を作成して定めなければならない。

２　前項の設計図は、次の表に掲げるものとする。

図面の種類	縮尺	明示すべき事項
平面図	五百分の一以上	縮尺、方位並びに施行再建マンション、その他の建築物、主要な給水施設、排水施設、電気施設及びガス施設並びに広場、駐車施設、遊び場その他の共同施設、通路及び消防用水利施設の位置

一　本条は、事業計画の内容等を規定するもので、都市再開発法第七条の十一（第十二条第一項において準用）に相当する。

二　事業計画は、マンション建替組合設立の目的であるマンションの建替えの実現に必要となる事項及びその枠組みをまとめたものであり、施行マンションの状況、その敷地の区域及びその住戸の状況、施行再建マンションの設計の概要及びその敷地の区域、事業施行期間並びに資金計画等を記載することとされている（第一項）。

三　組合が施行するマンション建替事業は、区分所有法第六十二条第一項の建替え決議又は同法第七十条の一括建替え決議を前提としているため、事業計画と当該マンションに係る建替え決議又は一括建替え決議（以下「建替え決議等」という。）は、整合性の取れたものである必要がある。このような事業の性格にかんがみ、事業計画は、建替え決議等の内容に適合したものでなければならないと規定している（第二項）。

なお、建替え決議等の際には、再建建物の設計の概要（区分所有法第六十二条第二項第一号参照）、建物の取壊し及び再建建物の建築に要する費用の概算額（同項第二号参照）及びこれらの費用の分担に関する事項（同項第三号参照）並びに再建建物の区分所有権の帰属に関する事項（同項第四号参照）を定めることとされている。

（事業計画の縦覧及び意見書の処理）

第十一条　第九条第一項の規定による認可の申請があった場合において、施行マンションとなるべきマンションの敷地（これに隣接する土地を合わせて施行再建マンションの敷地とする場合における当該土地（以下「隣接施行敷地」という。）を含む。）の所在地が市の区域内にあるときは、当該市の長は当該事業計画を二週間公衆の縦覧に供し、当該マンションの敷地の所在地が町村の区域内にあるときは、都道府県知事は当該町村の長に当該事業計画を二週間公衆の縦覧に供させなければならない。ただし、当該申請に関し明らかに次条各号のいずれかに該当しない事実があり、認可すべきでないと認めるときは、この限りでない。

2　施行マンションとなるべきマンション又はその敷地（隣接施行敷地を含む。）について権利を有する者は、前項の規定により縦覧に供された事業計画について意見があるときは、縦覧期間満了の日の翌日から起算して二週間を経過する日までに、都道府県知事等に意見書を提出することができる。

3　都道府県知事等は、前項の規定により意見書の提出があったときは、その内容を審査し、その意見書に係る意見を採択すべきであると認めるときは事業計画に必要な修正を加えるべきことを命じ、その意見書に係る意見を採択すべきでないと認めるときはその旨を意見書を提出した者に通知しなければならない。

4　前項の規定による意見書の内容の審査については、行政不服審査法（昭和三十七年法律第百六十号）中処分についての異議申立ての審理に関する規定を準用する。

5　第九条第一項の規定による認可を申請した者が、第三項の規定により事業計画に修正を加え、その旨を都道府県知事等に申告したときは、その修正に係る部分について、更にこの条に規定する手続を行うべきものとする。

○マンション建替法施行令

（事業計画の縦覧についての公告）

第一条　市町村長は、マンションの建替え等の円滑化に関する法律（以下「法」という。）第十一条第一項（法第三十四条第二項において準用する場合を含む。）の規定により事業計画を公衆の縦覧に供しようとするときは、あらかじめ、縦覧の開始の日、場所及び時間を公告しなければならない。

一　本条は、マンション建替組合設立の認可申請があった場合の市町村長による事業計画の縦覧及び都道府県知事等による意見書の処理について規定するもので、都市再開発法第十六条に相当する。

二　区分所有法に基づく建替え決議はマンションの区分所有者のみにより行われるものであるため、組合設立認可の申請があった場合には、都道府県知事等は、借家権者や担保権者等関係権利者の権利の保護を図り、マンション建替事業の円滑な推進を確保するため、事業計画を縦覧し関係権利者に意見を述べる機会を与え、必要な場合には申請者に事業計画に必要な修正を加えさせた上で認可することとされている。ただし、事業計画に関し、第十二条各号に定める認可の基準に明らかに該当しないことにより、認可すべきでないと認められるときは、公衆の縦覧に供する実益がないため、公衆の縦覧は不要とされている。

三　事業計画を縦覧して意見書を提出することができるのは、当該マンション又はその敷地に関し権利を有する者であり、具体的には、建替え決議等に反対した区分所有者、当該マンションの賃借人、抵当権者、敷地の所有者（いわゆる底地権者）、用益権者等が考えられる。

四　意見書の審査（第三項）については、行政不服審査法の処分についての異議申立ての審理に関する規定が準用される（第四項）。

五　組合の設立認可申請をした者が、都道府県知事等の修正命令（第三項）に基づき事業計画に修正を加えたときは、当該修正に係る部分について事業計画の策定と同様の手続を行うべきものとされている（第五項）。

（認可の基準）

第十二条　都道府県知事等は、第九条第一項の規定による認可の申請があった場合において、次の各号のいずれにも該当すると認めるときは、その認可をしなければならない。

一　申請手続が法令に違反するものでないこと。

二　定款又は事業計画の決定手続又は内容が法令（事業計画の内容にあっては、前条第三項に規定する都道府県知事等の命令を含む。）に違反するものでないこと。

三　施行再建マンションの敷地とする隣接施行敷地に建築物その他の工作物が存しないこと又はこれに存する建築物その他の工作物を除却し、若しくは移転することができることが確実であること。

四　施行マンションの住戸の数が、国土交通省令で定める数以上であること。

五　施行マンションの住戸の規模、構造及び設備の状況にかんがみ、その建替えを行うことが、マンションにおける良好な居住環境の確保のために必要であること。

六　施行再建マンションの住戸の数が、国土交通省令で定める数以上であること。

七　施行再建マンションの住戸の規模、構造及び設備が、当該住戸に居住すべき者の世帯構成等を勘案して国土交通省令で定める基準に適合するものであること。

八　事業施行期間が適切なものであること。

九　当該マンション建替事業を遂行するために必要な経済的基礎及びこれを的確に遂行するために必要なその他の能力が十分であること。

十　その他基本方針に照らして適切なものであること。

○マンション建替法施行規則

（法第十二条第四号の国土交通省令で定める施行マンションの住戸の数）

第十三条　法第十二条第四号の国土交通省令で定める施行マンションの住戸の数は、五とする。

（法第十二条第六号の国土交通省令で定める施行再建マンションの住戸の数）

第十四条　法第十二条第六号の国土交通省令で定める施行再建マンションの住戸の数は、五とする。

（法第十二条第七号の国土交通省令で定める住戸の規模、構造及び設備の基準）

第十五条　法第十二条第七号の国土交通省令で定める施行再建マンションの住戸の規模、構造及び設備の基準は次のとおりとする。

一　各戸が床面積（施行再建マンションの共用部分の床面積を除く。以下この条において同じ。）五十平方メートル（現に同居し、又は同居しようとする親族（婚姻の届出をしないが事実上婚姻関係と同様の事情にある者その他婚姻の予約者を含む。）がない者（以下この条において「単身者」という。）の居住の用に供する住戸にあっては、二十五平方メートル）以上であること。ただし、居住すべき者の年齢、所得その他の特別の事情によりやむを得ないと認められる住戸（単身者の居住の用に供するものを除く。）にあっては、当該住戸の床面積を三十平方メートル以上とすることができる。

二　建築基準法（昭和二十五年法律第二百一号）第二条第九号の二イに掲げる基準に適合する建築物、当該建築物以外の建築物で同条第九号の三イ若しくはロのいずれかに該当するもの又はこれに準ずる耐火性能を有する構造の建築物として次に掲げる要件に該当するものであること。

イ　外壁及び軒裏が、建築基準法第二条第八号に規定する防火構造であること。

ロ　屋根が、建築基準法施行令（昭和二十五年政令第三百三十八号）第百三十六条の二の二第一号及び第二号に掲げる技術的基準に適合するものであること。

ハ　天井及び壁の室内に面する部分が、通常の火災時の加熱に十五分間以上耐える性能を有するものであること。

ニ　イからハまでに掲げるもののほか、建築物の各部分が、防火上支障のない構造であること。

三　各戸が台所、水洗便所、収納設備、洗面設備及び浴室を備えたものであること。

2　前項第一号の規定にかかわらず、住宅事情の実態により必要があると認められる場合においては、法第十二条第七号の国土交通省令で定める施行再建マンションの住戸の規模の基準を、各戸の床面積が五十平方メートル（単身者の居住の用に供する住戸にあっては、二十五平方メートル）以下で都道府県知事（市の区域内にあっては、当該市の長。以下「都道府県知事等」という。）が定める面積以上であることとすることができる。この場合においては、併せて、居住すべき者の年齢、所得その他の特別の事情によりやむを得ないと認められる住戸（単身者の居住の用に供するものを除く。）にあっては、当該住戸の床面積を三十平方メートル以下で都道府県知事等が定める面積以上とすることができる旨を定めなければならない。

一　本条は、マンション建替組合の設立認可の基準について規定するもので、都市再開発法第十七条に相当する。

二　第一号は、例えば、設立発起人が五人未満である、町村長を経由して申請書を提出しなかった、書類の不備等の法令違反が存しないことをいう。

三　第二号は、例えば、第九条第二項の規定による建替え合意者の同意要件を充足していない、事業計画の内容が建替え決議等の内容に適合していない（第十条第二項参照）などの法令違反が存しないことをいう。

四　第三号は、隣接施行敷地において、除却又は移転をすることができるかどうか確実ではない工作物が存する場合には、当該工作物が物理的にマンション建替事業の施行の障害となるおそれがあり、適正な事業施行期間や資金計画を確保することが困難になるものと考えられることから、マンションの建替えの円滑化を図るという本法の目的に照らし、認可基準とされている。

五　第四号から第七号までの規定は、当該マンション建替えに、住宅政策上の観点からその円滑化を図るため本法により特別の措置を講ずるだけの最低限の公共公益性が存することを担保するための要件を課すものである。実質的な要件としては、施行マンション及び施行再建マンションの住戸数が一定数以上であること（第四号及び第六号）並びに施行再建マンションの住戸の規模等が一定の基準を満たすこと（第七号）が掲げられており、これらの具体的な数、基準等は、国土交通省令において定められている。

六　第八号は、マンション建替事業の施行により関係権利者の地位を長期間不安定のままにしておくことは適切ではないため、できる限り事業施行期間が短いものであることが必要であり、この観点から事業施行期間が適切に定められていることをいう。

七　第九号は、事業計画に従って、マンション建替事業を円滑に実施するために、必要な資金の調達の見込みが確実であり、かつ、収支予算が収支均衡するなど妥当なものであるほか、組合の組織、役員の業務遂行能力等が十分であることをいう。

八　第十号は、第四条の規定に基づき国土交通大臣が策定する基本方針の内容に照らして適切なものであることをいう。

（組合の成立）

第十三条 組合は、第九条第一項の規定による認可により成立する。

一 本条は、マンション建替組合の成立について規定するもので、都市再開発法第十八条に相当する。

二 組合成立の効果は、認可書の到達をもって法人格を有することとなるほか、組合の定款及び事業計画が確定すること（第三者に対抗するためには、第十四条第一項の都道府県知事等による組合設立認可の公告が必要）、建替え合意者等が組合の設立に合意したか否かにかかわらず全員が当然に組合員となる（第十六条第一項参照）ということである。

（認可の公告等）

第十四条　都道府県知事等は、第九条第一項の規定による認可をしたときは、遅滞なく、国土交通省令で定めるところにより、組合の名称、施行マンションの名称及びその敷地の区域、施行再建マンションの敷地の区域、事業施行期間その他国土交通省令で定める事項を公告し、かつ、関係市町村長に施行マンションの名称及びその敷地の区域、施行再建マンションの設計の概要及びその敷地の区域その他国土交通省令で定める事項を表示する図書を送付しなければならない。

2　組合は、前項の公告があるまでは、組合の成立又は定款若しくは事業計画をもって、組合員その他の第三者に対抗することができない。

3　市町村長は、第三十八条第六項又は第八十一条の公告の日まで、政令で定めるところにより、第一項の図書を当該市町村の事務所において公衆の縦覧に供しなければならない。

○マンション建替法施行令

（施行マンションの名称等を表示する図書の縦覧）

第二条　市町村長は、法第十四条第一項（法第三十四条第二項において準用する場合を含む。）の規定による図書の送付を受けたときは、直ちに、その図書を公衆の縦覧に供する旨並びに縦覧の場所及び時間を公告しなければならない。

○マンション建替法施行規則

（公告事項）

第十六条　法第十四条第一項の規定による公告をする場合における国土交通省令で定める事項は、次に掲げるものとする。

一　事務所の所在地

二　設立認可の年月日

三　事業年度

四　公告の方法

五　権利変換又は借家権の取得を希望しない旨の申出をすることができる期限

2　（略）

（送付図書の表示事項）

第十七条　法第十四条第一項（法第三十四条第二項において準用する場合を含む。）の規定による送付をする場合における国土交通省令で定める事項は、次に掲げるものとする。
一　施行再建マンションの附属施設の設計の概要

一　本条は、マンション建替組合設立の認可の公告についてその内容、効力等を規定するもので、都市再開発法第十九条に相当する。
二　都道府県知事等は、組合設立の認可をしたときは、遅滞なく、組合の名称、施行マンションの名称及びその敷地の区域、施行再建マンションの敷地の区域、事業施行期間等を公告するほか、関係市町村長に施行マンションの名称及びその敷地の区域、施行再建マンションの設計の概要及びその敷地の区域等国土交通省令で定める事項を表示する図書を送付しなければならないこととされている（第一項）。
三　組合の成立は、第九条第一項の都道府県知事等の認可書の到達をもって完成するが、第一項による組合の設立認可の公告は、組合員その他の第三者に対する対抗要件である（第二項）。また、組合の設立発起人は、第一項の公告があった日から起算して三十日以内に、最初の理事及び監事の選挙又は選任のための総会を招集しなければならないこととされている（第二十八条第五項参照）。
四　市町村長は、マンション建替えに係る建築工事が行われている間（組合解散又は建築工事完了の公告があるまでの間）は、周辺住民の利便に供するため、施行マンションの名称及びその敷地の区域並びに施行再建マンションの設計の概要及びその敷地の区域等を表示する図書を当該市町村の事務所において公衆の縦覧に供しなければならないこととされている（第三項）。

（区分所有権及び敷地利用権の売渡し請求）

第十五条　組合は、前条第一項の公告の日（その日が区分所有法第六十三条第二項（区分所有法第七十条第四項において準用する場合を含む。）の期間の満了の日前であるときは、当該期間の満了の日）から二月以内に、区分所有法第六十三条第四項（区分所有法第七十条第四項において準用する場合を含む。）に規定する建替えに参加しない旨を回答した区分所有者（その承継人を含み、その後に建替え合意者等となったものを除く。）に対し、区分所有権及び敷地利用権を時価で売り渡すべきことを請求することができる。建替え決議等があった後に当該区分所有者から敷地利用権のみを取得した者（その承継人を含み、その後に建替え合意者等となったものを除く。）の敷地利用権についても、同様とする。

2　前項の規定による請求は、建替え決議等の日から一年以内にしなければならない。ただし、この期間内に請求することができなかったことに正当な理由があるときは、この限りでない。

3　区分所有法第六十三条第五項から第七項まで（区分所有法第七十条第四項において準用する場合を含む。以下この項において同じ。）の規定は、第一項の規定による請求があった場合について準用する。この場合において、区分所有法第六十三条第六項中「第四項」とあるのは、「マンションの建替え等の円滑化に関する法律第十五条第一項」と読み替えるものとする。

一　区分所有法第六十三条において、建替え決議に賛成した区分所有者や区分所有権及び敷地利用権を買い受けることができる者として指定された買受指定人は、建替えに参加しない旨を回答した区分所有者に対し、区分所有権及び敷地利用権を時価で売り渡すべきことを請求することができることとされている（同法第六十三条第四項参照）。この売渡請求権は、講学上の形成権とされており、売渡請求権が適法に行使されると、請求の意思表示が相手方に到達した時に、相手方の応諾なくして売買契約が成立し、区分所有権及び敷地利用権が請求者に移転することとなり、これにより、建替えに反対する区分所有者の権利を確実に買い取ることが可能となることによって、建替えが実現されることとなる。

二　本条は、マンション建替組合についても、建替えに参加しない旨を回答した区分所有者（その承継人を含み、その後に建替え合意者等となったものを除く。）に対し、これと同様の売渡請求権を認めるものである。すなわち、区分所有法においては、当該マンションの区分所有者又は買受指定人に限定されている売渡請求権者を、本法において組合にも拡張することにより、建替えに反対する区分所有者への対応を可能とし、組合がマンション建替事業の実施主体として積極的に機能できるようにするものであり、これにより組合が取得した区分所有権等は、実質的にいわゆる保留床に権利変換されることとなる。

なお、このように本条の売渡し請求は、区分所有法第六十三条第四項に基づく売渡請求権の行使を組合にも認めることとするものであり、相手方がマンションの明渡しや移転登記に応じなかったり、「時価」について争いがある場合には、区分所有法における場合と同様、最終的には民事訴訟によって解決を図ることとなる。

三　この場合、区分所有法の売渡請求権は、同法第六十三条第二項の催告の回答期限満了の日から二月以内に限り行使することができることとされているところ、組合については、当該行使の期間を組合設立の公告の日から二月以内とするという期限の特例が設けられている。ただし、組合の設立が徒らに遅くなった場合にいつまでも組合に売渡請求権の行使を認めておくことは、区分所有法が、建替え決議の日から二年以内に建替え工事に着手しない場合について売渡し請求により買い取られた側からの買戻し請求を認めていること（同法第六十三条第六項参照）との衡平から適当ではないことなどを踏まえ、組合が売渡請求権を行使することができる最長の期間は、建替え決議等の日から一年以内に制限されている（第二項）。

四　本条による売渡請求権には、売渡しを請求された者に対する裁判所による明渡し期限の許与（区分所有法第六十三条第五項参照）、建物取壊し工事に着手しない場合などの区分所有権又は敷地利用権の買戻し（同法第六十三条第六項及び第七項参照）の規定が準用される（第三項）。

第三目　管理

（組合員）
第十六条　施行マンションの建替え合意者等（その承継人（組合を除く。）を含む。）は、すべて組合の組合員とする。
2　マンションの一の専有部分が数人の共有に属するときは、その数人を一人の組合員とみなす。

○マンション建替法施行令
（代表者の選任等）
第三条　法第十六条第二項の規定により一人の組合員とみなされる者は、そのうちから代表者一人を選任し、その者の氏名及び住所（法人にあっては、その名称及び主たる事務所の所在地）をマンション建替組合（以下この章において「組合」という。）に通知しなければならない。
2　前項の代表者の権限に加えた制限は、これをもって組合に対抗することができない。
3　第一項の代表者の解任は、組合にその旨を通知するまでは、これをもって組合に対抗することができない。

一　本条は、組合員たる地位について規定するもので、都市再開発法第二十条に相当する。
二　マンション建替組合の設立認可がされた場合、建替え合意者等は、第九条第二項により示された組合設立への賛否の如何にかかわらず、全員が組合員となる（第一項）。
組合設立後に組合員甲が自分の区分所有権等を乙に譲渡した場合、自動的に甲が組合員でなくなり、乙が新たに組合員となる（甲の権利義務の乙への移転については第十九条参照）。

なお、第十五条の売渡し請求により組合が組合員甲の区分所有権等を取得した場合、組合が甲の承継人として組合員となることはないとされている。
三　マンションの専有部分が数人の共有に属するときには、その数人の共有者は全体として一人の組合員とみなされる（第二項）。

（参加組合員）

第十七条　前条に規定する者のほか、組合が施行するマンション建替事業に参加することを希望し、かつ、それに必要な資力及び信用を有する者であって、定款で定められたものは、参加組合員として、組合の組合員となる。

一　本条は、法律上当然に組合員とされる建替え合意者等のほか、特別の組合員として参加組合員制度を設けている規定で、都市再開発法第二十一条に相当する。

二　マンション建替事業では、建築工事等に多額の費用を要することや、建替えようとする建物が大規模かつ高層なものである場合が多いことなどにより建築に関する専門知識等が必要となることから、デベロッパー等が事業に参画することを認めることにより、マンション建替組合がそのノウハウや資力を活用することができることとしている。

三「参加組合員として、組合の組合員となる」ということであるから、本法の組合員に関する一般的規定は全て参加組合員にも適用される。したがって、総会での議決権に加え、参加組合員は役員又は総代の選挙権及び被選挙権が与えられることとされている（第二十一条第一項、第三十二条第一項及び第三十三条第一項参照）。

（組合員名簿の作成等）

第十八条　第九条第一項の認可を受けた者は、第十四条第一項の公告後、遅滞なく、組合員の氏名及び住所（法人にあっては、その名称及び主たる事務所の所在地）並びに建替え合意者等である組合員又は参加組合員の別その他国土交通省令で定める事項を記載した組合員名簿を作成しなければならない。

2　第九条第一項の認可を受けた者又は理事長は、次項の規定による通知を受けたとき、又は組合員名簿の記載事項の変更を知ったときは、遅滞なく、組合員名簿に必要な変更を加えなければならない。

3　組合員は、組合員名簿の記載事項に変更を生じたときは、その旨を組合に通知しなければならない。

○マンション建替法施行規則

（組合員名簿の記載事項）

第十八条　法第十八条第一項の国土交通省令で定める事項は、次に掲げるものとする。

一　マンションの建替え等の円滑化に関する法律施行令（以下「令」という。）第三条第一項の代表者を選任したときは、その者の氏名及び住所（法人にあっては、その名称及び主たる事務所の所在地）

二　組合員名簿の作成又は変更の年月日

一　組合員名簿の作成及び管理は、総会の円滑な運営、権利変換計画の作成等に極めて重要であるので、第九条第一項の設立の認可を受けた発起人は、都道府県知事等による設立認可の公告（第十四条第一項参照）の後、遅滞なく、組合員の氏名及び住所並びに建替え合意者等である組合員又は参加組合員の別その他国土交通省令で定める事項を記載した組合員名簿を作成しなければならないこととされている（第一項）。

二　組合員名簿の作成及び管理を行うのは、設立発起人又は第二十五条第二項の理事長届出の公告があった後は理事長であり、組合員から権利義務の移転の通知を受けたとき、又は組合員名簿の記載事項の変更を知ったときは、遅滞なく、組合員名簿に必要な変更を加えなければならないこととされている（第二項）。

三　本条により作成された組合員名簿については、第九十五条の規定により、組合の事務所に備え付け、閲覧に供する義務が組合に課せられ、これに違反した組合の理事は二十万円以下の過料に処せられることとされている（第百七十六条第八号及び第九号参照）。

（組合員の権利義務の移転）

第十九条　施行マンションについて組合員の有する区分所有権又は敷地利用権の全部又は一部を承継した組合員があるときは、従前の組合員がその区分所有権又は敷地利用権の全部又は一部について組合に対して有していた権利義務は、その承継した組合員に移転する。

一　本条は、組合員に変更があった場合における組合員の権利義務の移転について規定するもので、都市再開発法第二十二条に相当する。

二　マンション建替組合の組合員は、建替えに合意した者（その承継人（組合を除く。）を含む。）及び参加組合員であり（第十六条及び第十七条参照）、組合設立前後を問わず、原則として、その区分所有権及び敷地利用権を自由に処分することができることとされている。このため、組合員である地位に変更があったときは、その組合員が組合に対して有していた権利義務（例えば、役員の選挙権、総会における議決権等の権利、賦課金の支払義務等）は新たな組合員にそのまま移転することとして、組合の円滑な運営を確保することとされている。

（役員）

第二十条　組合に、役員として、理事三人以上及び監事二人以上を置く。

2　組合に、役員として、理事長一人を置き、理事の互選によりこれを定める。

一　本条は、マンション建替組合の役員の定数及び理事長の選任について規定するもので、都市再開発法第二十三条に相当する。

二　役員の定数は、理事三人以上及び監事二人以上で（第一項）、定款で定めることとされている（第七条第七号参照）。

三　組合の役員は、理事長、理事及び監事とされ、理事長は理事の互選により、理事のうちから定められることとされている（第二項）。

（役員の資格、選挙及び選任）

第二十一条　理事及び監事は、組合員（法人にあっては、その役員）のうちから総会で選挙する。ただし、特別の事情があるときは、組合員以外の者のうちから総会で選任することができる。

2　前項本文の規定により選挙された理事若しくは監事が組合員でなくなったとき、又はその理事若しくは監事が組合員である法人の役員である場合において、その法人が組合員でなくなったとき、若しくはその理事若しくは監事がその法人の役員でなくなったときは、その理事又は監事は、その地位を失う。

一　本条は、マンション建替組合の役員の資格、選挙及び選任について規定するもので、都市再開発法第二十四条に相当する。

二　理事及び監事は、組合員のうちから総会で選挙する。総会における通常の議決は、出席組合員の議決権の過半数で決することとされているが（第二十九条第一項参照）、役員の選挙及び選任の方法については、別に定款で定めることとされている（第七条第七号参照）。

三　組合員以外の者に役員の適任者がいる、又は組合員以外を役員とした方が組合運営が円滑かつ能率的だという場合などには、組合員以外の者から役員を選任することができることとされている（第一項ただし書）。

四　組合の役員である地位は、当該役員が組合員でなくなったなどの場合には失われる。組合の役員から施行マンションの専有部分を承継した者があっても、組合の役員である地位は承継されないこととされている（第二項）（第十九条参照）。

（役員の任期）

第二十二条　理事及び監事の任期は、三年以内とし、補欠の理事及び監事の任期は、前任者の残任期間とする。

2　理事又は監事は、その任期が満了しても、後任の理事又は監事が就任するまでの間は、なおその職務を行う。

一　本条は、役員の任期について規定するもので、都市再開発法第二十五条に相当する。

二　マンション建替事業については、通常二年程度で完了する場合が多いので、役員の任期は三年以内とされている（市街地再開発組合は五年以内）。役員の任期は、定款において定められることとされている（第七条第七号参照）。

（役員の解任請求）

第二十三条 組合員は、総組合員の三分の一以上の連署をもって、その代表者から、組合に対し、理事又は監事の解任の請求をすることができる。

2 前項の規定による請求があったときは、組合は、直ちに、その請求の要旨を公表し、これを組合員の投票に付さなければならない。

3 理事又は監事は、前項の規定による投票において過半数の同意があったときは、その地位を失う。

4 前三項に定めるもののほか、理事及び監事の解任の請求及び第二項の規定による投票に関し必要な事項は、政令で定める。

○マンション建替法施行令

（解任請求代表者証明書の交付）

第四条 法第二十三条第一項（法第三十二条第三項において準用する場合を含む。）の規定により組合の理事若しくは監事又は総代の解任を請求しようとする組合員の代表者（以下「解任請求代表者」という。）は、次に掲げる事項を記載した解任請求書を添え、当該組合に対し、文書をもって解任請求代表者証明書の交付を請求しなければならない。

一 その解任を請求しようとする理事若しくは監事又は総代の氏名

二 解任の請求の理由

三 解任請求代表者の氏名及び住所（法人にあっては、その名称及び主たる事務所の所在地）

2 前項の請求があったときは、当該組合は、解任請求代表者が組合員名簿に記載された組合員であることを確認した上、直ちに、これに解任請求代表者証明書を交付し、かつ、当該確認の日の翌日にその旨を公告するとともに、当該組合の主たる事務所の所在地の市町村長に通知しなければならない。

3 組合は、前項の規定による公告の際、併せて組合員（当該公告の日の前日現在における組合員名簿に記載された者をいう。次条第一項において同じ。）の三分の一の数を公告しなければならない。

4 市町村長は、第二項の規定による通知があったときは、直ちに、次条第一項の規定による署名の収集の際に立ち会わせるためその職員のうちから立会人を指名し、これを解任請求代表者及び組合に通知しなければならない。

（署名の収集）

第五条 解任請求代表者は、あらかじめ、署名の場所及び前条第二項の公告があった日から二週間を超えない範囲内において日時を定めて、署名簿に解任請求書又はその写し及び解任請求代表者証明書又はその写しを添え、組合員に対し、署名簿に署名及び押印をすることを求めなければならない。

2　解任請求代表者は、前項の場所及び日時を定めたときは、当該署名の日の初日の少なくとも二日前に署名立会人（前条第四項の規定により指名された立会人をいう。以下同じ。）に通知しなければならない。

3　署名をしようとする者は、組合員名簿（前条第三項に規定する組合員名簿をいう。次項において同じ。）に記載された者であるかどうかについて署名立会人の確認を受けた上、署名簿に署名及び押印をするものとする。

4　前項の場合において、署名をしようとする者が法人であるときは、その指定する者が署名及び押印をし、かつ、当該法人が組合員名簿に記載された者であるかどうか並びに当該署名及び押印をする者が当該法人の指定する者であるかどうかについて署名立会人の確認を受けるものとする。

（解任請求書の提出）

第六条　解任請求代表者は、署名簿に署名及び押印をした者の数が第四条第三項の規定により公告された数以上の数となったときは、当該署名の日の末日から五日以内に、署名立会人の証明を経た署名簿を添えて、解任請求書を組合に提出しなければならない。

2　前項の署名立会人の証明は、署名簿の末尾にその旨を記載した上、署名及び押印をすることによって行うものとする。

（解任の投票）

第七条　法第二十三条第二項（法第三十二条第三項において準用する場合を含む。）の規定による組合の理事若しくは監事又は総代の解任の投票（以下この節（第十二条を除く。）において単に「解任の投票」という。）は、前条第一項の規定による解任請求書の提出があった日から二週間以内に行わなければならない。

2　前項の場合において、組合は、解任の投票の場所及び日時を定め、これらの事項を、その解任を請求された理事若しくは監事又は総代の氏名及び解任の請求の理由の要旨とともに、解任の投票の日の少なくとも五日前に公告しなければならない。

3　組合は、前項の公告をしたときは、直ちに、組合員（当該公告の日現在における組合員名簿に記載された者をいう。次項、次条第一項から第三項まで、第六項及び第十一項並びに第十一条第一項において同じ。）のうちから本人の承諾を得て、解任の投票の立会人一人を選任しなければならない。

4　解任請求代表者は、第二項の公告があったときは、直ちに、組合員のうちから本人の承諾を得て、解任の投票の立会人一人を組合に届け出なければならない。

（投票）

第八条　解任の投票における投票は、組合員が投票用紙に解任に対する同意又は不同意の旨を記載してするものとする。

2　組合員が法人であるときは、その指定する者が投票をするものとする。

3　組合員（法人を除く。以下この項において同じ。）は、代理人により投票をすることができる。この場合において、代理人は、同時に五人以上の組合員を代理することができない。
4　前二項の場合において、法人の指定する者又は代理人は、それぞれ投票の際その権限を証する書面を組合に提出しなければならない。
5　投票は、一人一票とし、無記名により行う。
6　投票用紙は、解任の投票の当日、解任の投票の場所において組合員に交付するものとする。
7　組合員名簿（前条第三項に規定する組合員名簿をいう。以下この項において同じ。）に記載されていない者及び組合員名簿に記載された者であっても解任の投票の当日組合員でない者は、投票をすることができない。
8　投票をしようとする者が明らかに本人でないと認められるときは、理事長は、その投票を拒否しなければならない。
9　前二項の場合において、理事長が投票を拒否しようとするときは、あらかじめ、投票立会人（前条第三項の規定により選任された立会人及び同条第四項の規定により届け出られた立会人をいう。以下同じ。）の意見を聴かなければならない。
10　理事長は、投票立会人の立会いの下に投票を点検し、同意又は不同意の別に有効投票数を計算しなければならない。
11　前項の場合においては、理事長は、投票立会人の意見を聴いて投票の効力を決定するものとする。その決定に当たっては、次項の規定により無効とされるものを除き、その投票をした組合員の意思が明らかであれば、その投票を有効とするようにしなければならない。
12　次の各号のいずれかに該当する投票は、無効とする。
一　所定の投票用紙を用いないもの
二　同意又は不同意の旨以外の事項を記載したもの
三　同意又は不同意の旨の記載のないもの
四　同意又は不同意の旨を確認することが困難なもの

（解任の投票の結果の公告）

第九条　組合は、解任の投票の結果が判明したときは、直ちに、これを公告しなければならない。
2　組合の理事若しくは監事又は総代は、解任の投票において過半数の同意があったときは、前項の公告があった日にその地位を失う。

（解任投票録）

第十条　理事長は、解任投票録を作り、解任の投票に関する次第を記載し、投票立会人とともに、これに署名しなければならない。
2　解任投票録は、組合において、その解任を請求された理事若しくは監事又は総代の任期中保存しなければならない。

（解任の投票又は解任の投票の結果の効力に関する異議の申出）

第十一条　組合員は、解任の投票又は解任の投票の結果の効力に関し異議があるときは、第九条第一項の公告があった日から二週間以内に、組合に対し、文書をもって異議を申し出ることができる。

2　組合は、前項の異議の申出を受けたときは、その申出を受けた日から二週間以内に、異議に対する決定をしなければならない。この場合において、当該決定は、文書によって行い、理由を付して申出人に交付するとともに、その要旨を公告しなければならない。

3　組合は、第一項の規定による異議の申出があった場合において、解任の投票に関する規定に違反することがあるときは、投票の結果に異動を及ぼすおそれがある場合に限り、その解任の投票の全部又は一部の無効を決定しなければならない。

（解任請求の禁止期間）

第十二条　法第二十三条第一項（法第三十二条第三項において準用する場合を含む。）の規定による組合の理事若しくは監事又は総代の解任の請求は、その就任の日から六月間及び法第二十三条第二項（法第三十二条第三項において準用する場合を含む。）又は法第九十八条第六項の規定によるその解任の投票の日から六月間は、することができない。

一　本条は、組合員の理事又は監事の解任請求権について規定するもので、都市再開発法第二十六条に相当する。

二　総組合員の三分の一以上の連署による理事又は監事の解任請求に基づく組合員の投票において過半数の同意があったときは、理事又は監事はその地位を失うこととされている。

（役員の職務）
第二十四条　理事長は、組合を代表し、その業務を総理する。
2　理事は、定款の定めるところにより、理事長を補佐して組合の業務を掌理し、理事長に事故があるときはその職務を代理し、理事長が欠けたときはその職務を行う。
3　監事の職務は、次のとおりとする。
一　組合の財産の状況を監査すること。
二　理事長及び理事の業務の執行の状況を監査すること。
三　財産の状況又は業務の執行について、法令若しくは定款に違反し、又は著しく不当な事項があると認めるときは、総会又は都道府県知事等に報告をすること。
四　前号の報告をするため必要があるときは、総会を招集すること。
4　定款に特別の定めがある場合を除くほか、組合の業務は、理事の過半数で決する。
5　組合と理事長との利益が相反する事項については、理事長は、代表権を有しない。この場合においては、監事が組合を代表する。
6　理事長は、事業年度ごとに事業報告書、収支決算書及び財産目録を作成し、監事の意見書を添えて、これを通常総会に提出し、その承認を求めなければならない。
7　前項の監事の意見書については、これに記載すべき事項を記録した電磁的記録（電子的方式、磁気的方式その他人の知覚によっては認識することができない方式で作られる記録であって、電子計算機による情報処理の用に供されるものとして国土交通省令で定めるものをいう。）の添付をもって、当該監事の意見書の添付に代えることができる。この場合において、理事長は、当該監事の意見書を添付したものとみなす。
8　監事は、理事又は組合の職員と兼ねてはならない。

○マンション建替法施行規則
（電磁的記録）
第十八条の二　法第二十四条第七項の国土交通省令で定める電磁的記録は、電子計算機に備えられたファイル又は磁気ディスク、シー・ディー・ロムその他これらに準ずる方法により一定の事項を確実に記録しておくことができる物をもって調製するファイルに記録したものとする。

一　本条は、マンション建替組合の役員の職務について規定するもので、都市再開発法第二十七条に相当する。

二　理事長は、組合の代表権を有し、組合の業務を処理する最高責任を負うこととされている（第一項）。理事長に事故があれば理事が職務を代理し、理事長が欠けたときは理事が理事長の職務を行うこととされている（第二項）。

三　役員の職務の分担について定款に特別の定めがある場合（第七条第七号参照）を除き、組合の業務は、理事の過半数で決定することとされている（第四項）。

四　都道府県知事等が組合の事業の状況を適切に把握し、個別に事業の状況の報告を命ずることなく定期的に組合の事業の状況を把握できるようにするため、理事長は、事業報告書、収支決算書及び財産目録を毎事業年度、総会の承認を得た後に都道府県知事等に提出しなければならないこととされている（第六項）。

五　平成十六年に制定された民間事業者等が行う書面の保存等における情報通信の技術の利用に関する法律（以下「e‐文書法」という。）においては、各法令の規定に基づき書面により行われなければならないもので、当該書面が当該法令の規定により保存をしなければならないものとされているものについて、その保存、作成、縦覧等及び交付等につき電子化が容認されている。一方で、同法で共通的に規定する事項の例外事項、同法のみでは手当てが完全でないものなどについては、個別法により対応することとされている。

この点、事業報告書等の書類については、法令上保存（備付け）義務が課されており（第九十五条、施行規則第四十七条参照）、マンション建替事業では、e‐文書法において、作成、提出等について電子化が容認されることとなる。

一方、事業報告書等に添付して通常総会に提出される監事の意見書については、法令上保存義務が課されておらず、e‐文書法の対象外となっている。このため保存義務のある書面（事業報告書等）が電子的に作成された場合においても、添付書類（監事の意見書）については書面により添付するという不合理な事態を解消するため、監事の意見書については、これに記載すべき事項を記録した電磁的記録の添付をもって、同項の監事の意見書の添付に代えることができ、この場合、当該理事は、当該監事の意見書を添付したものとみなすこととされている（第七項）。

六　監事は、理事又は組合の職員と兼ねてはならないこととされ（第八項）、これに違反した場合には罰則の適用がある（第百七十六条第三号参照）。

（理事長の代表権の制限）

第二十四条の二　理事長の代表権に加えた制限は、善意の第三者に対抗することができない。

本条は、一般社団・財団法人法の制定に伴い、削除された民法第五十四条の理事の代表権の制限に係る規定に代わり、本法に規定されたものである。マンション建替組合内部において理事長の代表権に加えた制限は、善意の第三者には対抗することができない旨を明確化したもので、都市再開発法第二十七条の二に相当する。

（理事長の代理行為の委任）

第二十四条の三　理事長は、定款又は総会の決議によって禁止されていないときに限り、特定の行為の代理を他人に委任することができる。

本条は、一般社団・財団法人法の制定に伴い、削除された民法第五十五条の理事の代表行為の委任に係る規定に代わり、本法に規定されたものである。定款又は総会の決議によって禁止されていないときに限り、特定の行為の代理を他人に委任することができる旨を明確化したもので、都市再開発法第二十七条の三に相当する。

（理事長の氏名等の届出及び公告）

第二十五条　組合は、理事長の氏名及び住所を、都道府県知事等に届け出なければならない。この場合において、施行マンションの所在地が町村の区域内にあるときは、当該町村の長を経由して行わなければならない。

2　都道府県知事等は、前項の規定による届出があったときは、遅滞なく、理事長の氏名及び住所を公告しなければならない。

3　組合は、前項の公告があるまでは、理事長の代表権をもって組合員以外の第三者に対抗することができない。

一　本条は、理事長の氏名等の都道府県知事等への届出及び公告について規定するもので、都市再開発法第二十八条に相当する。

二　第一項及び第二項は、マンション建替組合の代表者である理事長が選挙又は選任されたときは、これを公告することとし、このため、組合は都道府県知事等に届け出なければならないこととされている。なお、届出は、施行マンションの区域が町村の区域内にあるときは、町村長を経由して行わなければならないこととされている。

（総会の組織）
第二十六条　組合の総会は、総組合員で組織する。

一　本条は、総会は全ての組合員により組織されることを明らかにした規定で、都市再開発法第二十九条に相当する。
二　組合員には、第十六条第一項に規定するマンション建替事業の合意者等のほか、第十七条の参加組合員が含まれる。組合員は、マンション建替組合の業務運営及びマンション建替事業の基本的事項についての決定に参加することとなる。総会の種類やその招集手続に関しては、第二十八条で規定されている。

（総会の決議事項）

第二十七条　次に掲げる事項は、総会の議決を経なければならない。

一　定款の変更
二　事業計画の変更
三　借入金の借入れ及びその方法並びに借入金の利率及び償還方法
四　経費の収支予算
五　予算をもって定めるものを除くほか、組合の負担となるべき契約
六　賦課金の額及び賦課徴収の方法
七　権利変換計画及びその変更
八　第九十四条第一項又は第三項の管理規約
九　組合の解散
十　その他定款で定める事項

一　本条は、総会の決議事項について規定するもので、都市再開発法第三十条に相当する。

二　総会の議事は、原則として、出席組合員の議決権の過半数で決することとされているが（第二十九条第一項参照）、各号に掲げる事項のうち

(1)　定款及び事業計画の変更のうち政令で定める重要な事項

(2)　管理規約及びマンション建替組合の解散

については、組合員の議決権及び持分割合の各四分の三以上で（第三十条第一項参照）、権利変換計画については、組合員の議決権及び持分割合の各五分の四以上で決されることとされている（同条第三項参照）。

三　本条以外の規定により総会の決議事項とされるのは、役員の選挙及び選任（第二十一条第一項参照）、審査委員の選任（第三十七条第二項参照）である。

（総会の招集）

第二十八条　理事長は、毎事業年度一回通常総会を招集しなければならない。

2　理事長は、必要があると認めるときは、いつでも、臨時総会を招集することができる。

3　組合員が総組合員の五分の一以上の同意を得て、会議の目的である事項及び招集の理由を記載した書面を組合に提出して総会の招集を請求したときは、理事長は、その請求のあった日から起算して二十日以内に臨時総会を招集しなければならない。

4　前項の規定による請求があった場合において、理事長が正当な理由がないのに総会を招集しないときは、監事は、同項の期間経過後十日以内に臨時総会を招集しなければならない。

5　第九条第一項の規定による認可を受けた者は、その認可の公告があった日から起算して三十日以内に、最初の理事及び監事を選挙し、又は選任するための総会を招集しなければならない。

6　総会を招集するには、少なくとも会議を開く日の五日前までに、会議の日時、場所及び目的である事項を組合員に通知しなければならない。ただし、緊急を要するときは、二日前までにこれらの事項を組合員に通知して、総会を招集することができる。

一　本条は、総会の招集についてその種類、手続等を規定するもので、都市再開発法第三十一条に相当する。

二　総会は、通常総会（第一項）、臨時総会（第二項）、役員又は審査委員を選挙、選任するための総会（第二十一条第一項又は第三十七条第二項参照）に分けることができ、通常総会は、毎事業年度一回招集しなければならないほか、臨時総会は、必要に応じて随時招集することができることとされている。

三　役員又は審査委員の選挙、選任のための総会は、必要に応じ随時招集されることとなるが、マンション建替組合が設立されて最初の役員を選挙又は選任するための総会は、組合設立の認可の公告があった日から三十日以内に招集しなければならないこととされている（第五項）。期限を定めることにより、組合ができるだけ早く機能を開始することができるようにする趣旨である。

四　組合設立の公告があった日から三十日を経過してもなお総会を招集しないときは、設立発起人に対して罰則の適用があるほか（第百七十七条参照）、都道府県知事等は、その認可を取り消すことができることとされている（第九十八条第四項参照）。

（総会の議事等）

第二十九条　総会は、総組合員の半数以上の出席がなければ議事を開くことができず、その議事は、この法律に特別の定めがある場合を除くほか、出席者の議決権の過半数で決し、可否同数のときは、議長の決するところによる。

2　議長は、総会において選任する。

3　議長は、組合員として総会の議決に加わることができない。ただし、次条の規定による議決については、この限りでない。

4　総会においては、前条第六項の規定によりあらかじめ通知した会議の目的である事項についてのみ議決することができる。

一　本条は、総会の普通決議について規定するもので、都市再開発法第三十二条に相当する。

二　総会は、総組合員の半数以上の出席がなければ議事を開くことができず、その議事は、第三十条の特別の議決を除き、出席者の議決権の過半数で決し、可否同数のときは議長の決するところによる。組合員は、自己の議決権を書面又は代理人をもって行使することができることとされている（第三十三条第二項参照）。組合員は、原則として各一個の議決権を有する、すなわち、一人一票（参加組合員も一票）を有することとされている（同条第一項参照）。

三　総会では、あらかじめ通知した会議の目的である事項についてしか議決することができないこととされている（第四項）。これは、総会の決議事項は組合運営の基本事項であり、かつ、議決権を書面又は代理人により行使することを認めていることによる。

（特別の議決）
第三十条　第二十七条第一号及び第二号に掲げる事項のうち政令で定める重要な事項並びに同条第八号及び第九号に掲げる事項は、組合員の議決権及び持分割合（組合の専有部分が存しないものとして算定した施行マンションについての区分所有法第十四条に定める割合（一括建替え合意者のみにより設立された組合にあっては、組合の持分が存しないものとして算定した施行マンションの敷地（これに関する権利を含む。）の持分の割合）をいう。第三項において同じ。）の各四分の三以上で決する。
2　権利変換期日以後における前項の規定の適用については、同項中「組合の」とあるのは「組合及び参加組合員の」と、「施行マンション」とあるのは「施行再建マンション」とする。
3　第二十七条第七号に掲げる事項は、組合員の議決権及び持分割合の各五分の四以上で決する。

○マンション建替法施行令
（定款又は事業計画の変更に関する特別議決事項）
第十三条　定款の変更のうち法第三十条第一項の政令で定める重要な事項は、次に掲げるものとする。
一　施行マンションの変更
二　参加組合員に関する事項の変更
三　事業に要する経費の分担に関する事項の変更
四　総代会の新設又は廃止
2　事業計画の変更のうち法第三十条第一項の政令で定める重要な事項は、施行再建マンションの敷地の区域の変更とする。

一　本条は、総会の特別の議決について規定するもので、都市再開発法第三十三条に相当する。
二　特別の議決については、その議決の重要性にかんがみ、組合員の議決権及び持分割合それぞれの特別多数決で決される。ここでいう持分割合とは、マンション建替組合の有する専有部分が存しないものとして算定した区分所有法第十四条第一項に定める割合である。
ただし、団地のマンションの一括建替え決議における議決権は、土地の持分の割合によることとされているため、一括建替え決議を前提として設立された組合については、施行マンションの敷地の持分の割合をもって特別の議決における持分割合としている。

三　第二十七条各号に掲げるうち、

(1)　定款及び事業計画の変更のうち政令で定める重要な事項

(2)　管理規約（第九十四条第二項により区分所有法第三十条第一項の規約とみなされる。）

(3)　マンション建替組合の解散

については、組合員の議決権及び持分割合の各四分の三以上の議決によることとされている（第一項）。

四　権利変換計画については、組合員の議決権及び持分割合の各五分の四以上で決することとされている（第三項）。これは、当該権利変換計画に反対の組合員についてもその権利が強制的に変換されることや、権利変換手続により各組合員の施行マンションの区分所有権等が施行再建マンション内の新たな区分所有権等となるという当該処分の重要性にかんがみ、区分所有法第六十二条第一項の建替え決議（区分所有者及び議決権の各五分の四以上が必要）と同様に、組合員の議決権及び持分割合（本法の「組合員の議決権」は区分所有法の「区分所有者」（すなわち頭数）と、本法の「持分割合」は区分所有法の「議決権」とそれぞれ同義であることに注意（第三十三条第一項参照））の各五分の四以上という最も慎重な議決によることとされているものである。

五　権利変換期日以後は、参加組合員が保留床を取得することとなるが、参加組合員はその有する区分所有権等に着目した地位ではないほか、通常、権利変換後、取得した再建マンションの保留床を第三者に譲渡することを目的としていることにかんがみ、権利変換期日以後の持分割合とは、組合及び参加組合員の有する専有部分が存しないものとして算定した区分所有法第十四条第一項に定める割合とされる（第二項）（都市再開発法第四十四条参照）。

（総代会）

第三十一条 組合員の数が五十人を超える組合は、総会に代わってその権限を行わせるために総代会を設けることができる。

2 総代会は、総代をもって組織するものとし、総代の定数は、組合員の総数の十分の一を下らない範囲内において定款で定める。ただし、組合員の総数が二百人を超える組合にあっては、二十人以上であることをもって足りる。

3 総代会が総会に代わって行う権限は、次の各号のいずれかに該当する事項以外の事項に関する総会の権限とする。

一 理事及び監事の選挙又は選任

二 前条の規定に従って議決しなければならない事項

4 第二十八条第一項から第四項まで及び第六項並びに第二十九条（第三項ただし書を除く。）の規定は、総代会について準用する。

5 総代会が設けられた組合においては、理事長は、第二十八条第一項の規定にかかわらず、通常総会を招集することを要しない。

一 本条は、総代会の設置、組織等について規定するもので、都市再開発法第三十五条に相当する。

二 マンション建替組合の重要事項を決する総会は、総組合員で組織されるものとされるが、組合員の数が多数になると議事の運営が困難となるので、総代会を設けて、総会の権限の大部分をこれに譲ることにより、組合運営の効率化を確保することができることとされている（第一項）。

三 総代会は、組合員の数が五十人を超える組合において設けることができ、総代会を設けるかどうかは定款で定められることとされている（第七条第九号参照）。

四 総代会は、総代をもって組織され、総代の定数は組合員の総数の十分の一以上であることが必要である。しかし、組合員の総数が二百人を超える組合にあっては、二十人以上で足りるとされている（第二項）。

五 総代会が総会に代わって行う権限は、役員の選挙又は選任並びに特別の議決を要する事項以外の全ての事項である（第三項）。

（総代）

第三十二条　総代は、定款で定めるところにより、組合員が組合員（法人にあっては、その役員）のうちから選挙する。

2　総代の任期は、三年を超えない範囲内において定款で定める。補欠の総代の任期は、前任者の残任期間とする。

3　第二十一条第二項及び第二十三条の規定は、総代について準用する。

一　本条は、総代の資格等について規定するもので、都市再開発法第三十六条に相当する。

二　総代会を組織する総代は、組合員が組合員のうちから選挙し（第一項）、その任期は三年以内において定款で定められることとされている（第二項）。総代には、罰則の適用がある（第百七十条参照）。

三　総代が組合員でなくなった場合などには、当然に総代の地位を失うほか、組合員は、総組合員の三分の一以上の連署をもって、その代表者から、マンション建替組合に対し、総代の解任の請求をすることができることとされている（第三項）。

（議決権及び選挙権）
第三十三条　組合員及び総代は、定款に特別の定めがある場合を除き、各一個の議決権及び選挙権を有する。
2　組合員は書面又は代理人をもって、総代は書面をもって、議決権及び選挙権を行使することができる。
3　組合と特定の組合員との関係について議決をする場合には、その組合員は、議決権を有しない。
4　第二項の規定により議決権及び選挙権を行使する者は、第二十九条第一項（第三十一条第四項において準用する場合を含む。）の規定の適用については、出席者とみなす。
5　代理人は、同時に五人以上の組合員を代理することができない。
6　代理人は、代理権を証する書面を組合に提出しなければならない。

一　本条は、マンション建替組合における議決権及び選挙権について規定するもので、都市再開発法第三十七条に相当する。
二　組合員及び総代は、定款で特別の定めがある場合を除き、各一個の議決権及び選挙権を有することとされている（第一項）。ここでの「議決権」は、区分所有法第三十八条の「議決権」とは概念が異なることに注意が必要である（第九条第二項参照）。議決権及び選挙権の行使は、自ら直接することができるほか、組合員は書面又は代理人をもって、総代は書面をもってすることができることとされている（第二項）。書面又は代理人をもって議決権を行使するときは、普通決議についても、総会又は総代会の出席者として計算される（第四項）。
三　代理人は、同時に五人以上の組合員を代理することができず（第五項）、代理人が代理権を行使するには、代理権を証する書面を組合に提出しなければならないこととされている（第六項）。これは、代理による議決権及び選挙権の行使が不正に行われることを防止する趣旨である。
四　第三項は、総会において組合と特定の組合員との関係について議決をする場合（例えば、組合の建築工事を特定の組合員が請け負うような場合）には、その特定の組合員は議決権を行使することができないことを定めるものである。

（定款又は事業計画の変更）

第三十四条　組合は、定款又は事業計画を変更しようとするときは、国土交通省令で定めるところにより、都道府県知事等の認可を受けなければならない。

2　第九条第二項の規定は組合が定款及び事業計画を変更して新たに施行マンションに追加しようとする建替え決議マンションがある場合について、同条第四項の規定は組合が定款及び事業計画を変更して新たに施行マンションに追加しようとする一括建替え決議マンション群がある場合について、同条第五項の規定は組合が定款及び事業計画を変更して新たに施行マンションに追加しようとするマンションがある場合について、第十一条の規定は事業計画の変更（国土交通省令で定める軽微な変更を除く。）の認可の申請があった場合について、第九条第七項、第十二条及び第十四条の規定は前項の規定による認可について、それぞれ準用する。この場合において、第九条第二項中「建替え合意者の」とあるのは「新たに施行マンションとなるべき建替え決議マンションの建替え合意者（新たに施行マンションとなるべき建替え決議マンションが二以上ある場合にあっては、当該二以上の建替え決議マンションごとの建替え合意者）の」と、同条第四項中「、一括建替え合意者」とあるのは「、新たに施行マンションとなるべき一括建替え決議マンション群の一括建替え合意者（新たに施行マンションとなるべき一括建替え決議マンション群が二以上ある場合にあっては、当該二以上の一括建替え決議マンション群ごとの一括建替え合意者）」と、「一括建替え決議マンション群」とあるのは「新たに施行マンションとなるべき一括建替え決議マンション群」と、同条第七項中「施行マンション」とあるのは「施行マンション又は新たに施行マンションとなるべきマンション」と、第十一条第一項中「施行マンションとなるべきマンション」とあり、及び「当該マンション」とあるのは「施行マンション又は新たに施行マンションとなるべきマンション」と、同条第二項中「施行マンションとなるべきマンション又はその敷地」とあるのは「施行マンション若しくは新たに施行マンションとなるべきマンション又はそれらの敷地」と、第十四条第二項中「組合の成立又は定款若しくは事業計画」とあるのは「定款又は事業計画の変更」と、「組合員その他の」とあるのは「その変更について第三十四条第一項の規定による認可があった際に従前から組合員であった者以外の」と読み替えるものとする。

3　組合は、事業に要する経費の分担に関し定款若しくは事業計画を変更しようとする場合又は定款及び事業計画の対象とされた二以上の施行マンションの数を縮減しようとする場合において、マンション建替事業の施行のための借入金があるときは、その変更又は縮減についてその債権者の同意を得なければならない。

4　第十五条の規定は、組合が定款及び事業計画を変更して新たに施行マンションを追加した場合について準用する。この場合において、同条第一項中「前条第一項」とあるのは「第三十四条第二項において準用する前条第一項」と、「区分所有者」とあるのは「新たに追加された施行マンションの区分所有者」と、同条第三項中「第十五条第一項」とあるのは「第三十四条第四項において準用する同法第十五条第一項」と読み替えるものとする。

○マンション建替法施行規則

（認可申請書の添付書類）

第三条　（略）

2　法第三十四条第一項の認可を申請しようとするマンション建替組合（以下この章において「組合」という。）は、認可申請書に次に掲げる書類を添付しなければならない。

一　定款又は事業計画の変更について総会又は総代会の議決を経たことを証する書類

二　新たに施行マンションに追加しようとする建替え決議マンションがある場合においては、当該建替え決議マンションについて法第三十四条第二項において準用する法第九条第二項の同意を得たことを証する書類及び当該建替え決議マンションについての建替え決議の内容を記載した書類

三　新たに施行マンションに追加しようとする一括建替え決議マンション群がある場合においては、当該一括建替え決議マンション群について法第三十四条第二項において準用する法第九条第四項の同意を得たことを証する書類及び当該一括建替え決議マンション群についての一括建替え決議の内容を記載した書類

四　新たに施行再建マンションの敷地として追加しようとする隣接施行敷地がある場合においては、当該隣接施行敷地に建築物その他の工作物が存しないこと又はこれに存する建築物その他の工作物を除却し、若しくは移転することができることが確実であることを証する書類

五　認可を申請しようとする組合が法第三十四条第三項の同意を得なければならない場合においては、その同意を得たことを証する書類

3　（略）

（公告事項）

第十六条　（略）

2　法第三十四条第二項において準用する法第十四条第一項の規定による公告をする場合における国土交通省令で定める事項は、次に掲げるものとする。

一　事務所の所在地及び設立認可の年月日

二　組合の名称、施行マンションの名称若しくはその敷地の区域、施行再建マンションの敷地の区域、事業施行期間又は事務所の所在地に関して変更がされたときは、その変更の内容

三　前項第三号又は第四号に掲げる事項に関して変更がされたときは、その変更の内容

四　新たに施行マンションを追加したときは、権利変換又

は借家権の取得を希望しない旨の申出をすることができる期限

五　定款又は事業計画の変更の認可の年月日

第十九条（縦覧手続等を要しない事業計画の変更）　法第三十四条第二項の国土交通省令で定める軽微な変更は、次に掲げるものとする。

一　施行再建マンションの設計の概要の変更で、最近の認可に係る当該施行再建マンションの延べ面積の十分の一を超える延べ面積の増減を伴わないもの

二　事業施行期間の変更

三　資金計画の変更

四　施行再建マンションの敷地の区域内の主要な給水施設、排水施設、電気施設又はガス施設の位置の変更

五　施行再建マンションの敷地の区域内の広場、駐車施設、遊び場その他の共同施設又は通路若しくは消防用水利施設の位置の変更

一　本条は、定款及び事業計画の変更について規定するもので、都市再開発法第三十八条に相当する。

二　マンション建替組合が定款又は事業計画を変更しようとするときは、所定の書類を添付して認可申請書を提出し、都道府県知事等の認可を受けなければならないこととされている（第一項）。

三　当該申請は、組合設立認可の申請の際の手続に従い、施行マンションとなるべきマンションの所在地が町村の区域内にあるときは、当該マンションの所在する町村の長を経由して行わなければならず（第二項による第九条第七項の準用）、認可の基準に従って審査されるほか（第十二条の準用）、都道府県知事等は当該申請に係る認可をしたときは、遅滞なく、所定の事項を公告するとともに、関係市町村長に所定の図書を送付しなければならないこととされている（第十四条の準用）。事業計画の変更（省令で定める軽微なものを除く。）については、施行マンションとなるべきマンションの所在地が市の区域内にあるときは、市の長が二週間公衆の縦覧に供し、施行マンションとなるべきマンションの所在地が町村の区域内にあるときは、都道府県知事等は町村長に二週間公衆の縦覧に供させ、関係権利者からの意見書の提出を受けなければならないこととされている（第十一条の準用）。

四　組合が定款及び事業計画を変更して新たに施行マンションに追加しようとする建替え決議マンションがある場合には、新たに施行マンションとなるべきマンションの建替え合意者の同意及び建替え合意者に係る議決権の要

件（それぞれ四分の三以上）を必要とする（第二項による第九条第二項の準用）。

五　組合が定款及び事業計画を変更して新たに施行マンションに追加しようとする一括建替え決議マンション群がある場合には、新たに施行マンションとなるべき一括建替え決議マンション群の一括建替え合意者（一括建替え決議マンション群が二以上ある場合は、一括建替え決議マンション群ごとの一括建替え合意者）の同意及び一括建替え合意者に係る議決権の要件（それぞれ四分の三以上）及び新たに施行マンションとなるべき一括建替えマンション群を構成する各マンションごとの一括建替え合意者の同意及び一括建替え合意者に係る議決権の要件（それぞれ三分の二以上）を必要とすることとされている（第二項による第九条第四項の準用）。

六　事業に要する経費の分担に関し定款若しくは事業計画を変更する場合又は施行マンションの数を縮減しようとする場合には、マンション建替事業施行のための借入金に係る債権者の同意を要することとされている（第三項）。これらの変更は、マンション建替事業の採算上大きな影響をもたらすなど債権者にとって重大な関心事であるので、同意を要することでその権利保護を図ることとされている。

七　組合が定款及び事業計画を変更して新たに施行マンションを追加した場合については、組合は、新たに追加された施行マンションの区分所有者に対しても売渡請求権を行使することができることとされている（第四項による第十五条の準用）。

（経費の賦課徴収）
第三十五条　組合は、その事業に要する経費に充てるため、賦課金として参加組合員以外の組合員に対して金銭を賦課徴収することができる。
2　賦課金の額は、組合員の有する施行マンション（権利変換期日以後においては、施行再建マンション）の専有部分の位置、床面積等を考慮して公平に定めなければならない。
3　組合員は、賦課金の納付について、相殺をもって組合に対抗することができない。
4　組合は、組合員が賦課金の納付を怠ったときは、定款で定めるところにより、その組合員に対して過怠金を課することができる。

一　本条は、マンション建替組合の経費の賦課徴収について規定するもので、都市再開発法第三十九条に相当する。

二　組合の資金計画について、出金又は入金の時期のずれから一時的に組合の運営費が不足する事態が生ずることや、保留床や保留敷地の売却が当初の予定どおりに進まず、売却益を確保できないために収支が悪化することも考えられる。このような場合に、組合は、組合員に経費を賦課徴収することができることとされている（第一項）。

三　賦課金は、組合員の有する施行マンション（権利変換期日以後においては、施行再建マンション）の専有部分の位置、床面積等を考慮して公平に定められなければならないこととされている（第二項）。

（参加組合員の負担金及び分担金）

第三十六条　参加組合員は、国土交通省令で定めるところにより、権利変換計画の定めるところに従い取得することとなる施行再建マンションの区分所有権及び敷地利用権の価額に相当する額の負担金並びに組合のマンション建替事業に要する経費に充てるための分担金を組合に納付しなければならない。

2　前条第三項及び第四項の規定は、前項の負担金及び分担金について準用する。

○マンション建替法施行規則

（参加組合員の負担金及び分担金の納付）

第二十条　参加組合員が法第三十六条第一項の規定により納付すべき負担金の納付期限、分割して納付する場合における分割の回数、各納付期限及び各納付期限ごとの納付金額その他の負担金の納付に関する事項は、定款で定めるものとする。この場合において、最終の納付期限は、法第八十一条の公告の日から一月を超えてはならない。

2　参加組合員以外の組合員が賦課金を納付すべき場合においては、参加組合員は、分担金を納付するものとする。

3　分担金の額は、参加組合員の納付する負担金の額及び参加組合員以外の組合員が有する施行マンション（権利変換期日以後においては、施行再建マンション）の区分所有権又は敷地利用権の価額を考慮して、賦課金の額と均衡を失しないように定めるものとし、分担金の納付方法は、賦課金の賦課徴収の方法の例によるものとする。

一　本条は、マンション建替組合の参加組合員の負担金及び分担金について規定するもので、都市再開発法第四十条に相当する。

二　参加組合員は、負担金と分担金を組合に納付しなければならないこととされている（第一項）。負担金は、権利変換計画の定めるところに従い取得することとなる施行再建マンションの専有部分に係る区分所有権及び敷地利用権の価額に相当するものである。分担金は、一般の組合員が組合に支払う賦課金に相当するものである。

三　分担金の納付方法は、賦課金の賦課徴収の例によることとされ、賦課金の賦課徴収の方法は総会において決せられるので（第二十七条第六号参照）、当該方法により分担金を納付することとなる。

（審査委員）

第三十七条　組合に、この法律及び定款で定める権限を行わせるため、審査委員三人以上を置く。

2　審査委員は、土地及び建物の権利関係又は評価について特別の知識経験を有し、かつ、公正な判断をすることができる者のうちから総会で選任する。

3　前二項に規定するもののほか、審査委員に関し必要な事項は、政令で定める。

○マンション建替法施行令

（組合に置かれる審査委員）

第十四条　次に掲げる者は、組合に置かれる審査委員となることができない。

一　破産者で復権を得ないもの

二　禁錮以上の刑に処せられ、その執行を終わるまで又はその執行を受けることがなくなるまでの者

2　審査委員は、前項各号のいずれかに該当するに至ったときは、その職を失う。

3　組合は、審査委員が次の各号のいずれかに該当するときその他審査委員たるに適しないと認めるときは、総会の議決を経て、その審査委員を解任することができる。

一　心身の故障のため職務の執行に堪えられないと認められるとき。

二　職務上の義務違反があるとき。

一　本条は、マンション建替組合に置く審査委員について規定するもので、都市再開発法第四十三条に相当する。

二　組合に審査委員を置くこととするのは、権利変換計画の決定等の関係権利者の権利処理について特別の知識経験と公正な判断を必要とする事項に関与させることにより、これらの者の権利の保護を図るためである。

三　審査委員となる資格を有する者は、「土地及び建物の権利関係又は評価について特別の知識経験を有し、かつ、公正な判断をすることができる者」であって（第二項）、かつ、政令で定める欠格条項に該当しない者でなければならないこととされている（第三項）。

四　本法で定める審査委員の権限は、

・権利変換計画の決定又は変更（省令で定める軽微なものを除く。）についての同意（第六十七条参照）
・施行者の借家条件の裁定についての同意（第八十三条第二項参照）
である。

第四目　解散

（解散）
第三十八条　組合は、次に掲げる理由により解散する。
一　設立についての認可の取消し
二　総会の議決
三　事業の完成又はその完成の不能
2　前項第二号の議決は、権利変換期日前に限り行うことができるものとする。
3　組合は、第一項第二号又は第三号に掲げる理由により解散しようとする場合において、借入金があるときは、解散について債権者の同意を得なければならない。
4　組合は、第一項第二号又は第三号に掲げる理由により解散しようとするときは、国土交通省令で定めるところにより、都道府県知事等の認可を受けなければならない。
5　前項の規定による認可の申請は、施行マンションの所在地が町村の区域内にあるときは、当該町村の長を経由して行わなければならない。
6　都道府県知事等は、組合の設立についての認可を取り消したとき、又は第四項の規定による認可をしたときは、遅滞なく、その旨を公告しなければならない。
7　組合は、前項の公告があるまでは、解散をもって組合員以外の第三者に対抗することができない。

○マンション建替法施行規則
（認可申請書の添付書類）
第三条　（略）
2　（略）
3　法第三十八条第四項の認可を申請しようとする組合は、認可申請書に次に掲げる書類を添付しなければならない。
一　権利変換期日前に組合の解散について総会の議決を経たことを証する書類又は事業の完成を明らかにする書類若しくは事業の完成が不能であることを明らかにする書類
二　認可を申請しようとする組合が法第三十八条第三項の同意を得なければならない場合においては、その同意を得たことを証する書類

一　本条は、マンション建替組合の解散事由について規定するもので、都市再開発法第四十五条に相当する。

二　組合の解散理由は、組合設立認可の取消し、総会の議決及び事業の完成又はその完成の不能である。組合設立の認可の取消し及び解散の議決は、権利変換期日前に限られることとされている（第二項）（第九十八条第四項参照）。

三　「設立についての認可の取消し」（第一項第一号）は、①組合が都道府県知事等による是正命令に従わないとき、②組合の設立発起人が組合設立の日から三十日以内に総会を招集しないときに、権利変換期日前に限り行うことができることとされている（第九十八条第四項参照）。

四　「総会の議決」（第一項第二号）による解散とは、組合がその解散について総会で議決（第二十七条第九号参照）した場合の解散である。組合の解散は、組合員の議決権及び持分割合の各四分の三以上で決する（第三十条第一項参照）。権利変換期日後は権利関係の変動がすでに生じているため、関係権利者の権利保護の観点から、議決による解散は権利変換期日前に限ることとされている（第二項）。

五　「事業の完成」（第一項第三号）とは、建築工事その他の工事が完成し、清算（第八十五条参照）や借家条件の裁定（第八十三条第二項参照）を終えたことをいう。

六　「事業の完成の不能」（第一項第三号）とは、事業着手時点で予測がつかなかった情勢の変化等により事業の続行が不可能となった場合であり、このような場合には、権利変換期日後であっても組合は解散することができることとする。

　市街地再開発事業に関しては、関係権利者の権利の大幅な変動を伴う事業であるため、関係権利者の権利保護の観点から、都市再開発法は市街地再開発組合の権利変換期日以後の解散を認めず（同法第四十五条第二項参照）、地方公共団体による事業代行制度を設けて、権利変換後には必ず事業を完成させることとされている。しかし、公共施設の整備が伴わず、都市計画の位置付けもないマンション建替事業の性格を考えると、市街地再開発事業と同様の地方公共団体による事業代行制度を設けることはなじまないと考えられるため、事業の継続が困難となった場合には、権利変換期日後であっても事業の完成の不能による解散を認めているものである。

七　組合が総会の議決（第一項第二号）又は事業の完成若しくはその不能（同項第三号）により解散しようとする

ときは、都道府県知事等の認可を受けなければならず、この認可により解散することとされている（第四項）。都道府県知事等は、組合の設立認可を取り消したとき又は解散の認可をしたときは、その旨を公告することとされており（第六項）、この公告を第三者に対する対抗要件としている（第七項）。

（清算中の組合の能力）

第三十八条の二　解散した組合は、清算の目的の範囲内において、その清算の結了に至るまではなお存続するものとみなす。

本条は、一般社団・財団法人法の制定に伴い、削除された民法第七十三条の清算法人に係る規定に代わり、本法に制定されたものである。解散したマンション建替組合が清算の目的の範囲内においてはなお存続するものとみなす旨を規定するもので、都市再開発法第四十五条の二に相当する。

（清算人）

第三十九条　組合が解散したときは、理事がその清算人となる。ただし、総会で他の者を選任したときは、この限りでない。

本条は、清算人について規定するもので、都市再開発法第四十六条に相当する。清算人には理事がなるが、総会で他の者を選任することもできることとされている。

（裁判所による清算人の選任）

第三十九条の二　前条の規定により清算人となる者がないとき、又は清算人が欠けたため損害を生ずるおそれがあるときは、裁判所は、利害関係人若しくは検察官の請求により又は職権で、清算人を選任することができる。

本条は、一般社団・財団法人法の制定に伴い、削除された民法第七十五条の裁判所による清算人の選任に係る規定に代わり、本法に制定されたものである。前条の規定により清算人となる者がないとき、又は清算人が欠けたため損害を生ずるおそれがあるときは、裁判所は清算人を選任することができる旨を規定するもので、都市再開発法第四十六条の二に相当する。

（清算人の解任）

第三十九条の三　重要な事由があるときは、裁判所は、利害関係人若しくは検察官の請求により又は職権で、清算人を解任することができる。

本条は、一般社団・財団法人法の制定に伴い、削除された民法第七十六条の清算人の解任に係る規定に代わり、本法に制定されたものである。重要な事由があるときは、清算人を解任することができる旨を規定するもので、都市再開発法第四十六条の三に相当する。

（清算人の職務及び権限）

第三十九条の四　清算人の職務は、次のとおりとする。

一　現務の結了

二　債権の取立て及び債務の弁済

三　残余財産の引渡し

2　清算人は、前項各号に掲げる職務を行うために必要な一切の行為をすることができる。

本条は、一般社団・財団法人法の制定に伴い、削除された民法第七十八条の清算人の職務及び権限に係る規定に代わり、本法に制定されたものである。清算人の職務は、現務の結了、債権の取立て及び債務の弁済並びに残余財産の引渡しであり、清算人はこれらの職務を行うために必要な一切の行為をすることができる旨を規定するもので、都市再開発法第四十六条の四に相当する。

（清算事務）

第四十条　清算人は、就職の後遅滞なく、組合の財産の現況を調査し、財産目録を作成し、及び財産処分の方法を定め、財産目録及び財産処分の方法について総会の承認を求めなければならない。

一　本条は、清算人により行われる清算事務について規定するもので、都市再開発法第四十七条に相当する。

二　清算人は、先ずマンション建替組合の財産の現況を調査しなければならない。また、清算人は、財産目録を作成し、財産の処分の方法を定め、総会の承認を求めなければならないが、財産目録及び財産処分の方法において記載すべき事項を記載せず、又は不実の記載をしたときは、罰則の適用がある（第百七十六条第六号参照）。

（債権の申出の催告等）
第四十条の二　清算人は、その就職の日から二月以内に、少なくとも三回の公告をもって、債権者に対し、一定の期間内にその債権の申出をすべき旨の催告をしなければならない。この場合において、その期間は、二月を下ることができない。
2　前項の公告には、債権者がその期間内に申出をしないときは清算から除斥されるべき旨を付記しなければならない。ただし、清算人は、知れている債権者を除斥することができない。
3　清算人は、知れている債権者には、各別にその申出の催告をしなければならない。
4　第一項の公告は、官報に掲載してする。

本条は、一般社団・財団法人法の制定に伴い、削除された民法第七十九条の債権の申出の催告等に係る規定に代わり、本法に制定されたものである。清算人が行う債権の申出の催告等については、二月を下らない一定の期間内に債権の申出をすべき旨の催告をしなければならない旨を規定するもので、都市再開発法第四十七条の二に相当する。

（期間経過後の債権の申出）

第四十条の三　前条第一項の期間の経過後に申出をした債権者は、組合の債務が完済された後まだ権利の帰属すべき者に引き渡されていない財産に対してのみ、請求をすることができる。

本条は、一般社団・財団法人法の制定に伴い、削除された民法第八十条の期間経過後の債権の申出に係る規定に代わり、本法に制定されたものである。一定の期間の経過後に申出をした債権者は、マンション建替組合の債務が完済された後まだ権利の帰属すべき者に引き渡されていない財産以外に対して請求することができない旨を規定するもので、都市再開発法第四十七条の三に相当する。

（残余財産の処分制限）

第四十一条　清算人は、組合の債務を弁済した後でなければ、その残余財産を処分することができない。

一　本条は、マンション建替組合の債権者の保護を図るため、組合の債務を弁済した後でなければ、その残余財産を処分することができない旨を規定するもので、都市再開発法第四十八条に相当する。

二　本条に違反した場合には、罰則の適用がある（第百七十六条第七号参照）。

（裁判所による監督）

第四十一条の二　組合の解散及び清算は、裁判所の監督に属する。

2　裁判所は、職権で、いつでも前項の監督に必要な検査をすることができる。

3　組合の解散及び清算を監督する裁判所は、都道府県知事等に対し、意見を求め、又は調査を嘱託することができる。

4　都道府県知事等は、前項に規定する裁判所に対し、意見を述べることができる。

本条は、一般社団・財団法人法の制定に伴い、削除された民法第八十二条の裁判所による監督に係る規定に代わり、本法に制定されたものである。マンション建替組合の解散及び清算についての裁判所の監督に関する規定で、都市再開発法第四十八条の二に相当する。

（決算報告）
第四十二条　清算人は、清算事務が終わったときは、遅滞なく、国土交通省令で定めるところにより、決算報告書を作成し、これについて都道府県知事等の承認を得た後、これを組合員に報告しなければならない。

○マンション建替法施行規則
（決算報告書）
第二十一条　法第四十二条の決算報告書は、次に掲げる事項を記載して作成しなければならない。
一　組合の解散の時における財産及び債務の明細
二　債権の取立及び債務の弁済の経緯
三　残余財産の処分の明細

一　本条は、決算報告について規定するもので、都市再開発法第四十九条に相当する。
二　清算人は、第四十条から第四十一条の二までによる清算事務が終わったときは、決算報告書を作成し、都道府県知事等の承認を得た後、組合員に報告しなければならないこととされている。決算報告書に記載すべき事項を記載せず、又は不実の記載をしたときは、罰則の適用がある（第百七十六条第六号参照）。

（解散及び清算の監督等に関する事件の管轄）

第四十二条の二　組合の解散及び清算の監督並びに清算人に関する事件は、組合の主たる事務所の所在地を管轄する地方裁判所の管轄に属する。

本条は、一般社団・財団法人法の制定に伴い、削除された非訟事件手続法第三十五条第二項の解散及び清算の監督に関する事件の管轄に係る規定に代わり、本法に制定されたものである。マンション建替組合の解散及び清算の監督等に関する事件の管轄について規定するもので、都市再開発法第四十九条の二に相当する。

（不服申立ての制限）

第四十二条の三　清算人の選任の裁判に対しては、不服を申し立てることができない。

本条は、一般社団・財団法人法の制定に伴い、削除された非訟事件手続法第三十七条の不服申立ての制限に係る規定に代わり、本法に制定されたものである。清算人の選任の裁判に係る不服申立ての制限について規定するもので、都市再開発法第四十九条の三に相当する。

（裁判所の選任する清算人の報酬）

第四十二条の四　裁判所は、第三十九条の二の規定により清算人を選任した場合には、組合が当該清算人に対して支払う報酬の額を定めることができる。この場合においては、裁判所は、当該清算人及び監事の陳述を聴かなければならない。

本条は、一般社団・財団法人法の制定に伴い、削除された非訟事件手続法第三十八条の裁判所の選任する清算人の報酬に係る規定に代わり、本法に制定されたもので、都市再開発法第四十九条の四に相当する。

（検査役の選任）

第四十三条　裁判所は、組合の解散及び清算の監督に必要な調査をさせるため、検査役を選任することができる。

2　前二条の規定は、前項の規定により裁判所が検査役を選任した場合について準用する。この場合において、前条中「清算人及び監事」とあるのは、「組合及び検査役」と読み替えるものとする。

本条は、一般社団・財団法人法の制定に伴い、削除された非訟事件手続法第四十条の検査役の選任に係る規定に代わり、本法に制定されたもので、都市再開発法第五十条に相当する。

第五目　税法上の特例

第四十四条　組合は、法人税法（昭和四十年法律第三十四号）その他法人税に関する法令の規定の適用については、同法第二条第六号に規定する公益法人等とみなす。この場合において、同法第三十七条の規定を適用する場合には同条第四項中「公益法人等（」とあるのは「公益法人等（マンション建替組合並びに」と、同法第六十六条の規定を適用する場合には同条第一項及び第二項中「普通法人」とあるのは「普通法人（マンション建替組合を含む。）」と、同条第三項中「公益法人等（」とあるのは「公益法人等（マンション建替組合及び」とする。

2　組合は、消費税法（昭和六十三年法律第百八号）その他消費税に関する法令の規定の適用については、同法別表第三に掲げる法人とみなす。

一　本条は、マンション建替組合の公益性にかんがみ、法人税法その他法人税に関する法令の規定の適用については、同法第二条第六号に規定する公益法人等とみなし（第一項）、消費税法その他消費税に関する法令の適用については、同法別表第三に掲げる法人とみなす規定で（第二項）、マンションの管理組合法人に係る措置と同様のものである（区分所有法第四十七条第十三項及び第十四項参照）。

二　なお、マンション建替事業は、国税、地方税を通じ、譲渡所得税、登録免許税等の各種の税目について様々な特例措置が設けられているが、国税に係る措置は租税特別措置法その他関連法令に、地方税に係る措置は地方税法その他関連法令において規定されている。

第三款　個人施行者

（施行の認可）

第四十五条　第五条第二項の規定によりマンション建替事業を施行しようとする者は、一人で施行しようとする者にあっては規準及び事業計画を定め、数人共同して施行しようとする者にあっては規約及び事業計画を定め、国土交通省令で定めるところにより、そのマンション建替事業について都道府県知事等の認可を受けなければならない。

2　前項の規定による認可を申請しようとする者は、その者以外に施行マンションとなるべきマンション又はその敷地（隣接施行敷地を含む。）について権利を有する者があるときは、事業計画についてこれらの者の同意を得なければならない。ただし、その権利をもって認可を申請しようとする者に対抗することができない者については、この限りでない。

3　前項の場合において、施行マンションとなるべきマンション又はその敷地（隣接施行敷地を含む。以下この項において同じ。）について権利を有する者のうち、区分所有権、敷地利用権、敷地の所有権及び借地権並びに借家権以外の権利（以下「区分所有権等以外の権利」という。）を有する者から同意を得られないとき、又はその者を確知することができないときは、その同意を得られない理由又は確知することができない理由を記載した書面を添えて、第一項の規定による認可を申請することができる。

4　第九条第七項の規定は、第一項の規定による認可について準用する。

○マンション建替法施行規則

（認可申請手続）

第二十二条　法第四十五条第一項の認可を申請しようとする者は、一人で施行しようとする者にあっては規準及び事業計画を、数人共同して施行しようとする者にあっては規約及び事業計画を認可申請書とともに提出しなければならない。

（認可申請書の添付書類）

第二十三条　法第四十五条第一項の認可を申請しようとする者は、認可申請書に次に掲げる書類を添付しなければならない。

一　認可を申請しようとする者が施行マンションとなるべきマンションの区分所有者であるときはその旨を証する書類

二　認可を申請しようとする者が法第四十五条第二項の同意を得なければならない場合においては、その同意を得

たことを証する書類
三　施行マンションとなるべきマンションの全部又は一部が建替え決議マンションである場合においては、当該建替え決議マンションについての建替え決議の内容を記載した書類
四　施行マンションとなるべきマンションの全部又は一部が一括建替え決議マンション群である場合においては、当該一括建替え決議マンション群についての一括建替え決議の内容を記載した書類
五　施行再建マンションの敷地とする隣接施行敷地がある場合においては、当該隣接施行敷地に建築物その他の工作物が存しないこと又はこれに存する建築物その他の工作物を除却し、若しくは移転することができることが確実であることを証する書類

2・3　（略）

一　本条は、次条から第五十四条までの規定とともに、個人施行者によるマンション建替事業の施行の場合の手続を規定するもので、都市再開発法第七条の九に相当する。
二　個人施行者制度を活用することにより、マンションの区分所有者が五人以上いないためマンション建替組合の設立に至らない場合や区分所有法に基づく建替え決議を経ない場合（すなわち建替えに全員が同意している場合）でも本法に基づくマンション建替事業を行うことができることとされている。
三　また、デベロッパー等のマンションの建替えのために必要なノウハウや資金力を有する者が、区分所有者等関係権利者の全員の同意を得て事業を実施することも可能であり（いわゆる「同意施行」）、多様な事業形態に対応できるものとなっている。
四　個人施行者は、マンション建替事業を施行しようとする場合には、一人施行の場合は規準及び事業計画を定めて、共同施行の場合は規約及び事業計画を定めて、都道府県知事等の認可を受けなければならないこととされている（第一項）。
五　認可を申請しようとする場合は、その者以外に施行マンションとなるべきマンション又はその敷地（隣接施行敷地を合わせて施行再建マンションの敷地とする場合にあっては、当該隣接施行敷地を含む。）について権利

を有する者があるときは、事業計画についてこれらの者全員の同意を得なければならないこととされている（第二項）。しかし、常に関係権利者の全ての同意を得なければならないとすることは、権利者が確知できない場合など個人施行者となろうとする者にとって酷な場合があり、マンション建替事業の適正な施行は別に都道府県知事等の監督により担保可能であると考えられるため、事業により大きな影響を受けることが想定される関係権利者、すなわち

・マンションの区分所有者及び敷地利用権者
・マンション敷地の所有者（いわゆる底地権者）
・隣接施行敷地の所有者又は借地権者
・マンションの借家権者

については必ず同意を要するが、抵当権者等それら以外の権利者から同意が得られないときは、その正当性を都道府県知事等が判断して施行の認可ができることとされている（第三項）。

六　申請は、施行マンションとなるべきマンションの所在地が町村の区域内にあるときは、当該町村の長を経由して行うこととされている（第四項による第九条第七項の準用）。

（規準又は規約）

第四十六条　前条第一項の規準又は規約には、次の各号（規準にあっては、第四号から第六号までを除く。）に掲げる事項を記載しなければならない。

一　施行マンションの名称及びその所在地

二　マンション建替事業の範囲

三　事務所の所在地

四　事業に要する経費の分担に関する事項

五　業務を代表して行う者を定めるときは、その職名、定数、任期、職務の分担及び選任の方法に関する事項

六　会議に関する事項

七　事業年度

八　公告の方法

九　その他国土交通省令で定める事項

○マンション建替法施行規則

（規準又は規約の記載事項）

第二十四条　法第四十六条第九号の国土交通省令で定める事項は、次に掲げるものとする。

一　審査委員に関する事項

二　会計に関する事項

一　本条は、規準又は規約に定めるべき事項について規定するもので、都市再開発法第七条の十に相当する。共同施行の場合には、規約は団体的規律であるが、一人施行の場合には規準はそのような意味合いはないので、事業に要する経費の分担、代表者及び会議に関する事項は除かれている。

二　規準又は規約に記載すべき事項については、第七条の解説を参照のこと。

（事業計画）
第四十七条　事業計画においては、国土交通省令で定めるところにより、施行マンションの状況、その敷地の区域及びその住戸の状況、施行再建マンションの設計の概要及びその敷地の区域、事業施行期間、資金計画その他国土交通省令で定める事項を記載しなければならない。
２　施行マンションとなるべきマンションに建替え決議等があるときは、事業計画は、当該建替え決議等の内容に適合したものでなければならない。

○マンション建替法施行規則
（事業計画）
第二十五条　第四条から第九条までの規定は、法第四十七条第一項の事業計画について準用する。
第二十六条　法第四十七条第一項の国土交通省令で定める事項は、次に掲げるものとする。
一　施行再建マンションの附属施設の設計の概要
二　施行再建マンションの敷地の設計の概要
２　第十一条の規定は前項第一号の施行再建マンションの附属施設の設計の概要について、第十二条の規定は前項第二号の施行再建マンションの敷地の設計の概要について、それぞれ準用する。

一　本条は、個人施行者の事業計画について規定するもので、都市再開発法第七条の十一に相当する。
二　記載事項については、マンション建替組合の事業計画（第十条参照）と基本的に同じである。
三　第二項において、施行マンションについて建替え決議等があったときは、事業計画は、建替え決議等の内容に適合したものでなければならないとされている。個人施行によるマンション建替事業は、必ずしも区分所有法第六十二条第一項の建替え決議又は同法第七十条の一括建替え決議を前提としているものではないが、建替え決議等が行われた場合には、当該建替え決議等と事業計画は整合性の取れたものである必要がある。

（認可の基準）

第四十八条　都道府県知事等は、第四十五条第一項の規定による認可の申請があつた場合において、次の各号のいずれにも該当すると認めるときは、その認可をしなければならない。

一　申請手続が法令に違反するものでないこと。

二　規準若しくは規約又は事業計画の決定手続又は内容が法令に違反するものでないこと。

三　事業計画について区分所有権等以外の権利を有する者の同意を得られないことについて正当な理由があること。

四　区分所有権等以外の権利を有する者を確知することができないことについて過失がないこと。

五　第十二条第三号から第十号までに掲げる基準に適合すること。

一　本条は、個人施行の認可基準について規定するもので、都市再開発法第七条の十四に相当する。

二　基本的には、マンション建替組合設立の認可基準（第十二条参照）と同内容であるが、個人施行に特有の基準として次の二つがある。

(1)　第三号

個人施行者は関係権利者の全員の同意を得た上でマンション建替事業を行うのが原則であるが、事業による影響がほとんどないにもかかわらず反対する者があるときなどの場合は、その理由を記載した書面を添えて認可申請を行い（第四十五条第三項参照）、都道府県知事等はその理由を判断して施行の認可ができるものとしており、本号では、同意を得られないことについて法令又は社会通念に照らしての正当性があることを認可の基準としている。

(2)　第四号

個人施行者が権利者を確知できないときについて、その確知することができない理由を記載した書面を添えて認可申請を行い（第四十五条第三項参照）、都道府県知事等はその正当性を判断して施行の認可ができるものとしており、本号では、権利者を確知することができないことについて過失がないことを認可の基準としている。

（施行の認可の公告等）

第四十九条　都道府県知事等は、第四十五条第一項の規定による認可をしたときは、遅滞なく、国土交通省令で定めるところにより、施行者の氏名又は名称、施行マンションの名称及びその敷地の区域、施行再建マンションの敷地の区域、事業施行期間その他国土交通省令で定める事項を公告し、かつ、関係市町村長に施行マンションの名称及びその敷地の区域、施行再建マンションの設計の概要及びその敷地の区域その他国土交通省令で定める事項を表示する図書を送付しなければならない。

2　第五条第二項の規定による施行者（以下「個人施行者」という。）は、前項の公告があるまでは、施行者として、又は規準若しくは規約若しくは事業計画をもって第三者に対抗することができない。

3　市町村長は、第五十四条第三項において準用する第一項、第八十一条又は第九十九条第三項の公告の日まで、政令で定めるところにより、第一項の図書を当該市町村の事務所において公衆の縦覧に供しなければならない。

○マンション建替法施行令

（施行マンションの名称等を表示する図書の縦覧）

第十五条　第二条の規定は、市町村長が法第四十九条第一項（法第五十条第二項において準用する場合を含む。）の規定による図書の送付を受けたときについて準用する。

○マンション建替法施行規則

（公告事項）

第二十七条　法第四十九条第一項の規定による公告をする場合における国土交通省令で定める事項は、次に掲げるものとする。

一　マンション建替事業の名称
二　事務所の所在地
三　施行認可の年月日
四　施行者の住所
五　事業年度
六　公告の方法
七　権利変換又は借家権の取得を希望しない旨の申出をすることができる期限

2～4　（略）

5　法第五十四条第三項において準用する法第四十九条第一項の国土交通省令で定める事項は、次に掲げるものとする。

一　マンション建替事業の名称及び施行認可の年月日

二　マンション建替事業の廃止又は終了の認可の年月日

おける国土交通省令で定める事項は、次に掲げるものとする。
一　施行再建マンションの附属施設の設計の概要
二　施行再建マンションの敷地の設計の概要

（送付図書の表示事項）

第二十八条　法第四十九条第一項（法第五十条第二項において準用する場合を含む。）の規定による送付をする場合に

一　本条は、都道府県知事等が個人施行の認可をした場合の必要事項の公告及び関係図書の送付について規定するもので、都市再開発法第七条の十五に相当する。

二　都道府県知事等は、個人施行の認可をしたときは、遅滞なく、施行者の氏名又は名称、施行マンションの名称及びその敷地の区域、施行再建マンションの敷地の区域、事業施行期間等を公告するほか、関係市町村長に施行マンションの名称及びその敷地の区域並びに施行再建マンションの設計の概要及びその敷地の区域等を表示する図書を送付しなければならないこととされている（第一項）。

三　第一項による個人施行の認可の公告は、第三者に対する対抗要件である（第二項）。

四　市町村長は、マンションの建替えに係る建築工事が行われている間（施行認可取消し又は建築工事完了の公告があるまでの間）は、周辺住民の利用に供するため、マンションの名称及びその敷地の区域並びに施行再建マンションの設計の概要及びその敷地の区域等を表示する図書を当該市町村の事務所において公衆の縦覧に供しなければならないこととされている（第三項）。

（規準又は規約及び事業計画の変更）

第五十条　個人施行者は、規準若しくは規約又は事業計画を変更しようとするときは、国土交通省令で定めるところにより、都道府県知事等の認可を受けなければならない。

2　第九条第七項、第四十五条第二項及び第三項並びに前二条の規定は、前項の規定による認可について準用する。この場合において、第九条第七項中「施行マンションとなるべきマンション」とあるのは「施行マンション又は新たに施行マンションとなるべきマンション」と、第四十五条第二項及び第三項中「施行マンションとなるべきマンション又はその敷地」とあるのは「施行マンション若しくは新たに施行マンションとなるべきマンション又はそれらの敷地」と、前条第二項中「施行者として、又は規準若しくは規約若しくは事業計画をもって」とあるのは「規準若しくは規約又は事業計画の変更をもって」と読み替えるものとする。

3　第三十四条第三項の規定は、事業に要する経費の分担に関し規準若しくは規約若しくは事業計画を変更しようとする場合又は規準若しくは規約及び事業計画の対象とされた二以上の施行マンションの数を縮減しようとする場合について準用する。

○マンション建替法施行規則

（認可申請書の添付書類）

第二十三条　（略）

2　法第五十条第一項の認可を申請しようとする個人施行者は、認可申請書に次に掲げる書類を添付しなければならない。

一　認可を申請しようとする個人施行者が法第五十条第二項において準用する法第四十五条第二項の同意を得なければならない場合においては、その同意を得たことを証する書類

二　新たに施行マンションに追加しようとする建替え決議マンションがある場合においては、当該建替え決議マンションについての建替え決議の内容を記載した書類

三　新たに施行マンションに追加しようとする一括建替え決議マンション群がある場合においては、当該一括建替え決議マンション群についての一括建替え決議の内容を記載した書類

四　新たに施行再建マンションの敷地として追加しようとする隣接施行敷地がある場合においては、当該隣接施行敷地に建築物その他の工作物が存しないこと又はこれに存する建築物その他の工作物を除却し、若しくは移転することができることが確実であることを証する書類

五　認可を申請しようとする個人施行者が法第五十条第三項において準用する法第三十四条第三項の同意を得なけ

ればならない場合においては、その同意を得たことを証する書類

3 （略）

第二十七条（公告事項） （略）

2 法第五十条第二項において準用する法第四十九条第一項の規定による公告をする場合における国土交通省令で定める事項は、次に掲げるものとする。

一 マンション建替事業の名称及び事務所の所在地並びに施行認可の年月日

二 施行者の氏名若しくは名称、施行マンションの名称若しくはその敷地の区域、施行再建マンションの敷地の区域、事業施行期間又は前項第一号、第二号、第五号若しくは第六号に掲げる事項に関して変更がされたときは、その変更の内容

三 新たに施行マンションを追加したときは、権利変換又は借地権の取得を希望しない旨の申出をすることができる期限

四 規準若しくは規約又は事業計画の変更の認可の年月日

3～5 （略）

一 本条は、個人施行者による規準又は規約及び事業計画の変更について規定するもので、都市再開発法第七条の十六に相当する。

二 個人施行者が、規準若しくは規約又は事業計画を変更しようとするときは、所定の書類を添付して認可申請書を提出し、都道府県知事等の認可を受けなければならないものとされている（第一項）。

三 規準若しくは規約又は事業計画の変更に関する手続については、

① 申請は、施行マンションとなるべきマンションの所在地が町村の区域内にあるときは、当該町村の長を経由して行う（第九条第七項参照）

② 事業計画の変更の申請をしようとする個人施行者は、施行マンション又はその敷地について権利を有する者の同意（区分所有権等以外の権利を有する者の同意が得られない場合には、理由書を添えて申請可）を要する（第四十五条第二項及び第三項参照）

③ 事業に要する経費の分担に関し規準若しくは規約又は事業計画を変更しようとする場合又は施行マンションの数を縮減しようとする場合には、借入金に係る債権者の同意を要する（第三十四条第三項参照）に関する各規定が準用される（第二項及び第三項）。

（施行者の変動）

第五十一条　個人施行者について相続、合併その他の一般承継があった場合において、その一般承継人が施行者以外の者であるときは、その一般承継人は、施行者となる。

2　施行マンションについて、個人施行者の有する区分所有権又は敷地利用権の全部又は一部を施行者以外の者（前項に規定する一般承継人を除く。）が承継したときは、その者は、施行者となる。

3　一人で施行するマンション建替事業において、前二項の規定により施行者が数人となったときは、そのマンション建替事業は、第五条第二項の規定により数人共同して施行するマンション建替事業となるものとする。この場合において、施行者は、遅滞なく、第四十五条第一項の規約を定め、その規約について都道府県知事等の認可を受けなければならない。

4　前項の規定による認可の申請は、施行マンションの所在地が町村の区域内にあるときは、当該町村の長を経由して行わなければならない。

5　数人共同して施行するマンション建替事業において、当該施行者について一般承継があり、又は当該施行者の有する区分所有権又は敷地利用権の一般承継以外の事由による承継があったことにより施行者が一人となったときは、そのマンション建替事業は、第五条第二項の規定により一人で施行するマンション建替事業となるものとする。この場合において、当該マンション建替事業について定められていた規約のうち、規準に記載すべき事項に相当する事項は、当該マンション建替事業に係る規準としての効力を有するものとし、その他の事項はその効力を失うものとする。

6　個人施行者について一般承継があり、又は個人施行者の有する区分所有権若しくは敷地利用権の一般承継以外の事由による承継があったことにより施行者に変動を生じたとき（第三項前段に規定する場合を除く。）は、施行者は、遅滞なく、国土交通省令で定めるところにより、新たに施行者となった者の氏名又は名称及び住所並びに施行者でなくなった者の氏名又は名称を都道府県知事等に届け出なければならない。この場合において、施行マンションの所在地が町村の区域内にあるときは、当該町村の長を経由して行わなければならない。

7　都道府県知事等は、第三項後段の規定により定められた規約について認可したときは新たに施行者となった者の氏名又は名称その他国土交通省令で定める事項を、前項の規定による届出を受理したときは新たに施行者となった者及び施行者でなくなった者の氏名又は名称その他国土交通省令で定める事項を、遅滞なく、公告しなければならない。

8　個人施行者は、前項の公告があるまでは、施行者の変動、第三項後段の規定により定めた規約又は第五項後段の規定による規約の一部の失効をもって第三者に対抗することができない。

○マンション建替法施行規則

（公告事項）

第二十七条　（略）

2　（略）

3　法第五十一条第三項後段の規定により定められた規約について認可した場合における同条第七項の国土交通省令で定める事項は、次に掲げるものとする。

一　マンション建替事業の名称及び事務所の所在地並びに施行認可の年月日

二　法第五十一条第三項後段の規定により規約について認可した旨及びその認可の年月日

4　法第五十一条第七項の規定による届出を受理した場合における同条第七項の国土交通省令で定める事項は、マンション建替事業の名称及び事務所の所在地並びに施行認可の年月日とする。

5　（略）

（施行者の変動の届出）

第二十九条　法第五十一条第六項の規定による届出をしようとする施行者は、施行者変動届出書に、当該変動の原因である一般承継又は個人施行者の有する区分所有権若しくは敷地利用権の一般承継以外の事由による承継があったことを証する書類を添付して、都道府県知事等に提出しなければならない。

一　本条は、施行者の変動について規定するもので、都市再開発法第七条の十七に相当する。

二　第一項においては、個人施行者について相続、合併その他の一般承継があった場合、被相続人、被合併会社等の有していた権利義務を一括して承継した相続人、合併会社等は、従前は施行者でなくとも施行者となることとされている。

三　第二項においては、個人施行者の有する区分所有権又は敷地利用権の全部又は一部を施行者以外の者が売買等により特定承継した場合は、その者は施行者になることとされている。

四　第三項においては、第一項及び第二項の規定によって従前施行者でなかった者が一般承継又は特定承継により施行者となったことにより、一人で施行する個人施行として認可を受けていた事業の施行者が二人以上となるときは、当然に共同施行の個人施行となるものとされている。この場合には、従前一人で施行していた場合には、規約が定められていないので、その際に規約を定めて、施行マンションの所在地が町村の区域内にあるときは、当該町村の長を経由して（第四項）、都道府県知事等の認可を受けなければならないものとされている。

五　第五項においては、数人で共同して施行する事業において、施行者の有する区分所有権及び敷地利用権が一般承継又は特定承継により一人の者に移転した場合には、その事業は当然に一人施行の事業となるので、従前の規約の一部（費用の分担、業務代表者、会議に関する事項（第四十六条第四号から第六号まで参照））は効力を失い、その他の事項は規準として効力を有するものとされている。

六　個人施行者の地位の承継があったときは、施行者は、遅滞なく、施行マンションの所在地が町村の区域内にあるときは、当該町村の長を経由して、都道府県知事等に届け出なければならないとともに、都道府県知事等はこれを公告しなければならない（第六項及び第七項）。この公告は、第三者に対する対抗要件である（第八項）。

（施行者の権利義務の移転）

第五十二条　個人施行者について一般承継があったときは、その施行者がマンション建替事業に関して有する権利義務（その施行者が当該マンション建替事業に関し、行政庁の認可、許可その他の処分に基づいて有する権利義務を含む。以下この条において同じ。）は、その一般承継人に移転する。

2　前項に規定する場合を除き、個人施行者の有する区分所有権又は敷地利用権の全部又は一部を承継した者があるときは、その施行者がその区分所有権又は敷地利用権の全部又は一部についてマンション建替事業に関して有する権利義務は、その承継した者に移転する。

一　本条は、第十九条に対応して、個人施行者が有していた権利義務の移転について規定するもので、マンション建替事業の円滑な継続施行を確保するとともに、個人施行者以外の者の取引の安全を担保したものであり、都市再開発法第七条の十八に相当する。

二　ここでいう権利義務とは、単にマンション建替事業の施行により生じた私法上の権利義務だけでなく、個人施行者がその事業の施行に関し行政庁の許可、認可、その他の処分に基づいて有する権利義務を含むが、この許認可等その他の処分は当該マンション建替事業に関し他の法律に基づいてなされた処分の全てを含むと解される。

（審査委員）

第五十三条　個人施行者は、都道府県知事等の承認を受けて、土地及び建物の権利関係又は評価について特別の知識経験を有し、かつ、公正な判断をすることができる者のうちから、この法律及び規準又は規約で定める権限を行う審査委員三人以上を選任しなければならない。

2　前項に規定するもののほか、審査委員に関し必要な事項は、政令で定める。

○マンション建替法施行令

（個人施行者の選任する審査委員）

第十六条　第十四条の規定は、個人施行者が選任する審査委員について準用する。この場合において、同条第三項中「総会の議決を経て」とあるのは、「都道府県知事（市の区域内にあっては、当該市の長）の承認を受けて」と読み替えるものとする。

一　本条は、個人施行者に係る審査委員について規定するもので、都市再開発法第七条の十九に相当する。

二　マンション建替事業は施行マンションの関係権利に関し大きな変更を加えるものであり、権利変換計画の決定、借家条件の裁定のように施行者以外の関係権利者の利害に重大な影響を与えるものについては、特に審査委員にかからしめ、関係権利者の保護を図る必要があると考えられる。

三　マンション建替組合の場合と異なり、個人施行者による審査委員の選任については都道府県知事等の承認を要することとされているが、これは、組合の場合は比較的多数の組合員による選挙により選任されるのに対し、個人施行の場合は少人数であり、選任方法についての公平性を確保することが必要であるとの趣旨である。

（マンション建替事業の廃止及び終了）

第五十四条 個人施行者は、マンション建替事業を、事業の完成の不能により廃止し、又は終了しようとするときは、国土交通省令で定めるところにより、その廃止又は終了について都道府県知事等の認可を受けなければならない。

2 個人施行者は、事業の完成の不能によりマンション建替事業を廃止しようとする場合において、その者にマンション建替事業の施行のための借入金があるときは、その廃止についてその債権者の同意を得なければならない。

3 第九条第七項並びに第四十九条第一項（図書の送付に係る部分を除く。）及び第二項の規定は、第一項の規定による認可について準用する。この場合において、第九条第七項中「施行マンション」とあるのは「施行マンションとなるべきマンション」と、第四十九条第二項中「施行者として、又は規準若しくは規約若しくは事業計画をもって」とあるのは「マンション建替事業の廃止又は終了をもって」と読み替えるものとする。

○マンション建替法施行規則

（認可申請書の添付書類）

第二十三条 （略）

2 （略）

3 法第五十四条第一項の認可を申請しようとする個人施行者は、認可申請書に次に掲げる書類を添付しなければならない。

一 事業の完成が不能であることを明らかにする書類又は事業の完成を明らかにする書類

二 認可を申請しようとする個人施行者が法第五十四条第二項の同意を得なければならない場合においては、その同意を得たことを証する書類

（公告事項）

第二十七条 （略）

2～4 （略）

5 法第五十四条第三項において準用する法第四十九条第一項の国土交通省令で定める事項は、次に掲げるものとする。

一 マンション建替事業の名称及び施行認可の年月日

二 マンション建替事業の廃止又は終了の認可の年月日

一 本条は、個人施行者がマンション建替事業を廃止又は終了する場合について規定するもので、都市再開発法第

七条の二十が個人施行による市街地再開発事業の終了のみを規定しているだけであるのに対し、事業の完成の不能による廃止が認められている（第三十八条第一項第三号において事業の完成の不能によるマンション建替組合の解散を認めているのと同趣旨）。

二　事業の完成の不能による廃止又は事業の終了に当たっても、施行認可の際と同様、都道府県知事等の認可にかからしめている（第一項）。事業の終了の時点は、第八十五条の清算が終了した時点である。

三　都道府県知事等は、マンション建替事業の終了の認可をしたときは、その旨を公告しなければならないこととされている（第四十九条第一項の準用）。この公告が、廃止又は終了についての第三者に対する対抗要件となる（第三項）。

第二節　権利変換手続等

第一款　権利変換手続

第一目　手続の開始

（権利変換手続開始の登記）

第五十五条　施行者は、次に掲げる公告があったときは、遅滞なく、登記所に、施行マンションの区分所有権及び敷地利用権（既登記のものに限る。）並びに隣接施行敷地の所有権及び借地権（既登記のものに限る。）について、権利変換手続開始の登記を申請しなければならない。

一　組合が施行するマンション建替事業にあっては、第十四条第一項の公告又は新たな施行マンションの追加に係る事業計画の変更の認可の公告

二　個人施行者が施行するマンション建替事業にあっては、その施行についての認可の公告又は新たな施行マンションの追加に係る事業計画の変更の認可の公告

2　前項の登記があった後においては、当該登記に係る施行マンションの区分所有権若しくは敷地利用権を有する者（組合が施行するマンション建替事業にあっては、組合員に限る。）又は当該登記に係る隣接施行敷地の所有権若しくは借地権を有する者は、これらの権利を処分するときは、国土交通省令で定めるところにより、施行者の承認を得なければならない。

3　施行者は、事業の遂行に重大な支障が生ずることその他正当な理由がなければ、前項の承認を拒むことができない。

4　第二項の承認を得ないでした処分は、施行者に対抗することができない。

5　権利変換期日前において第三十八条第六項、前条第三項において準用する第四十九条第一項又は第九十九条第三項の公告があったときは、施行者（組合にあっては、その清算人）は、遅滞なく、登記所に、権利変換手続開始の登記の抹消を申請しなければならない。

〇マンション建替法施行令

（差押えがある場合の通知）

第十七条　施行者は、強制執行、担保権の実行としての競売（その例による競売を含む。）又は滞納処分（国税徴収法（昭和三十四年法律第百四十七号）による滞納処分及びその例による滞納処分をいう。）による差押えがされている

施行マンションの区分所有権若しくは敷地利用権（既登記のものに限る。第三項において同じ。）又は隣接施行敷地の所有権若しくは借地権（既登記のものに限る。同項において同じ。）について権利変換手続開始の登記がされたときは、遅滞なく、その旨を当該差押えに係る配当手続を実施すべき機関（以下「配当機関」という。）に通知しなければならない。

2　施行者は、権利変換計画若しくはその変更の認可を受けたとき、又は権利変換計画について法第六十六条の国土交通省令で定める軽微な変更をしたときは、遅滞なく、国土交通省令で定めるところにより、前項の差押えに係る権利についての関係事項を同項の差押えに係る配当機関に通知しなければならない。

3　第一項の差押えに係る施行マンションの区分所有権若しくは敷地利用権又は隣接施行敷地の所有権若しくは借地権について権利変換手続開始の登記が抹消されたときは、施行者（組合にあっては、その清算人）は、遅滞なく、その旨を同項の差押えに係る配当機関に通知しなければならない。

○マンション建替法施行規則

（権利処分承認申請手続）

第三十条　法第五十五条第二項の規定により権利の処分について承認を得ようとする者は、別記様式第一の権利処分承認申請書を施行者に提出しなければならない。

2　前項の権利処分承認申請書には、権利処分承認申請書に署名した者の印を証する印鑑証明を添付しなければならない。

（配当機関への通知）

第四十二条　第三十九条第三項の規定は、令第十七条第二項の規定により通知すべき事項について準用する。この場合において、第三十九条第三項中「法第六十八条第一項」とあるのは「令第十七条第二項」と、「その通知を受けるべき者」とあるのは「その通知を受けるべき配当機関」と読み替えるものとする。

一　本条に規定する権利変換手続開始の登記は、不動産取引の安全を図るとともに、あわせて、権利変換手続の円滑な進行を確保するために、権利の処分につき施行者の承認を要することと規定するもので、都市再開発法第七十条に相当する。

二　本登記の対象となる権利は、

・施行マンションの区分所有権及び敷地利用権

・隣接施行敷地の所有権及び借地権

であり、施行者が権利変換計画の作成等を行う際に、施行者の知らない間にこれらの権利の処分が行われることのないようにするため、その権利処分に当たっては施行者の承認を要することとし（第二項）、承認を得ないでした処分は、施行者に対抗することができないこととされている（第四項）。なお、敷地利用権が借地権である場合又は隣接施行敷地の借地権である場合には、既登記のものに限り本登記の対象となる。

三　施行マンションの区分所有権及び敷地利用権は全て本登記の対象となるため、マンション建替組合が行うマンション建替事業の場合には、建替え合意者等以外の区分所有者（非組合員）の権利についても本登記がされる場合があり得るが、建替えに反対する者に対して、組合が単独で行う登記により処分の制限の効果を生じさせるのは適当ではないため、組合員に対してのみ、処分の制限の効果を及ぼすこととされている。

なお、隣接施行敷地の所有権者等は、事業計画に同意している者である（第四十五条第二項参照）ため、本登記の対象とするものであり、このような取扱いは、市街地再開発事業における個人施行者の場合と同様である。

四　権利変換期日前に組合の解散等により事業が終結した場合、本登記がいつまでも残っているのは望ましくないことから、第五項は、組合の解散等の公告後、遅滞なく、本登記の抹消の申請を行うべきことを施行者に義務付けている。なお、権利変換期日以後については、第七十四条の解説を参照のこと。

（権利変換を希望しない旨の申出等）

第五十六条　第十四条第一項の公告又は個人施行者の施行の認可の公告があったときは、施行マンションの区分所有権又は敷地利用権を有する者は、その公告があった日から起算して三十日以内に、施行者に対し、第七十条第一項及び第七十一条第二項の規定による権利の変換を希望せず、自己の有する区分所有権又は敷地利用権に代えて金銭の給付を希望する旨を申し出ることができる。

2　前項の区分所有権又は敷地利用権について仮登記上の権利、買戻しの特約その他権利の消滅に関する事項の定めの登記若しくは処分の制限の登記があるとき、又は同項の未登記の借地権の存否若しくは帰属について争いがあるときは、それらの権利者又は争いの相手方の同意を得なければ、同項の規定による金銭の給付の希望を申し出ることができない。

3　施行マンションについて借家権を有する者（その者が更に借家権を設定しているときは、その借家権の設定を受けた者）は、第一項の期間内に施行者に対し、第七十一条第三項の規定による借家権の取得を希望しない旨を申し出ることができる。

4　施行者が組合である場合においては、最初の役員が選挙され、又は選任されるまでの間は、第一項又は前項の規定による申出は、第九条第一項の規定による認可を受けた者が受理するものとする。

5　第一項の期間経過後六月以内に権利変換計画について次条第一項後段の規定による認可が行われないときは、当該六月の期間経過後三十日以内に、第一項若しくは第三項の規定による申出を撤回し、又は新たに第一項若しくは第三項の規定による申出をすることができる。その三十日の期間経過後更に六月を経過しても同条第一項後段の規定による認可が行われないときも、同様とする。

6　定款又は規準若しくは規約及び事業計画を変更して新たに施行マンションを追加した場合においては、前項前段中「第一項の期間経過後六月以内に権利変換計画について次条第一項後段の規定による認可が行われないときは、当該六月の期間経過後」とあるのは、「新たな施行マンションの追加に係る定款又は規準若しくは規約及び事業計画の変更の認可の公告があったときは、その公告があった日から起算して」とする。

7　第一項、第三項又は前二項の申出又は申出の撤回は、国土交通省令で定めるところにより、書面でしなければならない。

○マンション建替法施行規則

（権利変換を希望しない旨の申出等の方法）

第三十一条　法第五十六条第一項の規定による申出をしようとする者は、別記様式第二の権利変換を希望しない旨の申出書に、自己が施行マンションの区分所有権又は敷地利用権を有する者であることを証する書類を添付して、これを施行者に提出しなければならない。この場合において、その申出について同条第二項の同意を得なければならないときは、同項の同意を得たことを証する書類も添付しなければならない。

2　法第五十六条第三項の規定による申出をしようとする者は、別記様式第三の借家権の取得を希望しない旨の申出書に、自己が施行マンションについて借家権を有する者であることを証する書類を添付して、これを施行者に提出しなければならない。

3　法第五十六条第五項又は第六項の規定による申出の撤回をしようとする者は、別記様式第四の権利変換を希望しない旨の申出撤回書又は別記様式第五の借家権の取得を希望しない旨の申出撤回書を施行者に提出しなければならない。

一　本条は、権利変換により施行マンションに関する権利に対応して施行再建マンションに関する権利を取得することを希望しない者に対し、その旨を申し出る機会を与えることを規定するもので、都市再開発法第七十一条に相当する。

二　当該申出をすることができる権利者は、

(1)　施行マンションの区分所有権又は敷地利用権を有する者

(2)　施行マンションについて借家権を有する者

であり、これらの者が当該申出をしたときは、権利を失う権利者として権利変換計画に位置付けられる（第五十八条第一項第十号参照）とともに、権利変換期日までに従前の権利の価額に相当する補償金が給付される（第七十五条参照）こととなる。

なお、(1)の者は、もともと建替えを行うことに合意していた者（マンション建替組合の場合は建替え決議等に賛成した者）であるが、このような者が権利変換を希望しない旨を申し出る場合としては、建替え決議等に賛成した者の中には、積極的に建替えに参加はしないが、建替え決議等そのものには反対しないという消極的賛成者も含まれ得ることから、これらの者が権利変換を希望しない旨を申し出て、マンション建替事業から離脱する場合が主に考えられる。

三　第二項は、区分所有権又は敷地利用権について、

(1)　仮登記上の権利、買戻しの特約その他権利の消滅に関する事項の定めの登記若しくは処分の制限の登記があるとき

(2)　未登記の借地権の存否若しくは帰属について争いがあるとき

は、現在の権利者の意思のみによって本条の申出を認めると、将来の権利者又は真実の権利者の権利を著しく害することとなるため、これらの者の同意を得ることを義務付けたものである。

四　申出期間経過後六月以内に権利変換計画の認可が行われないときは、本条の申出手続をもう一度やり直すことになる。これは、申出期間の翌日が評価基準日とされ、全ての評価がこの基準日の価額として評価される（第六十二条、第六十三条参照）ため、評価基準日における評価の客観的な妥当性を維持するという趣旨によるものである。

第二目　権利変換計画

（権利変換計画の決定及び認可）

第五十七条　施行者は、前条の規定による手続に必要な期間の経過後、遅滞なく、権利変換計画を定めなければならない。この場合においては、国土交通省令で定めるところにより、都道府県知事等の認可を受けなければならない。

2　施行者は、前項後段の規定による認可を申請しようとするときは、権利変換計画について、あらかじめ、組合にあっては総会の議決を経るとともに施行マンション又はその敷地について権利を有する者（組合員を除く。）及び隣接施行敷地がある場合における当該隣接施行敷地について権利を有する者の同意を得、個人施行者にあっては施行マンション又はその敷地（隣接施行敷地を含む。）について権利を有する者の同意を得なければならない。ただし、次に掲げる者については、この限りでない。

一　区分所有法第六十九条の規定により同条第一項に規定する特定建物である施行マンションの建替えを行うことができるときは、当該施行マンションの所在する土地（これに関する権利を含む。）の共有者である団地内建物の区分所有法第六十五条に規定する団地建物所有者（第九十四条第三項において単に「団地建物所有者」という。）

二　その権利をもって施行者に対抗することができない者

3　前項の場合において、区分所有権等以外の権利を有する者から同意を得られないときは、その同意を得られない理由及び同意を得られない者の権利に関し損害を与えないようにするための措置を記載した書面を添えて、第一項後段の規定による認可を申請することができる。

4　第二項の場合において、区分所有権等以外の権利を有する者を確知することができないときは、その確知することができない理由を記載した書面を添えて、第一項後段の規定による認可を申請することができる。

○マンション建替法施行規則

（権利変換計画又はその変更の認可申請手続）

第三十二条　法第五十七条第一項後段の認可を申請しようとする施行者は権利変換計画に、法第六十六条において準用する法第五十七条第一項後段の認可を申請しようとする施行者は権利変換計画のうち変更に係る事項に、次に掲げる書類を添付して、認可申請書とともに、都道府県知事等に提出しなければならない。

一　法第六十七条の規定による審査委員の過半数の同意を得たことを証する書類

二　認可を申請しようとする施行者が組合である場合においては、権利変換計画の決定又は変更についての総会の

議決を経たことを証する書類
三　法第五十七条第二項の同意を得なければならない場合においては、その同意を得たことを証する書類
四　建物の区分所有等に関する法律（昭和三十七年法律第六十九号。以下「区分所有法」という。）第六十九条の規定により同条第一項に規定する特定建物（以下単に「特定建物」という。）である施行マンションの建替えを行うことができるときは、同項に規定する建替え承認決議を得たことを証する書類
五　法第六十一条第二項の必要な定めをするときは、関係権利者の意見の概要を記載した書類

一　施行者は、前条の手続により、権利変換を受ける者とそうでない者の振り分けがつくので、その後遅滞なく、権利変換計画の作成に着手することになる。本条は、その手続について規定するもので、都市再開発法第七十二条に相当する。
二　権利変換計画作成の具体的な手順の概略は次のとおりである（マンション建替組合の場合）。
(1)　権利変換計画の原案を作成し、原案について総会の議決を行う。この場合の議決は、組合員の議決権及び持分割合の各五分の四以上の特別多数決議である（第三十条第三項参照）。
(2)　この場合、審査委員の過半数の同意を得なければならないこととされている（第六十七条参照）。
(3)　議決を経た原案について関係権利者（組合員を除く。）の個別の同意を取り付ける。ここで「組合員を除く」としているのは、組合員については総会の議決に拘束されることとし、改めての同意の取付けは不要としたものである。関係権利者のうち、抵当権者等については、同意が得られない理由及びその権利に関し損害を与えないようにするための措置を記載した書面を添付して申請を行うことができることとされている（第二項及び第三項）。
また、団地の建替えにおける建替え承認決議があったときは、
・他棟の区分所有者は、権利変換計画の対象とならず、工事完了の公告後も従前の権利が維持されること
・団地管理組合の意思として一棟のマンションの建替えについて承認がされており、これらの者が当該意思に

拘束されると考えても不合理でないことから、この場合の敷地の共有者である団地建物所有者は、権利変換計画について同意を得る必要がないものとされている（第二項第一号）。

以上により、施行者として権利変換計画を確定した後、都道府県知事等の認可を申請する。

(3)において、同意を取り付けるべき関係権利者から組合員が除かれており、権利変換計画に関する総会の議決に反対した組合員についても、当該議決に拘束させて、強制的に権利変換を行う仕組みとされている。なお、この場合の反対組合員による組合に対する区分所有権等の買取り請求については、第六十四条の解説を参照のこと。

三　権利変換計画の作成に当たっての関係権利者への同意の取付けの考え方は、市街地再開発事業における個人施行の場合の事業計画及び権利変換計画の同意の取付けの考え方と同様である。すなわち、原則として関係権利者全員の同意を必要とするか、常にその全ての同意を得なければならないこととするのは施行者にとって酷な場合（権利者が確知できないとき又は事業による影響がほとんどないのに事業に反対する者があるとき）もあり、また、事業施行の適正化は都道府県知事等の監督により可能であるので、事業により大きな影響を受ける区分所有者、借家権者、底地権者や隣接施行敷地の所有権者等については必ず同意を要するが、抵当権者等のそれ以外の権利者（第三項に定める「区分所有権等以外の権利を有する者」のことであり、「区分所有権等以外の権利」とは、第四十五条第三項において「区分所有権、敷地利用権、敷地の所有権及び借地権並びに借家権以外の権利」と定義付けられている。）から同意を得られないときは、その理由を判断して計画の認可ができることとされている。

四　また、マンション建替事業は、市街地再開発事業とは異なり、

・事業代行制度を設けないため、事業の完成が制度的に担保されておらず、建物の除却後に事業が頓挫することがあり得る

・等価原則をとっておらず、権利変換後の権利の価額が従前の価額よりも小さくなることも許容される

ことから、抵当権者等の権利を侵害することとならないような措置を講じる必要がある。このため、施行者が、抵当権者等から同意が得られないまま権利変換計画の申請をする場合においては、その同意を得られない理由のみならず、その権利に関し損害を与えないようにするための措置を記載した書面を添えて行うこととするとともに、権利変換計画に認可基準として、同意が得られないことについて正当な理由があり、かつ、その権利に関し損害を与えないようにするための措置（事業不能の場合に備えた損害保険の付保等）が適切なものであることとする基準を設けている（「損害を与えないようにするための措置」については、「マンションの建替えの円滑化等に関する法律第五十七条第三項及び第六十五条の規定の運用について（技術的助言）」（平成二十年三月三十一日付け国住マ第四十三号）参照）。

（権利変換計画の内容）
第五十八条　権利変換計画においては、国土交通省令で定めるところにより、次に掲げる事項を定めなければならない。
一　施行再建マンションの配置設計
二　施行マンションの区分所有権又は敷地利用権を有する者で、当該権利に対応して、施行再建マンションの区分所有権又は敷地利用権を与えられることとなるものの氏名又は名称及び住所
三　前号に掲げる者が施行マンションについて有する区分所有権又は敷地利用権及びその価額
四　第二号に掲げる者に前号に掲げる区分所有権又は敷地利用権に対応して与えられることとなる施行再建マンションの区分所有権又は敷地利用権の明細及びその価額の概算額
五　第三号に掲げる区分所有権又は敷地利用権について先取特権、質権若しくは抵当権の登記、仮登記、買戻しの特約その他権利の消滅に関する事項の定めの登記又は処分の制限の登記（以下「担保権等の登記」と総称する。）に係る権利を有する者の氏名又は名称及び住所並びにその権利
六　前号に掲げる者が施行再建マンションの区分所有権又は敷地利用権の上に有することとなる権利
七　施行マンションについて借家権を有する者（その者が更に借家権を設定しているときは、その借家権の設定を受けた者）で、当該権利に対応して、施行再建マンションについて借家権を与えられることとなるものの氏名又は名称及び住所
八　前号に掲げる者に借家権が与えられることとなる施行再建マンションの部分
九　施行者が施行再建マンションの部分を賃貸する場合における標準家賃の概算額及び家賃以外の借家条件の概要
十　施行マンションに関する権利又はその敷地利用権を有する者で、この法律の規定により、権利変換期日において当該権利を失い、かつ、当該権利に対応して、施行再建マンションに関する権利又はその敷地利用権を与えられないものの氏名又は名称及び住所、失われる施行マンションに関する権利又はその敷地利用権並びにその価額
十一　隣接施行敷地の所有権又は借地権を有する者で、この法律の規定により、権利変換期日において当該権利を失い、又は当該権利の上に敷地利用権が設定されることとなるものの氏名又は名称及び住所、その権利並びにその価額又は減価額
十二　組合の参加組合員に与えられることとなる施行再建マンションの区分所有権及び敷地利用権の明細並びにその参加組合員の氏名又は名称及び住所
十三　第四号及び前号に掲げるもののほか、施行再建マンションの区分所有権又は敷地利用権の明細、その帰属及びその処分の方法
十四　施行マンションの敷地であった土地で施行再建マン

ションの敷地とならない土地（以下「保留敷地」という。）の所有権又は借地権の明細、その帰属及びその処分の方法

十五　補償金の支払又は清算金の徴収に係る利子又はその決定方法

十六　権利変換期日、施行マンションの明渡しの予定時期及び工事完了の予定時期

十七　その他国土交通省令で定める事項

2　施行マンションに関する権利若しくはその敷地利用権又は隣接施行敷地の所有権若しくは借地権に関して争いがある場合において、その権利の存否又は帰属が確定しないときは、当該権利が存するものとして、又は当該権利が現在の名義人（当該名義人に対して第十五条第一項（第三十四条第四項において準用する場合を含む。）若しくは第六十四条第一項（第六十六条において準用する場合を含む。）

又は区分所有法第六十三条第四項（区分所有法第七十条第四項において準用する場合を含む。）の規定による請求があった場合においては、当該請求をした者）に属するものとして権利変換計画を定めなければならない。

3　区分所有法第六十三条第五項（第十五条第三項（第三十四条第四項において準用する場合を含む。）又は区分所有法第七十条第四項において準用する区分所有法第六十三条第五項（第十五条第三項（第三十四条第四項において準用する場合を含む。）において準用する場合を含む。）の規定により、裁判所から建物の明渡しにつき相当の期限を許与された区分所有者がいるときは、第一項第十六号の施行マンションの明渡しの予定時期は、当該期限の日以降となるように定めなければならない。

○マンション建替法施行規則

（権利変換計画に関する図書）

第三十三条　法第五十八条第一項第一号に掲げる施行再建マンションの配置設計は、配置設計図を作成して定めなければならない。

2　前項の配置設計図は、施行再建マンションの各階平面図に専有部分及び共用部分の配置及び用途を表示したもの並びに施行再建マンションの敷地の平面図に各施行再建マンションの敷地の区域を表示したものとする。

3　法第五十八条第一項第二号から第十七号までに掲げる事項は、別記様式第六の権利変換計画書を作成して定めなければならない。

（権利変換計画に定めるべき事項）

第三十四条　法第五十八条第一項第十七号の国土交通省令で定める事項は、次に掲げるものとする。

一　法第七十五条の補償金（利息相当額を含む。）の支払期日及び支払方法

二　施行再建マンションの区分所有権を与えられることと

一　本条は、権利変換計画の内容については規定するもので、都市再開発法第七十三条に相当する。
二　権利変換計画の記載事項（第一項）については、それぞれ以下のとおりである。
第一号の「施行再建マンションの配置設計」とは、施行再建マンションの設計図面（各階平面図）であり、複数棟の場合は、その位置及び大きさが明らかとなるような配置図面も含むものである。

第二号から第四号までは、権利変換を受ける区分所有権又は敷地利用権を有する者についての記載事項であり、その氏名等（第二号）のほか、従前の権利とその価額（第三号）、従後の権利とその価額の概算額（第四号）を記載することとされている。なお、権利変換を受けない者については、第十号において記載されることとなる。

第五号及び第六号は、担保権等の登記に係る権利を有する者についての記載事項であり、その氏名等及び権利の内容（第五号）と施行再建マンションへ移行後の権利の内容（第六号）を記載することとされている。

第七号及び第八号は、借家権が移行する借家権者についての記載事項であり、その氏名等（第七号）と借家権が与えられることとなる施行再建マンションの部分（第八号）を記載することとされている。

第九号では、施行者が施行再建マンションの部分を賃貸する場合の家賃の概算額等を記載することとされている。権利変換を受けずに転出する区分所有者に係る借家権者については、施行者がその取得する床について借家権を設定することとなっており、その場合の家賃等に関する事項である。

第十号は、権利変換によって権利を失う者についての記載事項であり、その氏名等、失う権利の内容及びその価額を記載することとされている。具体的には、
①　権利変換を希望しない区分所有者
②　借家権の取得を希望しない借家権者

③　権利変換期日において消滅することとなる施行マンションに関する権利（区分所有権及び担保権等の登記に係る権利以外の権利であり、例えば、使用貸借権、間借り権等が考えられる。なお、「施行マンションの区分所有権」ではなく「施行マンションに関する権利」としたのは、これらの権利を含むためである。）を持っている者

の三者を指すこととなる。これらの者については、第七十五条の規定により、権利変換期日までに、ここで定められた価額が補償金として支払われることとなる。

第十一号では、隣接施行敷地を合わせて建替えを行う場合の当該隣接施行敷地の所有権又は借地権を有する者についての記載事項であり、その氏名等、失う権利等の内容及びその価額を記載することとされている。具体的には、

①　隣接施行敷地の所有権が消滅し、施行再建マンションの敷地利用権（所有権）になる場合

②　隣接施行敷地の借地権が消滅し、施行再建マンションの敷地利用権（借地権）になる場合

③　隣接施行敷地の所有権の上に敷地利用権（借地権）が設定される場合

の三つの場合が考えられる。これらの者については、第十号の者と同様、第七十五条の規定により、権利変換期日までに、ここで定められた価額（①及び②）又は減価額（③）が支払われることとなる。

第十二号は、参加組合員についての記載事項であり、施行再建マンションについて与えられることとなる権利の明細及びその氏名等を記載することとされている。

第十三号では、第四号（区分所有者が取得する権利）及び第十二号（参加組合員が取得する権利）以外の施行再建マンションの権利の明細、帰属及びその処分の方法を記載することとされている。これが施行者が取得することとなるいわゆる「保留床」である。処分の方法とは、例えば、保留床をあらかじめ関係権利者に優先譲渡することが決まっている場合に、その旨を記載することとなる（第八十九条参照）。

第十四号は、施行マンションの敷地であった土地のうち施行再建マンションの敷地とならない土地を「保留敷地」として定めることができることとするものであり、その権利の明細、帰属及びその処分の方法を記載す

ることとされている。施行者は、右記の保留床と同様、これを処分して売却代金を事業費に充当することになる。

第十五号は、第七十五条の補償金の支払又は第八十五条の清算金の徴収に係る利子についての記載事項である。

都市再開発法においては、利子については政令等で一律に定められているが、本法においては、権利変換計画は全員同意を原則として定められることにかんがみ、権利変換計画の内容として定めることができることとして、当事者の私的自治に委ねることとするものである。

第十六号では、権利変換期日、施行マンションの明渡しの予定時期及び工事完了の予定時期を記載することとされている。本法における権利変換においても、都市再開発法の権利変換と同様、権利変換期日において関係権利の変動が一斉に生じることとなっており、極めて重要な期日である。

三　第二項は、権利に関して争いがある場合の権利変換計画作成の基準であり、都市再開発法第七十三条第四項に相当する。この中で、権利の帰属が確定しないときは当該権利が現在の名義人に属するものとして権利変換計画を定めることとし、登記名義人を一応の真実の権利者として手続を進めることとされている。本法の権利変換手続においては、権利変換計画の作成に当たり完全な同意を得ることとされる借家権者等については、本項の適用は問題とならないが、最終的な同意を得ることを要しないこととされている担保権者、建物の使用貸借権者については、本項により処理されることが考えられる。

四　第三項は、区分所有法又は本法に基づく売渡請求権の行使に関し、裁判所から建物の明渡しにつき相当の期限を許与された区分所有者がいる場合における当該期限と、権利変換計画に定める施行マンションの明渡しの予定時期との調整規定である。

（権利変換計画の決定基準）

第五十九条　権利変換計画は、関係権利者間の利害の衡平に十分の考慮を払って定めなければならない。

一　本条は、権利変換計画の一般的な基準について規定するもので、都市再開発法第七十四条に相当する。本条の理念を踏まえ、次条以下で具体的な権利変換計画の作成の基準が示されている。

二　なお、都市再開発法にある「施設建築物及び施設建築敷地の合理的利用を図る」旨の規定は、市街地再開発事業が、都市における土地の合理的かつ健全な高度利用を図ることを目的とする事業であり、土地利用の変更を行う事業であることに由来するものであることから、基本的には敷地単位で行われる。一方、土地利用の変更を必須としないマンション建替事業においては、このような基準は設けられていない。

（区分所有権及び敷地利用権等）

第六十条　権利変換計画においては、第五十六条第一項の申出をした者を除き、施行マンションの区分所有権又は敷地利用権を有する者に対しては、施行再建マンションの区分所有権又は敷地利用権が与えられるように定めなければならない。組合の定款により施行再建マンションの区分所有権及び敷地利用権が与えられるように定められた参加組合員に対しても、同様とする。

2　前項前段に規定する者に対して与えられる施行再建マンションの区分所有権又は敷地利用権は、それらの者が有する施行マンションの専有部分の位置、床面積、環境、利用状況等又はその敷地利用権の地積若しくはその割合等とそれらの者に与えられる施行再建マンションの専有部分の位置、床面積、環境等又はその敷地利用権の地積若しくはその割合等を総合的に勘案して、それらの者の相互間の衡平を害しないように定めなければならない。

3　権利変換計画においては、第一項の規定により与えられるように定められるもの以外の施行再建マンションの区分所有権及び敷地利用権並びに保留敷地の所有権又は借地権は、施行者に帰属するように定めなければならない。

4　権利変換計画においては、第五十六条第三項の申出をした者を除き、施行マンションの区分所有者から施行マンションについて借家権の設定を受けている者（その者が更に借家権を設定しているときは、その借家権の設定を受けている者）に対しては、第一項の規定により当該施行マンションの区分所有者に与えられることとなる施行再建マンションの部分について、借家権が与えられるように定めなければならない。ただし、施行マンションの区分所有者が第五十六条第一項の申出をしたときは、前項の規定により施行者に帰属することとなる施行再建マンションの部分について、借家権が与えられるように定めなければならない。

一　本条は、区分所有権及び敷地利用権並びに借家権に関する権利変換計画作成の基準について規定するもので、都市再開発法第七十七条に相当する。

二

(1)　区分所有権又は敷地利用権について

施行再建マンションの区分所有権又は敷地利用権が与えられる者は、次のとおりである。

①　施行マンションの区分所有権又は敷地利用権を有する者（権利変換を希望しない旨の申出をした者を除

く。）（第一項前段）

② 施行再建マンションの区分所有権又は敷地利用権を与えられるように定められた参加組合員（同項後段）

③ 右記の原則により与えた残りの施行再建マンションの区分所有権又は敷地利用権（いわゆる保留床）は、施行者に帰属し、これを原則として分譲することによって事業費に充当することになる（第三項）

なお、マンション建替組合が売渡請求権の行使により決議反対者等の区分所有権又は敷地利用権を取得した場合は、当該組合は①により当該権利に対応するものとして施行再建マンションの権利を取得することとなり、これについても、③の保留床と同様の取扱いとなる。

(2) 借家権について

施行マンションの借家権者は、その家主に対して与えられる施行再建マンションの部分について借家権が与えられる（借家権の取得を希望しない旨の申出をした者を除く。）。家主が権利変換を希望しない旨の申出をしたときは、施行者の保留床について借家権が与えられる（第四項）。

三　右記(1)①の者に対して与えられる権利については、権利者相互間の衡平を害しないように定めなければならないこととしている（第二項）。なお、この場合、都市再開発法のように、権利変換前後の価額に著しい差額が生じないこととする旨のいわゆる等価原則に関する定めはない。これは、マンション建替事業は、市街地再開発事業のように公共施設の整備を伴う公共事業ではなく、関係権利者の同意を基本とした私的自治により意思決定がなされる事業であること、また、市街地再開発事業のように土地の高度利用を図ることが事業の目的ではなく、現実にも、容積率等の制約により保留床を十分に生み出すことは困難であることから、従前資産と等価の権利床を取得するという等価原則によっては必ずしも適正な規模の床面積を確保することはできず、逆に、各区分所有者が一定の追加負担をして適正な規模の従後の資産を確保するという場合の方を一般的なケースとして考えることが適当であることなどの理由によるものである。

（担保権等の登記に係る権利）

第六十一条 施行マンションの区分所有権又は敷地利用権について担保権等の登記に係る権利が存するときは、権利変換計画においては、当該担保権等の登記に係る権利は、その権利の目的たる施行マンションの区分所有権又は敷地利用権に対応して与えられるものとして定められた施行再建マンションの区分所有権又は敷地利用権の上に存するものとして定めなければならない。

2 前項の場合において、関係権利者間の利害の衡平を図るため必要があるときは、施行者は、当該存するものとして定められる権利につき、これらの者の意見を聴いて、必要な定めをすることができる。

一 本条は、担保権等についての権利変換計画作成の基準について規定するもので、都市再開発法第七十八条に相当する。

二 施行マンションの区分所有権又は敷地利用権について担保権等が設定されているときは、これらの権利に対応して与えられる施行再建マンションの区分所有権又は敷地利用権の上に担保権等が移行するように権利変換計画を定めるべきことを規定している（第一項）。

三 第二項は、担保権等の登記に係る権利は、権利変換前の状況を前提に設定されたものであり、権利変換手続によりその前提となっている状況が一変してしまうため、第一項の規定により単純に従前の権利に対応して与えられる権利の上に存するように定めると、かえって関係権利者間の利害の衡平が損なわれることが起こり得るため、そのような場合に対応するため、関係権利者の意見を聴いて、必要な定めをすることができることとしたものである。

（施行マンションの区分所有権等の価額の算定基準）
第六十二条 第五十八条第一項第三号、第十号又は第十一号の価額又は減価額は、第五十六条第一項又は第五項（同条第六項の規定により読み替えて適用する場合を含む。）の規定による三十日の期間を経過した日における近傍類似の土地又は近傍同種の建築物に関する同種の権利の取引価格等を考慮して定める相当の価額とする。

一　本条は、権利変換計画に記載する従前資産の価額は、評価基準日における相当の価額とすべき旨を規定するもので、都市再開発法第八十条に相当する。

二　評価基準日は、権利変換を希望しない旨の申出期間を経過した日（つまり三十日の翌日）である。

（施行再建マンションの区分所有権の価額等の概算額の算定基準）

第六十三条　権利変換計画においては、第五十八条第一項第四号又は第九号の概算額は、国土交通省令で定めるところにより、マンション建替事業に要する費用及び前条に規定する三十日の期間を経過した日における近傍類似の土地又は近傍同種の建築物に関する同種の権利の取引価格等を考慮して定める相当の価額を基準として定めなければならない。

○マンション建替法施行規則

（施行再建マンションの区分所有権等の価額の概算額）

第三十五条　法第五十八条第一項第四号に掲げる施行再建マンションの区分所有権の価額の概算額は、マンション建替事業に要する費用の額を当該区分所有権に係る施行再建マンションの専有部分の床面積等に応じて按《あん》分した額（以下「費用の按分額の概算額」という。）を償い、かつ、法第六十二条に規定する三十日の期間を経過した日（以下「基準日」という。）における近傍同種の建築物の区分所有権の取引価格等を参酌して定めた当該区分所有権の見込額（この項において「市場価額の概算額」という。）を超えない範囲内の額とする。この場合において、費用の按分額の概算額が市場価額の概算額を超えるときは、市場価額の概算額をもって当該区分所有権の価額の概算額とする。

2　前項の費用の按分額の概算額は、付録第一の式によって算出するものとする。

3　法第五十八条第一項第四号に掲げる施行再建マンションの敷地利用権の価額の概算額は、基準日における近傍類似の土地に関する同種の権利の取引価格等を参酌して定めた当該敷地利用権の価額の見込額とする。

（施行再建マンションの部分の標準家賃の概算額）

第三十六条　法第五十八条第一項第九号の概算額は、費用の按分額の概算額の償却額に修繕費、管理事務費、地代に相当する額、損害保険料、貸倒れ及び空家による損失をうめるための引当金並びに公課（国有資産等所在市町村交付金を含む。以下同じ。）を加えたものとする。

2　前項の償却額を算出する場合における償却方法は、費用の按分額の概算額を当該費用にあてられる資金の種類及び額並びに借入条件を考慮して施行者が定める期間及び利率で毎年元利均等に償却する方法とする。

3　第一項の修繕費の年額は、昇降機を共用する場合にあっては、費用の按分額の概算額（昇降機の整備に係るものを除く。）に百分の一・二を超えない範囲内において施行者が定める数値を乗じて得た額に費用の按分額の概算額のうち昇降機の整備に係るものの額に百分の三を超えない範囲内において施行者が定める数値を乗じて得た額とし、昇降機を共用しない場合にあっては、費用の按分額の概算額に百分の一・二を超えない範囲内において施行者が定める数値を乗じて得た額とする。

4　第一項の管理事務費の年額は、昇降機を共用する場合にあっては、費用の按分額の概算額に百分の〇・五を超えない範囲内において施行者が定める数値を乗じて得た額に当該昇降機の運転に要する費用の年額に当該施行再建マンションの部分に係る当該昇降機の共有持分の割合を乗じて得た額を加えた額とし、昇降機を共用しない場合にあっては、費用の按分額の概算額に百分の〇・五を超えない範囲内において施行者が定める数値を乗じて得た額とする。

5　第一項の地代に相当する額は、基準日における近傍類似の土地の地代の額に当該土地の借地権の設定の対価を当該借地権の存続期間及び相当の利率により元利均等に償却するものとして算出した償却額を加えた地代の見込額を超えない範囲内において定めなければならない。

6　第一項の貸倒れ及び空家による損失をうめるための引当金の年額は、同項の償却額、修繕費、管理事務費、地代に相当する額、損害保険料及び公課の年額を合計した額に百分の二を超えない範囲内において施行者が定める数値を乗じて得た額とする。

付録第一（第三十五条、第四十五条関係）

$Cl=(CbAl/\Sigma Ai)+\Sigma C'bRbl$

Clは、費用の按分額の概算額又は費用の按分額

Cbは、マンション建替事業に要する費用のうち、施行再建マンションの専有部分に係るもの

$C'b$は、当該施行再建マンションの整備に要する費用のうち、施行再建マンションの共用部分でRblに対応するものに係るもの

Alは、その者が取得することとなる施行再建マンションの専有部分の床面積

Aiは、当該施行再建マンションの専有部分の床面積

Rblは、その者が取得することとなる施行再建マンションの共用部分の共有持分の割合

備考　Al及びAiについては、施行再建マンションの専有面積の同一床面積当たりの容積、用途又は位置により効用が異なるときは、必要な補正を行うことができるものとする。

一　本条は、権利変換計画に記載する施行再建マンションの区分所有権等の価額の概算額（第五十八条第一項第四号参照）及び施行者が賃貸する場合における標準家賃の概算額（同項第九号参照）の算出方法に関する規定で、都市再開発法第八十一条に相当する。

二　算出の方法は、事業に要する費用及び評価基準日における相当の価額を考慮して定める相当の価額を基準として定めることとするものであり、具体的には国土交通省令において規定されている（施行規則第三十五条及び第三十六条）。

（権利変換計画に関する総会の議決に賛成しなかった組合員に対する売渡し請求等）

第六十四条　組合において、権利変換計画について総会の議決があったときは、組合は、当該議決があった日から二月以内に、当該議決に賛成しなかった組合員に対し、区分所有権及び敷地利用権を時価で売り渡すべきことを請求することができる。

2　区分所有法第六十三条第六項及び第七項（区分所有法第七十条第四項においてこれらの規定を準用する場合を含む。以下この項において同じ。）の規定は、前項の規定による請求について準用する。この場合において、区分所有法第六十三条第六項中「第四項」とあるのは、「マンションの建替え等の円滑化に関する法律第六十四条第一項」と読み替えるものとする。

3　組合において、権利変換計画について総会の議決があったときは、当該議決に賛成しなかった組合員は、当該議決があった日から二月以内に、組合に対し、区分所有権及び敷地利用権を時価で買い取るべきことを請求することができる。

一　本条は、組合施行の場合について、マンション建替組合が権利変換計画に反対の組合員に対し区分所有権等の売渡しを請求することができる旨（第一項）及び権利変換計画に反対の組合員が組合に対し区分所有権等の買取りを請求することができる旨（第三項）を規定するもので、都市再開発法にはない本法独自の制度である。

二　本法は、権利変換計画に反対の組合員についても、総会の議決に拘束させて強制的に権利変換を行うことができる仕組みとしているため、組合は、権利変換計画に反対の組合員を抱えたまま事業を行うことが可能であるが、その場合、反対組合員から事業への協力が得られず（例えば、賦課金を滞納するなど）、円滑な事業の遂行に支障を来す場合が考えられるため、第一項において、組合から反対組合員へ売渡し請求を行うことにより、反対組合員を事業から排除することができることとされている。

三　一方、権利変換計画に反対した組合員にとっては、

・意に反した権利変換計画によって権利が強制的に変換される

・組合の売渡し請求という組合側の一方的な意思決定により権利を買い取られるという不安定な立場に立たされ

ることとなり、このような組合員の立場にも配慮する必要がある。このため、第三項において、権利変換計画に反対した組合員に対し、その意に反する権利変換計画の拘束を免れるために、当該組合員の側から組合に対してその権利を買い取るべきことを請求できる権利を与え、事業から離脱する方法を認めることとしている。この場合、組合としては、当該買取り請求を受けて買い取った権利は、権利変換後の保留床として事業費に充当することとなる。

四　本条における売渡請求権（第一項）及び買取請求権（第三項）は、いずれも第十五条の売渡請求権と同様、講学上の形成権であり、その法的効果や紛争が生じたときの措置等については第十五条の解説を参照のこと。

（認可の基準）

第六十五条　都道府県知事等は、第五十七条第一項後段の規定による認可の申請があった場合において、次の各号のいずれにも該当すると認めるときは、その認可をしなければならない。

一　申請手続又は権利変換計画の決定手続若しくは内容が法令に違反するものでないこと。

二　施行マンションに建替え決議等があるときは、当該建替え決議等の内容に適合していること。

三　権利変換計画について区分所有権等以外の権利を有する者の同意を得られないことについて正当な理由があり、かつ、同意を得られない者の権利に関し損害を与えないようにするための措置が適切なものであること。

四　区分所有権等以外の権利を有する者を確知することができないことについて過失がないこと。

五　その他基本方針に照らして適切なものであること。

一　本条は、権利変換計画の認可の基準について規定するもので、都市再開発法にはないものである。

二　第二号において建替え決議等の内容への適合を求めることとしているのは、区分所有法第六十二条における決議内容として、

・費用の分担に関する事項

・再建建物の区分所有権の帰属に関する事項

を定めることとしており、既に権利変換計画の基本的な事項が決議の内容となっているためである。

三　その他の基準については、第十二条及び第四十八条の解説を参照のこと。

四　なお、施行マンションの区分所有権又は敷地利用権を目的とする担保権等の登記に係る権利を有する者から同意を得られないときにおける第三号の規定に基づく都道府県知事等の判断に関しては、施行マンションの区分所有権又は敷地利用権を有する者について、権利変換を希望しない旨の申出がなされた場合と、権利変換期日において施行再建マンションの区分所有権又は敷地利用権が与えられる場合それぞれにおいて確認すべき点として「マンションの建替えの円滑化等に関する法律第五十七条第三項及び第六十五条の規定の運用について（技術的

助言）」（平成二十年　国住マ第四十三号）に示している。

（権利変換計画の変更）
第六十六条　第五十七条第一項後段及び第二項から第四項まで並びに前二条の規定は、権利変換計画を変更する場合（国土交通省令で定める軽微な変更をする場合を除く。）に準用する。この場合において、第六十四条第一項及び第三項中「権利変換計画」とあるのは「権利変換計画の変更」と、同条第二項中「第六十四条第一項」とあるのは「第六十六条において準用する同法第六十四条第一項」と読み替えるものとする。

○マンション建替法施行規則
（権利変換計画又はその変更の認可申請手続）
第三十二条　法第五十七条第一項後段の認可を申請しようとする施行者は権利変換計画に、法第六十六条において準用する法第五十七条第一項後段の認可を申請しようとする施行者は権利変換計画のうち変更に係る事項に、次に掲げる書類を添付して、認可申請書とともに、都道府県知事等に提出しなければならない。
一　法第六十七条の規定による審査委員の過半数の同意を得たことを証する書類
二　認可を申請しようとする施行者が組合である場合においては、権利変換計画の決定又は変更についての総会の議決を経たことを証する書類
三　法第五十七条第二項の同意を得なければならない場合においては、その同意を得たことを証する書類
四　建物の区分所有等に関する法律（昭和三十七年法律第六十九号。以下「区分所有法」という。）第六十九条の規定により同条第一項に規定する特定建物（以下単に「特定建物」という。）である施行マンションの建替えを行うことができるときは、同項に規定する建替え承認決議を得たことを証する書類
五　法第六十一条第二項の必要な定めをするときは、関係権利者の意見の概要を記載した書類

（都道府県知事等の認可を要しない権利変換計画の変更）
第三十七条　権利変換計画の変更のうち法第六十六条の国土交通省令で定める軽微な変更は、次に掲げるものとする。
一　法第五十八条第一項第二号又は第七号に掲げる事項の変更
二　法第五十八条第一項第五号又は第十号から第十二号までに掲げる事項のうち氏名若しくは名称又は住所の変更
三　法第五十八条第一項第十三号に掲げる事項のうち施行再建マンションの区分所有権又は敷地利用権の明細の変更
四　法第五十八条第一項第十四号に掲げる事項のうち保留敷地の所有権又は借地権の明細の変更
五　前四号に掲げるもののほか、権利変換計画の変更で、

当該変更に係る部分について利害関係を有する者の同意――を得たもの

本条は、権利変換計画を変更する場合について規定するもので、基本的には、権利変換計画を作成する場合と同様の規定が適用されることとなる。

（審査委員の関与）

第六十七条　施行者は、権利変換計画を定め、又は変更しようとするとき（国土交通省令で定める軽微な変更をしようとする場合を除く。）は、審査委員の過半数の同意を得なければならない。

○マンション建替法施行規則

（審査委員の同意を要しない権利変換計画の変更）

第三十八条　権利変換計画の変更のうち法第六十七条の国土交通省令で定める軽微な変更は、次に掲げるものとする。

一　法第五十八条第一項第二号、第七号、第十三号又は第十四号に掲げる事項の変更

二　法第五十八条第一項第五号又は第十号から第十二号までに掲げる事項のうち氏名若しくは名称又は住所の変更

一　本条は、権利変換計画の決定、変更には、審査委員の過半数の同意を得ることが必要であることを規定するもので、都市再開発法第八十四条に相当する。

二　権利変換計画は、マンション建替組合においては総会における特別多数決議、個人施行においては全員同意を原則として作成されるものであり、基本的には関係権利者の私的自治に委ねるべきであるが、

・担保権者等については、同意が得られない理由を添えて申請を行うことが可能であり、完全な同意を得るべきことは保証されていない

・権利変換計画が総会の五分の四以上の多数決議により定められた場合には、これに反対の組合員も強制的に権利変換されるとともに、組合は反対組合員に対し、売渡請求権によって権利を一方的に買い取ることも可能である

ことから、これらの者の権利保護の観点から、計画の内容の適正さを第三者的な立場からチェックすることとしている。

第三目　権利の変換

（権利変換の処分）

第六十八条　施行者は、権利変換計画若しくはその変更の認可を受けたとき、又は権利変換計画について第六十六条の国土交通省令で定める軽微な変更をしたときは、遅滞なく、国土交通省令で定めるところにより、その旨を公告し、及び関係権利者に関係事項を書面で通知しなければならない。

2　権利変換に関する処分は、前項の通知をすることによって行う。

3　権利変換に関する処分については、行政手続法（平成五年法律第八十八号）第三章の規定は、適用しない。

○マンション建替法施行規則

（権利変換計画の公告事項等）

第三十九条　施行者は、権利変換計画の認可を受けたときは、次に掲げる事項を公告しなければならない。

一　マンション建替事業の名称

二　施行者の氏名又は名称

三　事務所の所在地

四　権利変換計画に係る施行マンションの敷地の区域及び施行再建マンションの敷地の区域に含まれる地域の名称

五　権利変換期日

六　権利変換計画の認可を受けた年月日

2　施行者は、権利変換計画の変更の認可を受けたとき又は権利変換計画について第三十七条各号に掲げる軽微な変更をしたときは、次に掲げる事項を公告しなければならない。

一　前項第一号から第四号まで及び第六号に掲げる事項

二　権利変換期日について変更がされたときは、その変更の内容

三　権利変換計画の変更の認可を受けた年月日又は権利変換計画について第三十七条各号に掲げる軽微な変更をした年月日

3　法第六十八条第一項の規定により通知すべき事項は、権利変換計画の認可を受けたときにあっては、第一項第一号から第四号までに掲げる事項及び権利変換計画の内容のうちその通知を受けるべき者に係る部分とし、権利変換計画の変更の認可を受けたとき又は権利変換計画につき第三十七条各号に掲げる軽微な変更をしたときにあっては、第一項第一号から第四号まで及び前項第三号に掲げる事項並びに権利変換計画の内容のうちその通知を受けるべき者に係る部分とする。

一　本条は、権利変換の処分について規定するもので、都市再開発法第八十六条に相当する。

二　権利変換の処分は、関係権利者への関係事項の通知により行われることとなる。すなわち、権利変換に関する処分は、この通知をすることによって行うこととし、関係権利者への関係事項の通知に処分性を与え、関係権利者に対して不服申立ての機会を与えることとされている（第一項及び第二項）。

三　また、権利変換計画に係る処分については、以下のような権利者の保護に係る事前手続の規定が既に用意されていることから、聴聞、弁明の機会の付与等について規定する行政手続法第三章の不利益処分に関する規定は適用除外とされている（第三項）。

・権利変換を希望しない旨の申出

・権利変換計画の作成に当たっての関係権利者の同意の取付け

・学識経験者等からなる審査委員の関与

（権利変換期日等の通知）
第六十九条　施行者は、権利変換計画若しくはその変更（権利変換期日に係るものに限る。以下この条において同じ。）の認可を受けたとき、又は第六十六条の国土交通省令で定める軽微な変更をしたときは、遅滞なく、国土交通省令で定めるところにより、施行マンションの所在地の登記所に、権利変換期日その他国土交通省令で定める事項を通知しなければならない。

○マンション建替法施行規則
（権利変換期日等の通知）
第四十条　法第六十九条の規定による通知は、別記様式第七により行うものとする。
2　法第六十九条の国土交通省令で定める事項は、権利変換計画の認可を受けたときにあっては、前条第一項第一号から第四号まで及び第六号に掲げる事項とし、権利変換計画の変更の認可を受けたとき又は権利変換計画につき第三十七条各号に掲げる軽微な変更をしたときにあっては、前条第一項第一号から第四号まで及び同条第二項第三号に掲げる事項とする。

一　本条は、権利変換計画の認可があったときは、遅滞なく、権利変換期日等を登記所に通知すべきことを施行者に義務付ける規定で、都市再開発法第八十六条の二に相当する。

二　権利変換期日において権利の変換が行われると、施行者は、遅滞なく、権利変換の登記を申請しなければならず（第七十四条第一項参照）、権利変換期日以後においては、敷地に関して、これらの登記がされるまでの間、他の登記をすることができないこととされている（同条第二項参照）。
この規定により、登記所は、権利変換期日以後、施行者による権利変換の登記が行われるまでの間に、他の登記の申請があった場合には、不動産登記法第二十五条第十三号（不動産登記令第二十条第八号）によりその申請を却下することとなるが、このような措置を講ずるためには、登記所が権利変換期日を確知しておくことが前提となる。

したがって、権利変換計画の認可（権利変換期日に係る変更の認可又は軽微な変更を含む。）があったときは、施行者に対し、遅滞なく、権利変換期日等を登記所に通知することを義務付けるものである。

（敷地に関する権利の変換等）

第七十条 権利変換期日において、権利変換計画の定めるところに従い、施行マンションの敷地利用権は失われ、施行再建マンションの敷地利用権は新たに当該敷地利用権を与えられるべき者が取得する。

2 権利変換期日において、権利変換計画の定めるところに従い、隣接施行敷地の所有権又は借地権は、失われ、又はその上に施行再建マンションの敷地利用権が設定される。

3 権利変換期日において、権利変換計画の定めるところに従い、保留敷地に関しては、当該保留敷地についての従前の施行マンションの敷地利用権が所有権であるときはその所有権を、借地権であるときはその借地権を、施行者が取得する。

4 施行マンションの敷地及び隣接施行敷地に関する権利で前三項及び第七十三条の規定により権利が変換されることのないものは、権利変換期日以後においても、なお従前の土地に存する。この場合において、権利変換期日前において、これらの権利のうち地役権又は地上権の登記に係る権利が存していた敷地利用権が担保権等の登記に係る権利の目的となっていたときは、権利変換期日以後においても、当該地役権又は地上権の登記に係る権利と当該担保権等の登記に係る権利との順位は、変わらないものとする。

一 本条は、敷地に関する権利の変換について規定するもので、都市再開発法第八十七条第一項に相当する。

二 第一項は、施行マンションの敷地利用権の権利の変換に関する規定である。具体的には、権利変換期日において、従前の施行マンションの敷地利用権は失われるとともに、施行再建マンションの敷地利用権は、権利変換計画の中で、当該敷地利用権を与えられることとされていた者（具体的には第五十八条第一項第二号に掲げる者（区分所有者）、同項第十二号に掲げる者（参加組合員）及び第十三号に掲げる者（施行者））が取得することとなる。

三 第二項は、隣接施行敷地の所有権又は借地権について、権利が失われ、又は制限される旨を規定するものである（第一項の「施行マンションの敷地利用権は失われ」に対応したもの）。具体的には、権利変換期日において、権利変換計画の定めるところに従い、

⑴ 隣接施行敷地の所有権は失われる（第一項の規定により、施行再建マンションの敷地利用権（所有権）にな

る。）

(2)　隣接施行敷地の借地権は失われる（第一項の規定により、施行再建マンションの敷地利用権（借地権）になる。）

(3)　隣接施行敷地の所有権は、（第一項の規定により）その上に敷地利用権（借地権）が設定されるという三つの場合が考えられる。

隣接施行敷地を合わせて建替えを行う場合の基本的な考え方は、隣接施行敷地の権利者は、権利変換により、これに対応する権利（区分所有権又は敷地利用権）は与えられず、必ず権利を失い、又は権利が制限され、それに見合った補償金の給付を受けることとなるというものであり、基本的には、権利の変換を希望しない旨の申出を行った区分所有者と同様の取扱いとなる。

なお、このような取扱いの前提として、隣接施行敷地の所有権者又は借地権者からは事業計画及び権利変換計画についての同意を取り付ける必要がある。

四　第三項は、保留敷地に関する規定であり、いわゆる保留床の場合と同様、権利変換期日において、当該保留敷地に関する権利を施行者が取得し、それを第三者に譲渡することにより、その譲渡代金を事業費に充当することになる。

五　都市再開発法の権利変換においては、従前の土地に関する権利は、所有権及び担保権等を除き、強制的に消滅させ、これに対応して補償金を給付することとしているが、本法の権利変換においては、土地に関する権利のうち権利変換の対象とするのは敷地利用権（第一項から第三項まで）及び敷地利用権の上に存する担保権等（第七十三条参照）のみとし、それ以外の権利（例えば、いわゆる底地権、地役権等）は強制的に消滅させず、権利変換によって権利の変動は生じさせないこととされている（したがって、「従前の土地を目的とする所有権以外の権利は、この法律に別段の定めがあるものを除き、消滅する」旨の規定は設けないこととされている。）。第四項前段の規定は、この旨を明らかにしたものである。

なお、本項後段の趣旨は次のとおりである。

第七十三条の規定により、担保権等の登記に係る権利は、権利変換期日以後は、権利変換計画の定めるところに従い、施行再建マンションの区分所有権又は敷地利用権の上に存することとなるが、この場合の権利の変動の実体は法定設定であると解され、登記の取扱いについても、従前の担保権等の登記の移記という方法ではなく、設定の登記として処理される。

一方、施行マンションの敷地に存していた地役権等については、権利変換の対象とせず、権利変換期日後も従前の土地の部分に存することとなるが、当該地役権等が登記された権利である場合には、担保権等の登記との間で登記簿上の順位が問題となる。

つまり、担保権等の登記が先に設定され、その後に地役権等の登記が設定されている場合、権利変換により、従前の担保権等の登記を抹消し新たな設定の登記を行うため、従前の担保権等の登記は、地役権等の登記に順位で劣後する登記となってしまい、担保権者等の保護が不十分となる結果となる（担保権の実行をする場合、地役権の負担のない土地として実行できた土地が、地役権の負担付きの土地としてしか実行できなくなる。）。

このため、敷地利用権に担保権等の登記の後に地役権等の登記が設定されている場合においては、権利変換によっても、双方の従前の登記の順位は変わらないものとする旨の本規定を設けることにより、このような問題を回避するものである。

（施行マンションに関する権利の変換）

第七十一条　権利変換期日において、施行マンションは、施行者に帰属し、施行マンションを目的とする区分所有権以外の権利は、この法律に別段の定めがあるものを除き、消滅する。

2　施行再建マンションの区分所有権は、第八十一条の建築工事の完了の公告の日に、権利変換計画の定めるところに従い、新たに施行再建マンションの区分所有権を与えられるべき者が取得する。

3　施行マンションについて借家権を有していた者（その者が更に借家権を設定していたときは、その借家権の設定を受けた者）は、第八十一条の建築工事の完了の公告の日に、権利変換計画の定めるところに従い、施行再建マンションの部分について借家権を取得する。

一　本条は、施行マンションに関する権利のうち、担保権等以外の権利（施行マンションの区分所有権、借家権等）の権利変換について規定するもので、第一項が都市再開発法第八十七条第二項、第二項が同法第八十八条第二項、第三項が同法第八十八条第五項に相当する。

二　まず、施行マンションは、権利変換期日において施行者に一旦帰属し、施行者は、これにより、施行マンションを除却する権原を与えられることとなる。

それとともに、施行マンションを目的とする区分所有権以外の権利は、法律に特別の定めがあるものを除き、消滅する（第一項）。「特別の定め」とは、第七十三条の担保権等の移行に関する規定を指すものである。つまり、施行マンションを目的とする区分所有権及び担保権等以外の権利（例えば、借家権、使用貸借権、間借り権等）は、権利変換期日において消滅することとなり、これにより、施行者が施行マンションを除却するための条件が整うことになる。

三　第二項は、施行再建マンションの区分所有権は、権利変換計画に定めるところに従い、新たに施行再建マンションの区分所有権を与えられるべき者が取得することを定めている。権利変換期日においては、権利変換計画の定めるところに従って権利の変動が生ずると一応いうことができるが、権利変換期日においては、施行再建マンションはまだ存在しないため、施行再建マンションの区分所有権を物権として現実に取得するのはその工事完了時点であり、本項は、施行再建マンションが完成すれば当然に取得すべき区分所有権が与えられるように法律上の保証を与えたものである。

四　第三項は、借家権に関する規定である。つまり、施行マンションの借家権者は、家主に与えられる施行再建マンションについて借家権が与えられるように権利変換計画に定められるが、施行再建マンションが完成すればそのとおりに借家権を取得する。本項は、借家権の取得を法律上保証したものであり、具体的な家賃等の借家条件については、借家権者と家主との間で協議して定めることとなる。なお、その協議が整わないときの施行者による裁定に関する規定が設けられている（第八十三条参照）。

（区分所有法の規約とみなす部分）

第七十二条　区分所有法第一条に規定する建物の部分若しくは附属の建物で権利変換計画において施行再建マンションの共用部分若しくは区分所有法第六十七条第一項の団地共用部分（以下この条において単に「団地共用部分」という。）と定められたものがあるとき、権利変換計画において定められた施行再建マンションの共用部分若しくは団地共用部分の共有持分が区分所有法第十一条第一項若しくは第十四条第一項から第三項まで（区分所有法第六十七条第三項においてこれらの規定を準用する場合を含む。）の規定に適合しないとき、又は権利変換計画において定められた施行再建マンションの敷地利用権の割合が区分所有法第二十二条第二項本文の規定に適合しないときは、権利変換計画中その定めをした部分は、それぞれ区分所有法第四条第二項若しくは第六十七条第一項の規定による規約、区分所有法第十一条第二項若しくは第十四条第四項（区分所有法第六十七条第三項において準用する場合を含む。）の規定による規約又は区分所有法第二十二条第二項ただし書の規定による規約とみなす。

一　施行再建マンションは区分所有建物であり、当然、区分所有法が適用される。しかし、施行再建マンションの共用部分の共有持分等は本法の規定に基づき権利変換計画に則って定められるので、本法と区分所有法との調整を図ることが必要となる。本条は、そのための規定で、都市再開発法第八十八条第四項に相当する。

二　また、団地の一括建替え決議を前提としてマンション建替組合が設立された場合において、マンション建替事業により建築された施行再建マンションは、区分所有法第六十五条の団地関係を形成する蓋然性が高いものと考えられる。そこで、そのような場合には、権利変換計画において、施行再建マンションの区分所有者全員が利用する集会所等を団地共用部分として定める場合が少なくないと考えられるところ、その共有持分割合が区分所有法の原則に合致しない場合もあり得ることから、これに対応できるよう規定している。

（担保権等の移行）

第七十三条　施行マンションの区分所有権又は敷地利用権について存する担保権等の登記に係る権利は、権利変換期日以後は、権利変換計画の定めるところに従い、施行再建マンションの区分所有権又は敷地利用権の上に存するものとする。

一　本条は、担保権等の登記に係る権利は、権利変換期日以後は、権利変換計画に定めるところに従って施行再建マンションの区分所有権又は敷地利用権の上に移行する旨について規定するもので、都市再開発法第八十九条に相当する。

二　敷地利用権については、権利変換期日において現実に権利の変換が生じるため、その上にあった担保権等も権利変換後の敷地利用権の上に現実に移行することとなり、次条の規定によりその登記もされることとなる。一方、区分所有権については、権利変換期日においては施行再建マンションは現実には存在しないため、将来の区分所有権の取得が法律上保証されているにすぎない。したがって、施行マンションの区分所有権の上にあった担保権等も、施行再建マンションの完成まではそのような法律上保証された権利の上にあり、施行再建マンションの完成に伴って初めて区分所有権の上に現実に移行することとなる（登記もその時点でなされることとなる（第八十二条参照））。

（権利変換の登記）

第七十四条　施行者は、権利変換期日後遅滞なく、施行再建マンションの敷地（保留敷地を含む。）につき、権利変換後の土地に関する権利について必要な登記を申請しなければならない。

2　権利変換期日以後においては、施行再建マンションの敷地（保留敷地を含む。）に関しては、前項の登記がされるまでの間は、他の登記をすることができない。

一　本条は、権利変換期日において生じた土地に関する権利の得喪及び変更について必要な登記を権利変換期日後、遅滞なく施行者がなすべきことを規定するもので、都市再開発法第九十条に相当する。

二　市街地再開発事業における権利変換の登記とは異なり、従前の土地の表示の登記の抹消及び新たな土地の表示の登記を行うべきことを定めていない。これは、市街地再開発事業の権利変換は、土地に関する全ての権利を権利変換期日において一斉に変動させ、権利変換後の土地は法律上全く別の土地と観念されるため、登記に当たっても、その表示の登記自体をやり直すこととしているが、一方、マンション建替事業においては、

・基本的には土地の形状、利用関係の変更を伴うものでないこと

・土地の所有権が敷地利用権以外の場合（いわゆる「底地権者」がいる場合）に土地の表示の抹消等をしてしまうと、底地権についても、新たに所有権保存の登記をすることが必要となり、底地権者にとって無意味な登記を強いることとなること

・登記の実務上も、土地の形状、利用関係に変更が伴わない建替えについて、従前の表示登記を抹消して、建替えと関係のない権利も全て新たに登記し直すことは、避けることが望ましいこと

から、従前の土地の表示の登記の抹消は必ず行うこととしていない。

三　また、登記事務の簡素化等の観点から、施行者に帰属した施行マンションの所有権の移転の登記等についても、必ず行うべきこととはしていない。

四　第二項は、権利変換期日以後においては、施行再建マンションの敷地に関して、第一項の登記がされるまでの

間、他の登記をすることができないことを定めるものであり、登記所は、そのような登記の申請があった場合には、不動産登記法第二十五条第十三号（不動産登記令第二十条第八号）によりその申請を却下することとなる。なお、このような措置を講ずるためには、登記所が権利変換期日を確知しておくことが前提であり、そのための規定として第六十九条が定められている。

（補償金）

第七十五条　施行者は、次に掲げる者に対し、その補償として、権利変換期日までに、第六十二条の規定により算定した相当の価額に同条に規定する三十日の期間を経過した日から第六十八条第一項の規定による権利変換計画又はその変更に係る公告（以下この条において「権利変換計画公告」という。）の日までの物価の変動に応ずる修正率を乗じて得た額に、当該権利変換計画公告の日から補償金を支払う日までの期間につき権利変換計画で定めるところによる利息を付したものを支払わなければならない。この場合において、その修正率は、国土交通省令で定める方法によって算定するものとする。

一　施行マンションに関する権利又はその敷地利用権を有する者で、この法律の規定により、権利変換期日において当該権利を失い、かつ、当該権利に対応して、施行再建マンションに関する権利又はその敷地利用権を与えられないもの

二　隣接施行敷地の所有権又は借地権を有する者で、この法律の規定により、権利変換期日において当該権利を失い、又は当該権利の上に敷地利用権が設定されることとなるもの

○マンション建替法施行規則

（補償金の支払に係る修正率の算定方法）

第四十一条　法第七十五条の規定による修正率は、総務省統計局が統計法（平成十九年法律第五十三号）第二条第四項に規定する基幹統計である小売物価統計のための調査の結果に基づき作成する消費者物価指数のうち全国総合指数（以下「全国総合消費者物価指数」という。）及び日本銀行が同法第二十五条の規定により届け出て行う統計調査の結果に基づき作成する企業物価指数のうち投資財指数（以下単に「投資財指数」という。）を用いて、付録第二の式により算定するものとする。

付録第二（第四十一条関係）

$$(Pc'/Pc)\times 0.8+(Pi'/Pi)\times 0.2$$

備考

一　Pc、Pc′、Pi、Pi′は、それぞれ次の数値を表すものとする。

Pc　基準日の属する月及びその前後の月の全国総合消費者物価指数の相加平均。ただし、権利変換計画の認可の公告の日においてこれらの月の全国総合消費者物価指数及び投資財指数が公表されていない場合においては、これらの指数が公表されている最近の三箇月の全国総合消費者物価指数の相加平均とする。

Pc′　権利変換計画の認可の公告の日において全国総合

消費者物価指数及び投資財指数が公表されている最近の三箇月の全国総合消費者物価指数の相加平均

Pi　基準日の属する月及びその前後の月の投資財指数の相加平均。ただし、権利変換計画の認可の公告の日においてこれらの月の全国総合消費者物価指数及び投資財指数が公表されていない場合においては、これらの指数が公表されている最近の三箇月の投資財指数の相加平均とする。

Pi'　権利変換計画の認可の公告の日において全国総合消費者物価指数及び投資財指数が公表されている最近の三箇月の投資財指数の相加平均

二　各月の全国総合消費者物価指数の基準年が異なる場合又は各月の投資財指数の基準年が異なる場合においては、従前の基準年に基づく月の指数を変更後の基準年である年の従前の基準年に基づく指数で除し、百を乗じて得た数値（その数値に小数点以下一位未満の端数があるときは、これを四捨五入する。）を、当該月の指数とする。

三　Pc'／Pc又はPi'／Piにより算出した数値に小数点以下三位未満の端数があるときは、これを四捨五入する。

一　本条は、権利の変換を希望せず金銭の給付を希望した区分所有者等に対し、権利変換期日までに必要な補償金を支払うべきことを規定するもので、都市再開発法第九十一条に相当する。

二　本条の適用の対象となる権利者は、具体的には次の者である。

(1)　第一号

①　施行マンションの区分所有権又は敷地利用権を有する者で、第五十六条第一項の規定により、権利の変換を希望しない旨を申し出たもの

②　施行マンションの借家権を有する者で、第五十六条第三項の規定により、借家権の取得を希望しない旨を申し出たもの

③　①及び②以外で施行マンションに関する権利を有していた者で、第七十一条第一項の規定により、権利変換期日においてその権利が消滅するもの（例えば、施行マンションについての使用貸借権、間借り権を有していた者が考えられるが、その権利について経済的な価値が認められるものは少ないと考えられる。）

(2)　第二号

隣接施行敷地の所有権又は借地権を有する者で、第七十条第一項の規定により、権利を失い、又はその上に敷地利用権が設定されるもの

三　補償金の算定の流れは次のとおりである。

マンション建替組合の設立認可等の公告

↓　権利変換を希望しない旨の申出期間（三十日）

従前の資産の評価基準日

↓　物価変動に応ずる修正率（省令で定める方法により算定）

権利変換計画の認可の公告

↓　利息（権利変換計画で定める方法により算定）

補償金の支払期日

↓

権利変換期日

四　本法の権利変換計画は、関係権利者の全員同意を基本に作成されるものであるため、本条においては、都市再開発法第九十一条第二項及び第三項に相当する収用委員会による裁決に関する規定は設けていない。なお、補償金の基礎となる従前の資産の価額については、第六十二条の規定により算定され、権利変換計画の内容として定められるものである。

（補償金の供託）

第七十六条 施行者は、次の各号のいずれかに該当する場合においては、前条に規定する補償金（利息を含む。以下この款において同じ。）の支払に代えてこれを供託することができる。

一 補償金を受けるべき者がその受領を拒んだとき、又は補償金を受領することができないとき。

二 施行者が過失がなくて補償金を受けるべき者を確知することができないとき。

三 施行者が差押え又は仮差押えにより補償金の払渡しを禁じられたとき。

2 施行者は、第五十八条第二項の場合においては、権利変換計画において存するものとされた権利に係る補償金（併存し得ない二以上の権利が存するものとされた場合においては、それらの権利に対する補償金のうち最高額のもの）の支払に代えてこれを供託しなければならない。

3 施行者は、先取特権、質権若しくは抵当権又は仮登記若しくは買戻しの特約の登記に係る権利（以下「先取特権等」という。）の目的物について補償金を支払うときは、これらの権利者の全てから供託しなくてもよい旨の申出があったときを除き、その補償金を供託しなければならない。

4 前三項の規定による供託は、施行マンションの所在地の供託所にしなければならない。

5 施行者は、第一項から第三項までの規定による供託をしたときは、遅滞なく、その旨を補償金を取得すべき者（その供託が第二項の規定によるものであるときは、争いの当事者）に通知しなければならない。

一 本条は、前条の規定により支払うべきこととされている補償金の支払に代えて供託することができる場合及びその手続を規定する。

二 第一項及び第二項は、都市再開発法第九十二条第一項（第三号を除く。）及び第三項並びに土地収用法第九十五条第二項（第三号を除く。）及び第四項と同趣旨である。民法理論からすれば、債務者が弁済の提供をすれば債務不履行から生ずる一切の責任を免れることとなる（民法第五百三十三条（同時履行の抗弁権）参照）が、権利変換処分により権利を失う者の保護を図るとともに補償金の提供後の権利義務関係を明確にして権利変換処分の手続に区切りをつける趣旨から、供託規定が置かれている。

三　第二項は、権利の存否が確定しないために、第五十八条第二項の規定により当該権利があるものとして権利変換計画が定められたときの供託規定である。併存し得ない権利とは、同一の土地又はマンションの部分に設定するとすれば相互の権利の性質から法律上併存し得ないもの又は事実上一方の権利が成立すれば他方の権利の行使が不能となるものをいい、例えば二個以上の借家権等である。

四　民法上、抵当権等は目的物の交換価値を支配しているものとされ、その目的物の売却、滅失等によって目的物の所有者が取得することになる目的物に代わるもの（金銭その他の物）などにも抵当権等が及ぶものとされている（物上代位）。本法では、これらの規定にならって、次条の規定により補償金の請求権も物上代位の目的物となるとされているが、抵当権者等が補償金について物上代位権を行使するためには、施行者が補償金を施行マンションの区分所有権等を有する者に支払う以前に、差押えを行うことが必要である。しかし、支払前に差し押さえることには困難な面も多く、差し押さえることなく支払われると、担保権者等は何らの対価を得ることなく、担保権等を失うこととなり、担保権者等の保護が十分に図られない。そこで、第三項において、施行者は、先取特権、質権若しくは抵当権又は仮登記若しくは買戻しの特約の登記に係る権利を有する者の全てから供託しなくてもよい旨の申出がない限り、補償金を供託しなければならないこととし、担保権者等の保護が図られている。

同様の立法例としては、都市再開発法（同法第九十二条第四項参照）、土地区画整理法（同法第百十二条第一項参照）等がある。

（物上代位）

第七十七条　前条第三項の先取特権、質権又は抵当権を有する者は、同項の規定により供託された補償金に対してその権利を行うことができる。

一　前条第三項により先取特権、質権又は抵当権の目的物について補償金が支払われる場合には、担保権者等の全てから供託しなくてもよい旨の申出があったときを除き、施行者が供託することとなるが、本条は、先取特権、質権又は抵当権を有する者は供託された補償金に対してその権利を行使することができることを規定するもので、都市再開発法第九十三条に相当する。

二　これらの権利については、民法上も売却代金や保険金請求権に物上代位を行うことが認められているが、本条は、マンション建替事業に係る補償金についても物上代位の目的物となることを定めている。

（差押え又は仮差押えがある場合の措置）

第七十八条　差押えに係る権利については、第七十五条の規定にかかわらず、施行者は、権利変換期日までに、同条の規定により支払うべき金額を当該差押えによる配当手続を実施すべき機関に払い渡さなければならない。ただし、強制執行若しくは担保権の実行としての競売（その例による競売を含む。以下単に「競売」という。）による代金の納付又は滞納処分による売却代金の支払があった後においては、この限りでない。

2　前項の規定により配当手続を実施すべき機関が払渡しを受けた金銭は、配当に関しては、強制執行若しくは競売による代金又は滞納処分による売却代金とみなし、その払渡しを受けた時が強制競売又は競売に係る配当要求の終期の到来前であるときは、その時に配当要求の終期が到来したものとみなす。

3　強制競売若しくは競売に係る売却許可決定後代金の納付前又は滞納処分による売却決定後売却代金の支払前に第一項本文の規定による払渡しがあったときは、売却許可決定又は売却決定は、その効力を失う。

4　第一項の規定は、仮差押えの執行に係る権利に対する補償金の払渡しに準用する。

5　施行者に補償金の支払を命ずる判決が確定したときは、その補償金の支払に関しては、第一項の規定による補償金の例による。この場合において、施行者が補償金を配当手続を実施すべき機関に払い渡したときは、補償金の支払を命ずる判決に基づく給付をしたものとみなす。

6　第一項又は前二項の規定による補償金の裁判所への払渡し及びその払渡しがあった場合における強制執行、仮差押えの執行又は競売に関しては、最高裁判所規則で民事執行法（昭和五十四年法律第四号）又は民事保全法（平成元年法律第九十一号）の特例その他必要な事項を、その補償金の裁判所以外の配当手続を実施すべき機関への払渡し及びその払渡しがあった場合における滞納処分に関しては、政令で国税徴収法（昭和三十四年法律第百四十七号）の特例その他必要な事項を定めることができる。

○マンション建替法施行令

（補償金の受領の効果）

第十八条　国税徴収法第百十六条第二項の規定は、法第七十八条第一項の規定により裁判所以外の配当機関が補償金を受領した場合について準用する。

（債権額の確認方法等）

第十九条　法第七十八条第一項の規定により裁判所以外の配当機関に補償金が払い渡された場合においては、国税徴収法第百三十条第一項中「売却決定の日の前日まで」とあるのは「税務署長が指定した日まで」と、同条第三項中「売却決定の時まで」とあるのは「マンションの建替え等の円滑化に関する法律施行令（平成十四年政令第三百六十七号）第十九条第一項の規定により読み替えられた第一項の規定により税務署長が指定した日まで」と、同法第百三十一条中「換価財産の買受代金の納付の日から」とあるのは「マンションの建替え等の円滑化に関する法律施行令第十九条第一項の規定により読み替えられた前条第一項の規定により指定した日から」とする。

2　前項の規定により読み替えられた国税徴収法第百三十条第一項の規定又はその例により日を指定するときは、同法第九十五条第二項及び第九十六条第二項の規定の例により、公告及び催告をしなければならない。

（保全差押え等に係る補償金の取扱い）

第二十条　裁判所以外の配当機関は、国税通則法（昭和三十七年法律第六十六号）第三十八条第三項、国税徴収法第百五十九条第一項又は地方税法（昭和二十五年法律第二百二十六号）第十六条の四第一項の規定による差押えに基づき法第七十八条第一項の規定による補償金の払渡しを受けたときは、当該金銭を配当機関の所在地の供託所に供託するものとする。

（仮差押えの執行に係る権利に対する補償金の払渡し）

第二十一条　法第七十八条第四項において準用する同条第一項の規定により仮差押えの執行に係る権利について補償金を払い渡すべき機関は、当該権利の強制執行について管轄権を有する裁判所とする。

○マンション建替法施行規則

（配当機関への補償金の払渡し）

第四十三条　施行者は、法第七十八条第一項（同条第四項において準用する場合を含む。）の規定により補償金を払い渡すときは、併せて、別記様式第八の補償金払渡通知書及び別記様式第九の権利喪失通知書を提出しなければならない。

一　本条は、第七十五条の規定による補償金等の支払についての権利変換手続と強制執行手続との調整に関する規定で、都市再開発法第九十四条（第四項及び第五項を除く。）に相当する。

二　施行マンション又はその敷地に関する権利について差押えがある場合には当該差押えによる配当手続を実施すべき機関（裁判所、税務署等をいい、以下「配当機関」という。）と施行者との関係は、次のいずれかになる。

(1)　配当機関による換価手続が完結していないときには、施行者は、差押えに係る権利について第七十五条の規定により支払うべき金額を当該配当機関に払い渡す（第一項）。

(2)　配当機関による換価手続が完結したときは（同項ただし書）、施行者は、競落人を新所有者としてその者に第七十五条の規定による補償金を支払う。

第三項では、右記(1)の場合には、既になされていた売却許可決定（強制執行及び競売の場合）又は売却決定（滞納処分の場合）は、失効するものとし、権利変換手続が換価手続に優先することを規定している。

三　仮差押えの執行は、もともと差押えと異なり財産を強制換価しようとするものでなく、財産の保全を目的として、財産の譲渡、他の権利の設定を禁止するためのものであるが、仮差押えの執行に係る権利に対する補償金の払い渡しについては、差押えと同じものとして取り扱い、施行者は、第七十五条の規定による補償金を配当機関に払い渡すべきものとされている（第四項による第一項の準用）。

四　第七十五条の規定により施行者が決定した補償金の額を不服として債務者（施行マンションの区分所有者等）が提起した増額訴訟等で、施行者が敗訴した場合は、判決で施行者が追加払いしなければならないものとされた金銭のうち差押え等がされている権利に対するものは、配当機関に払い渡さなければならないものとされている（第五項）。この金銭は、配当機関によって、改めて配当されることとなる。なお、判決で支払が命じられた金銭を施行者が配当機関に払い渡したときは、判決による義務を履行したものとみなされる（同項後段）。

五　第六項は、差押え又は仮差押えの執行に係る権利に対する補償金の裁判所への払渡し及びその払渡しがあった場合における強制執行、仮差押えの執行又は競売に関して最高裁判所規則で民事執行法等の特例等を、裁判所以外の配当機関への払い渡しとその払い渡しがあった場合における滞納処分に関して政令で国税徴収法の特例等をそれぞれ定めることができるものとされている。

第四目　施行マンション等の明渡し

（占有の継続）

第七十九条　権利変換期日において、第七十一条第一項の規定により失った権利に基づき施行マンションを占有していた者及びその承継人は、次条第一項の規定により施行者が通知した明渡しの期限までは、従前の用法に従い、その占有を継続することができる。第七十条第二項の規定により、権利を失い、又は敷地利用権を設定された者及びその承継人についても、同様とする。

一　本条は、従前、施行マンションを占有していた者は、権利変換期日において占有する権限を失ってしまうが、施行マンションの明渡しの期限までは、従前の用法に従って占有を継続することができることとする規定で、都市再開発法第九十五条に相当する。

二　権利変換期日においては、第七十一条第一項の規定により、施行マンションは施行者に帰属し、施行マンションを目的とする区分所有権以外の権利は消滅することとされている。また、第七十条第二項の規定により、隣接施行敷地の所有権又は借地権は失われ、又はその上に施行再建マンションの敷地利用権が設定される。しかし、権利変換期日において直ちに関係権利者全員に施行マンション又は土地を明け渡す義務を発生させることは実際的ではなく、むしろ工事の工程その他の事情を勘案して各権利者ごとに施行マンション等の明渡しの期限を個別に定めることの方が妥当であるからである。

（施行マンション等の明渡し）

第八十条　施行者は、権利変換期日後マンション建替事業に係る工事のため必要があるときは、施行マンション又はその敷地（隣接施行敷地を含む。）を占有している者に対し、期限を定めて、その明渡しを求めることができる。

2　前項の規定による明渡しの期限は、同項の請求をした日の翌日から起算して三十日を経過した後の日でなければならない。

3　第五十八条第三項の規定は、同項の相当の期限を許与された区分所有者に対する第一項の規定による明渡しの期限について準用する。

4　第一項の規定による明渡しの請求があった者は、明渡しの期限までに、施行者に明け渡さなければならない。ただし、第七十五条の補償金の支払を受けるべき者について同条の規定による支払若しくは第七十六条の規定による供託がないとき、第十五条第一項（第三十四条第四項において準用する場合を含む。）若しくは第六十四条第一項（第六十六条において準用する場合を含む。）若しくは区分所有法第六十三条第四項（区分所有法第七十条第四項において準用する場合を含む。）の規定による請求を受けた者について当該請求を行った者による代金の支払若しくは提供がないとき、又は第六十四条第三項（第六十六条において準用する場合を含む。）の規定による請求を行った者について当該請求を受けた者による代金の支払若しくは提供がないときは、この限りでない。

一　本条は、権利変換期日後マンション建替事業に係る工事のため必要があるとき、施行者は随時施行マンション又はその敷地（隣接施行敷地を含む。）を占有している者に対し、その明渡しを求めることができることとする規定で、都市再開発法第九十六条に相当する。

二　施行マンション等の明渡しは、権利変換期日後工事の必要に応じて随時求めることができることとされている（第一項）。ただし、明渡しのためには、占有者にとって時間的余裕が必要であるので、明渡しを完了すべき期限は、請求をした日の翌日から少なくとも三十日を経過した後の日でなければならないこととされている（第二項）。

第五目　工事完了等に伴う措置

（建築工事の完了の公告等）
第八十一条　施行者は、施行再建マンションの建築工事が完了したときは、速やかに、その旨を、公告するとともに、第七十一条第二項又は第三項の規定により施行再建マンションに関し権利を取得する者に通知しなければならない。

一　本条は、施行者は、施行再建マンションの建築工事の完了に伴い、その旨の公告及び権利取得者への通知をしなければならない旨を規定するもので、都市再開発法第百条に相当する。
二　施行再建マンションに関し権利を取得する者とは、
・施行再建マンションの区分所有権を取得する者（第七十一条第二項参照）
・施行再建マンションの借家権を取得する者（第七十一条第三項参照）
である。

（施行再建マンションに関する登記）

第八十二条　施行者は、施行再建マンションの建築工事が完了したときは、遅滞なく、施行再建マンション及び施行再建マンションに関する権利について必要な登記を申請しなければならない。

2　施行再建マンションに関する権利に関しては、前項の登記がされるまでの間は、他の登記をすることができない。

一　本条は、施行再建マンションに関する登記について規定するもので、都市再開発法第百一条に相当する（敷地に関する登記については第七十四条参照）。

二　都市再開発法と同様、施行再建マンションに関して必要な登記の申請は、施行者が一括して行うべきこととされ（第一項）、その登記が行われるまでは、施行再建マンションに関する権利に関しては、他の登記を行うことができないこととされている（第二項）。

三　第一項において、「施行再建マンション及び施行再建マンションに関する権利について必要な登記」とされているが、

・「施行再建マンションについて必要な登記」とは、建物の表示の登記

・「施行再建マンションに関する権利について必要な登記」とは、権利に関する登記（いわゆる甲区又は乙区欄に記載されるもの）であり、具体的には、所有権保存の登記、担保権等の登記等のことをいう。

（借家条件の協議及び裁定）

第八十三条　権利変換計画において施行再建マンションの区分所有権が与えられるように定められた者と当該施行再建マンションについて第六十条第四項本文の規定により借家権が与えられるように定められた者は、家賃その他の借家条件について協議しなければならない。

2　第八十一条の公告の日までに前項の規定による協議が成立しないときは、施行者は、当事者の一方又は双方の申立てにより、審査委員の過半数の同意を得て、次に掲げる事項について裁定することができる。

一　賃借の目的

二　家賃の額、支払期日及び支払方法

三　敷金又は借家権の設定の対価を支払うべきときは、その額

3　施行者は、前項の規定による裁定をするときは、賃借の目的については賃借部分の構造及び賃借人の職業を、家賃の額については賃貸人の受けるべき適正な利潤を、その他の事項についてはその地方における一般の慣行を考慮して定めなければならない。

4　第二項の規定による裁定があったときは、裁定の定めるところにより、当事者間に協議が成立したものとみなす。

5　第二項の裁定に関し必要な手続に関する事項は、国土交通省令で定める。

6　第二項の裁定に不服がある者は、その裁定があった日から六十日以内に、訴えをもってその変更を請求することができる。

7　前項の訴えにおいては、当事者の他の一方を被告としなければならない。

○マンション建替法施行規則

（借家条件の裁定手続）

第四十四条　法第八十三条第二項の裁定の申立てをしようとする者は、別記様式第十の裁定申立書を施行者に提出しなければならない。

2　施行者は、裁定前に当事者双方の意見を聴かなければならない。

3　裁定は、文書をもってし、かつ、その理由を付さなければならない。

4　施行者は、裁定書の正本を当事者双方に送付しなければならない。

一　借家権の権利変換に当たり、権利変換計画で借家条件を定めるものは施行者が賃貸することとなるものに限ら

れ、従前の家主が取得する施行再建マンションについて借家権を取得する場合には、権利変換計画には借家条件は定められず、当事者間で協議して定めることとされている（第一項）。

二　借家条件を協議して定める場合に、建築工事の完了の公告の日までに協議が成立しないときは、当事者の一方又は双方は施行者に裁定を申し立てることができ、施行者が裁定を行う場合には、審査委員の過半数の同意を得なければならないこととされている（第二項）。

三　裁定がされたときは、裁定の内容が当事者間の借家契約の内容となるが、当事者にその裁定に対して不服があれば、裁定のあった日から六十日以内にその変更を請求する訴えを提起することができることとされている（第六項）。この訴えは、裁定をした施行者を相手方として提起するのではなく、借家契約の相手方を被告として提起する当事者訴訟（行政事件訴訟法第四条参照）である。

（施行再建マンションの区分所有権等の価額等の確定）

第八十四条　施行者は、マンション建替事業の工事が完了したときは、速やかに、当該事業に要した費用の額を確定するとともに、政令で定めるところにより、その確定した額及び第六十二条に規定する三十日の期間を経過した日における近傍類似の土地又は近傍同種の建築物に関する同種の権利の取引価格等を考慮して定める相当の価額を基準として、施行再建マンションの区分所有権若しくは敷地利用権を取得した者又はその借家権を取得した者（施行者の所有する施行再建マンションの部分について第六十条第四項ただし書の規定により借家権が与えられるように定められたものに限る。）ごとに、施行再建マンションの区分所有権若しくは敷地利用権の価額又は施行者が賃貸する施行再建マンションの部分の家賃の額を確定し、これらの者にその確定した額を通知しなければならない。

○マンション建替法施行令

（施行再建マンションの区分所有権等の価額等の確定）

第二十二条　法第八十四条の規定により確定する施行再建マンションの区分所有権の価額は、同条の規定により確定した費用の額を当該区分所有権に係る施行再建マンションの専有部分の床面積等に応じて国土交通省令で定めるところにより按分した額（以下この項において「費用の按分額」という。）を償い、かつ、法第六十二条に規定する三十日の期間を経過した日（次項において「基準日」という。）における近傍同種の建築物の区分所有権の取引価格等を参酌して定めた当該区分所有権の価額の見込額（以下この項において「市場価額」という。）を超えない範囲内の額とする。この場合において、費用の按分額が市場価額を超えるときは、市場価額をもって当該区分所有権の価額とする。

2　法第八十四条の規定により確定する施行再建マンションの敷地利用権の価額は、基準日における近傍類似の土地に関する同種の権利の取引価格等を参酌して定めた当該敷地利用権の価額の見込額とする。

3　法第八十四条の規定により確定する施行再建マンションの部分の家賃の額は、法第五十八条第一項第九号の標準家賃の概算額に、国土交通省令で定めるところにより、当該施行再建マンションの部分に借家権を与えられることとなる者が従前施行マンションについて有していた借家権の価額を考慮して、必要な補正を行った額とする。

〇マンション建替法施行規則

（令第二十二条第一項の費用の按分額）

第四十五条　令第二十二条第一項の費用の按分額は、付録第一の式によって算出するものとする。

（標準家賃の額の確定の補正方法）

第四十六条　令第二十二条第三項の標準家賃の概算額の補正は、第三十六条の規定の例により定めた標準家賃の月額から、施行再建マンションの部分について借家権を与えられることとなる者が施行マンションについて有していた借家権の価額を当該借家権の残存期間、近隣の同類型の借家の取引慣行等を総合的に比較考量して施行者が定める期間で毎月均等に償却するものとして算定した償却額を控除して行うものとする。

付録第一（第三十五条、第四十五条関係）

$$C1 = (CbA1 / \Sigma Ai) + \Sigma C'bRb1$$

C1は、費用の概算額又は費用の按分額
Cbは、マンション建替事業に要する費用のうち、施行再建マンションの専有部分に係るもの
C'bは、当該施行再建マンションの整備に要する費用のうち、施行再建マンションの共用部分でRb1に対応するものに係るもの
A1は、その者が取得することとなる施行再建マンションの専有部分の床面積
Aiは、当該施行再建マンションの専有部分の床面積
Rb1は、その者が取得することとなる施行再建マンションの共用部分の共有持分の割合
備考　A1及びAiについては、施行再建マンションの専有面積の同一床面積当たりの容積、用途又は位置により効用が異なるときは、必要な補正を行うことができるものとする。

一　施行再建マンションの区分所有権等の価額等については、権利変換計画の段階では概算額をもって定めることとされ（その算定の基準は第六十三条参照）、工事完了後に確定額を定めることとされている。本条は、その確定額の算定等について規定するもので、都市再開発法第百三条に相当する。

二　工事完了により確定することが必要な価額等は、

(1)　施行再建マンションの区分所有権又は敷地利用権の価額（第五十八条第一項第四号参照）

(2)　施行者が施行再建マンションの部分を賃貸する場合の家賃（同項第九号参照）

の二つであり、施行者は、それらを速やかに確定した後、それぞれの権利を取得する者にその確定額を通知しなければならないこととされている。

三　なお、本法の権利変換は、都市再開発法の地上権設定型の権利変換ではないため、地代の額の確定に関する規定、すなわち都市再開発法第百三条第二項及び第三項に相当する規定は設けていない。

（清算）

第八十五条　前条の規定により確定した施行再建マンションの区分所有権又は敷地利用権の価額とこれを与えられた者がこれに対応する権利として有していた施行マンションの区分所有権又は敷地利用権の価額とに差額があるときは、施行者は、その差額に相当する金額を徴収し、又は交付しなければならない。

一　本条は、前条の確定額と権利変換計画に記載されている従前資産の価額とに差額があれば、その差額に相当する清算金を徴収し、又は交付しなければならない旨を規定するもので、都市再開発法第百四条に相当する。

二　ここでの清算は、

・権利変換計画に定められた従前資産と従後資産との差額の清算

・権利変換計画の作成段階で概算額として定めた従後資産の価額がその後の建築工事費用の変動等により上下した場合のその差額の清算

という二つの意味をもつものであり、市街地再開発事業における清算の考え方と基本的には同様のものであるが、本法では市街地再開発事業と異なり、従前従後資産の価額に著しい差額を生じさせない、いわゆる等価原則を採用していない（第六十条参照）ことから、各区分所有者が一定の追加負担をしてより広い住戸を取得する場合の、その価額差の調整についてもこの清算手続の中で行われることとなる。

第七十六条第四項及び第五項の規定は、この場合について準用する。

2　前項の先取特権、質権又は抵当権を有していた者は、同項の規定により供託された清算金に対してその権利を行うことができる。

（清算金の供託及び物上代位）

第八十六条　前条に規定する施行マンションの区分所有権又は敷地利用権が先取特権等の目的となっていたときは、これらの権利者の全てから供託しなくてもよい旨の申出があったときを除き、施行者は、同条の規定により交付すべき清算金の交付に代えてこれを供託しなければならない。

一　本条は、施行マンションの区分所有権又は敷地利用権に担保権等を付していた者の権利保護の観点から、清算金の供託及び物上代位について規定するもので、都市再開発法第百五条に相当する。

二　施行者から施行マンション及び施行再建マンションに関し区分所有権又は敷地利用権を有する者に支払われる清算金は、それぞれ施行マンションの区分所有権又は敷地利用権の価額の一部であり、担保権者等が清算金の差押えを行う前に、これが各区分所有者等に支払われると、担保権者等は、担保権等を何らの対価を得ずに失うこととなり、担保権者等の保護が十分に回られない。よって、民法上売却代金等に物上代位を行うことが認められている先取特権、質権及び抵当権（民法第三百四条、第三百五十条、第三百七十二条参照）を有している者並びに仮登記、買戻しの特約の登記をしている者の全てから供託しなくてもよい旨の申出があったときを除き、交付すべき清算金の交付に代えて、これを供託しなければならないこととされている（第一項）。

三　施行マンションの区分所有権又は敷地利用権に先取特権、質権又は抵当権を有する者は、供託された清算金に対してその権利を行使することができることとされている（第二項）。

（清算金の徴収）

第八十七条　第八十五条の規定により徴収すべき清算金は、権利変換計画で定めるところにより、利子を付して分割して徴収することができる。

2　施行者は、第八十五条の規定により徴収すべき清算金（前項の規定により利子を付したときは、その利子を含む。）を滞納する者があるときは、権利変換計画で定めるところにより、利子を付して徴収することができる。

一　施行マンションの区分所有権又は敷地利用権に対応して与えられた施行再建マンションの区分所有権又は敷地利用権の確定額の方が従前資産の価額よりも多ければ、施行者は清算金を徴収することになるが、本条は、その徴収手続を規定するもので、都市再開発法第百六条第一項に相当する。

二　清算金は、利子を付して分割して徴収することができ（第一項）、また、滞納する者に対しても、利子を付して徴収することができることとされている（第二項）。これらの利子について、その条件は権利変換計画において定められる（第五十八条第一項第十五号参照）。

（先取特権）
第八十八条　第八十五条の清算金を徴収する権利を有する施行者は、その納付義務者に与えられる施行再建マンションの区分所有権の上に先取特権を有する。
2　前項の先取特権は、第八十二条第一項の規定による登記の際に清算金の予算額を登記することによってその効力を保存する。ただし、清算金の額がその予算額を超過するときは、その超過額については存在しない。
3　第一項の先取特権は、不動産工事の先取特権とみなし、前項本文の規定に従ってした登記は、民法（明治二十九年法律第八十九号）第三百三十八条第一項前段の規定に従ってした登記とみなす。

一　本条は、施行者が施行再建マンションの区分所有権の上に有する先取特権について規定するもので、都市再開発法第百七条に相当する。

二　施行者の清算金を徴収する権利を保全するため、施行者は施行再建マンションの区分所有権の上に不動産工事の先取特権とみなされる先取特権を有するものとされ（第一項及び第三項）、その先取特権の効力は、第八十二条の規定により建替え工事完了後に行う施行再建マンションに関し必要な登記において、清算金の予算額を登記することによって保存される（第二項）。この登記の効力は、登記された予算額の範囲内について及ぶにすぎない（第二項ただし書）（民法第三百三十八条第一項後段参照）。

（施行者が取得した権利の処分）

第八十九条　マンション建替事業により施行者が取得した施行再建マンションの区分所有権及び敷地利用権又は保留敷地に関する権利は、施行マンションの区分所有権若しくは敷地利用権を有していた者又は施行マンションについて借家権を有していた者の居住又は業務の用に供するため特に必要がある場合を除き、原則として、公募により譲渡しなければならない。

一　本条は、マンション建替事業により施行者が取得した施行再建マンションの区分所有権及び敷地利用権又は保留敷地に関する権利は、原則として公募により譲渡しなければならない旨を規定するもので、都市再開発法第百八条第一項に相当する。

二　すなわち、本条は、権利変換手続という一般の私人には認められていない行政法上の特別の手続を進めた結果、本法の規定により施行者が取得した保留床及び保留敷地の処分については、公募によることを原則としているものである。ただし、組合員全員の同意がある場合など特別の事由があるときには、特定分譲による処分は可能であると考えられる。

三　また、本条の運用について、「マンションの建替えの円滑化等に関する法律第八十九条の運用について（技術的助言）」（平成十九年十二月二十五日付け国住マ第三十二号）において示されており、隣接施行敷地の所有権若しくは借地権又は施行マンションの底地権を有する者については、従前の権利者と同様の立場であると考えられ、これらの者の居住又は業務の用に供するため特に必要がある場合においては、施行者が取得した施行再建マンションの区分所有権及び敷地利用権又は保留敷地に関する権利について、公募によらずに譲渡することが可能であることとされている。

四　本条による保留床及び保留敷地の処分は、建築工事完了の公告があった日の後に限られるものではなく、権利変換期日後であればいつでもよい。施行者は、権利変換期日において、保留床及び保留敷地に関する権利を取得するからである。

第二款　賃借人等の居住の安定の確保に関する施行者等の責務

第九十条　施行者は、基本方針に従って、施行マンションに居住していた賃借人及び転出区分所有者の居住の安定の確保に努めなければならない。

2　国及び地方公共団体は、基本方針に従って、施行マンションに居住していた賃借人及び転出区分所有者の居住の安定の確保を図るため必要な措置を講ずるよう努めなければならない。

一　本法は、マンションにおける良好な居住環境の確保を図るという住宅政策上の観点から、マンションの建替え等の円滑化に関する措置を講ずることを目的の一つとしているが、一方で、マンションの建替えによって居住の継続が絶たれることとなる賃借人や高齢者等の居住の安定にも十分に配慮することが、同じく住宅政策上の観点から求められ、また、これらの者の居住の安定の確保が図られることが、建替えの円滑化のための大きな要因の一つであるともいえる。

二　本条は、このような趣旨を踏まえ、マンション建替事業を実施する際の、賃借人及び転出する区分所有者の居住の安定の確保に努めるべきという施行者並びに国及び地方公共団体の一般的な責務を規定するもので、具体的な措置については基本方針に従って行うこととするものである（基本方針第五参照）。

第三款　雑則

（処分、手続等の効力）

第九十一条　施行マンション若しくはその敷地（隣接施行敷地を含む。）又は施行再建マンション若しくはその敷地について権利を有する者の変更があったときは、この法律又はこの法律に基づく定款、規準若しくは規約の規定により従前のこれらの者がした手続その他の行為は、新たにこれらの者となった者がしたものとみなし、従前のこれらの者に対してした処分、手続その他の行為は、新たにこれらの者となった者に対してしたものとみなす。

一　本条は、関係権利者に変更があった場合の処分、手続等の効力について規定するもので、都市再開発法第百三十条に相当する。

二　関係権利者に変更があった場合、変更前の関係権利者が行った手続その他の行為又は変更前の関係権利者に対してした処分、手続その他の行為は、変更後の関係権利者が承継することとされる。組合員又は個人施行者の権利義務の承継についての規定はそれぞれ第十九条、第五十二条に置かれているが、組合員の変更及び一部の個人施行者の変更はすなわち関係権利者の変更であるので、関係権利者という地位の変更については本条によることとなる。

三　本条により変更後の関係権利者に承継されることとなる変更前の関係権利者が行った手続その他の行為としては、

・マンション建替組合の設立についての同意（第九条第二項から第四項まで参照）
・個人施行者の事業計画についての同意（第四十五条第二項参照）
・権利変換を希望しない旨の申出（第五十六条第一項及び第三項参照）
・組合に対する買取り請求（第六十四条第三項参照）

などが、また、本条により変更後の関係権利者に承継されることとなる変更前の関係権利者に対してした処分、

手続その他の行為としては、
・権利変換計画に関する総会の議決に賛成しなかった組合員に対する売渡し請求（第六十四条第一項参照）
・権利変換の処分（第六十八条参照）
・借家条件の裁定（第八十三条参照）
・施行再建マンションの区分所有権等の価額等の確定の通知及び清算（第八十四条、第八十五条参照）
などが挙げられる。

四　なお、権利変換手続開始の登記（第五十五条参照）があった後、権利変換の登記（第七十四条参照）があるまでに、その登記のされた区分所有権又は敷地利用権を有する者がこれらの権利を処分するには施行者の承認を得なければならず、その承認を得ないでした処分は施行者に対抗できないので、その場合は本条の規定は適用されない。

（土地の分割及び合併）

第九十二条　施行者は、マンション建替事業の施行のために必要があるときは、所有者に代わって土地の分割又は合併の手続をすることができる。

一　本条は、マンション建替事業の施行のため必要があるときは、土地の分割又は合併の代位登記を行う権限を施行者に与えることを規定するもので、都市再開発法第百三十一条に相当する。

二　例えば、施行マンションの敷地が数筆に分かれていた場合において、施行再建マンションの敷地を一筆として定めようとする場合に、施行者が土地の合併の代位登記をすることができることとされている。また、一筆の施行マンションの敷地を施行者以外の者に売却するような場合にも、施行者が土地の分割の代位登記をすることができることとされている。

（不動産登記法の特例）

第九十三条　施行マンション及び施行再建マンション並びにこれらの敷地の登記については、政令で、不動産登記法（平成十六年法律第百二十三号）の特例を定めることができる。

一　本法では、不動産登記に関しては、権利変換手続開始の登記（第五十五条参照）、権利変換の登記（第七十四条参照）及び施行再建マンションに関する登記（第八十二条参照）の規定を置いているが、いずれも一般の登記とは異なる特殊な登記であるため、独立の政令を制定し、マンション建替事業に関する不動産登記の特例を定めることとされている。

二　また、本条及び第百五十七条の規定に基づき、マンションの建替え等の円滑化に関する法律による不動産登記に関する政令が制定されている。

都市再開発法でも、同法第百三十二条で不動産登記法の特例について規定しており、同条の規定に基づいて、都市再開発法による不動産登記に関する政令が定められている。

（施行者による管理規約の設定）

第九十四条　施行者は、政令で定めるところにより、都道府県知事等の認可を受け、施行再建マンション、その敷地及びその附属の建物（マンション建替事業の施行により建築されるものに限る。）の管理又は使用に関する区分所有者相互間の事項につき、管理規約を定めることができる。

2　前項の管理規約は、区分所有法第三十条第一項の規約とみなす。

3　施行者は、政令で定めるところにより、都道府県知事等の認可を受け、施行再建マンションに係る区分所有法第六十六条に規定する土地等又は区分所有法第六十八条第一項各号に掲げる物（附属施設にあっては、マンション建替事業の施行により建設されたものに限る。）の管理又は使用に関する団地建物所有者相互間の事項につき、管理規約を定めることができる。

4　前項の管理規約は、区分所有法第六十六条において準用する区分所有法第三十条第一項の規約とみなす。

○マンション建替法施行令

（管理規約の縦覧等）

第二十三条　施行者は、法第九十四条第一項又は第三項の規定により管理規約を定めようとするときは、当該管理規約を二週間公衆の縦覧に供しなければならない。この場合においては、あらかじめ、縦覧の開始の日、場所及び時間を公告するとともに、施行再建マンションの区分所有権を有する者又は有することとなる者にこれらの事項を通知しなければならない。

2　施行再建マンションの区分所有権を有する者又は有することとなる者は、縦覧期間内に、管理規約について施行者に意見書を提出することができる。

第二十四条　施行者は、法第九十四条第一項又は第三項の認可を申請しようとするときは、前条第二項の規定により提出された意見書の要旨を都道府県知事（市の区域内にあっては、当該市の長）に提出しなければならない。

一　区分所有法第三十条第一項において、建物又はその敷地若しくは附属施設の管理又は使用に関する区分所有者間の事項は、同法に定めるもののほか、規約で定めることとされており、同法第三十一条第一項において、規約の設定及び変更は、区分所有者及び議決権の各四分の三以上の多数による集会の議決（特別決議）によってすることとされている。

二　しかしながら、大部分のマンションの規約については、分譲前に、分譲業者により区分所有法第三十条第一項の規約の案として作成され、これについて当該マンションの区分所有者となる者から書面による同意を得る方法をとっており、建物の完成後は、これら書面同意が同法第三十一条第一項の集会の議決となることとされている。このような状況を踏まえ、本法は、施行再建マンションの建築工事完成前に、当該施行再建マンションに係る管理規約（区分所有法の規約）を施行者が作成できることとされている。

また、附属の建物（駐車場、自転車置場、集会所等）についても、施行再建マンションの完成後、各区分所有者が円滑に当該マンションを利用することができるよう、マンション建替事業の施行により建築されるものに限り、施行者により、その管理又は使用に関する区分所有者間の事項につき、あらかじめ、管理規約を定めることができることとされている（第一項）。

三　団地の一括建替え決議を前提としてマンション建替組合が設立された場合において、マンション建替事業により建築された施行再建マンションは、区分所有法第六十五条の団地関係を形成する蓋然性が高いものと考えられる。そこで、このような場合に、施行再建マンションが供用された後の管理の適正化を図るため、あらかじめ団地管理規約を施行者が定めておく必要があると考えられることから、施行者が団地管理規約とみなされる管理規約を定めることができるものとされている（第三項）。

（関係簿書の備付け）
第九十五条 施行者は、国土交通省令で定めるところにより、マンション建替事業に関する簿書（組合にあっては、組合員名簿を含む。次項において同じ。）をその事務所に備え付けておかなければならない。
2 利害関係者から前項の簿書の閲覧の請求があったときは、施行者は、正当な理由がない限り、これを拒んではならない。

○マンション建替法施行規則
（事務所備付け簿書）
第四十七条 法第九十五条第一項の規定により施行者が備え付けておかなければならない簿書は、次に掲げるものとする。
一 規準、規約又は定款
二 事業計画
三 配置設計図
四 権利変換計画書
五 マンション建替事業に関し、施行者が受けた行政庁の認可その他の処分を証する書類
六 組合にあっては、組合員名簿、総会及び総代会の会議の議事録並びに通常総会の承認を得た事業報告書、収支決算書及び財産目録
七 法第六十七条の規定による審査委員の過半数の同意を得たことを証する書類

一 本条は、マンション建替事業の施行者は、施行規則第四十七条で定める関係簿書をその事務所に備え付け、利害関係者から閲覧の請求があれば正当な理由がない限り閲覧させなければならないものと規定するもので、都市再開発法第百三十四条に相当する。
二 なお、施行者による関係簿書の備付けとその閲覧が適切に実施されるよう担保措置として罰則規定が設けられている（第百七十六条第八号及び第九号並びに第百七十八条第三号及び第四号参照）。

（書類の送付に代わる公告）
第九十六条　施行者は、マンション建替事業の施行に関し書類を送付する場合において、送付を受けるべき者がその書類の受領を拒んだとき、又は過失がなくて、その者の住所、居所その他書類を送付すべき場所を確知することができないときは、政令で定めるところにより、その書類の内容を公告することをもって書類の送付に代えることができる。
2　前項の公告があったときは、その公告の日の翌日から起算して十日を経過した日に当該書類が送付を受けるべき者に到達したものとみなす。

○マンション建替法施行令
（書類の送付に代わる公告）
第二十五条　法第九十六条第一項の規定による公告は、官報、公報その他国土交通省令で定める定期刊行物に掲載し、かつ、施行マンションの敷地又は隣接施行敷地（法第八十一条の建築工事の完了の公告の日以後にあっては、施行再建マンションの敷地。次項において同じ。）の区域内の適当な場所に掲示して行わなければならない。
2　前項の場合においては、施行マンションの敷地又は隣接施行敷地の所在地の市町村長及び書類の送付を受けるべき者の住所又はその者の最後の住所の所在地の市町村長は、同項の掲示がされている旨の公告をしなければならない。この場合において、施行者は、市町村長に当該市町村長が行うべき公告の内容を通知しなければならない。
3　第一項の掲示は、前項の規定により市町村長が行う公告のあった日から十日間しなければならない。
4　法第九十六条第二項の公告の日は、前項の規定により行う掲示の期間の満了日とする。

○マンション建替法施行規則
（書類の送付に代わる公告）
第四十八条　令第二十五条第一項で規定する国土交通省令で定める定期刊行物は、時事に関する事項を掲載する日刊新聞紙とする。

一　本条は、書類の送付を受けるべき者がその受領を拒んだときなど一定の理由により書類の送付ができないときには、書類の内容を公告することによって書類の送付に代えることができることとされている。

二　施行者が書類の送付をする場合としては、

・権利変換に関する通知（第六十八条第一項参照）

・補償金及び清算金の供託の通知（第七十六条第五項、第八十六条第一項参照）

・建築工事の完了の通知（第八十一条参照）

・施行再建マンションの区分所有権等の価額等の確定の通知（第八十四条参照）

などが考えられるが、これらの通知を書面で行う場合において、その通知を受けるべき者がその書類の受領を拒んだり、施行者に過失がなくて相手方の送付先が分からないときは、本条による公告を行うこととなる。

第三節　マンション建替事業の監督等

（報告、勧告等）

第九十七条　都道府県知事又は市町村長は、組合又は個人施行者に対し、その施行するマンション建替事業に関し、この法律（次章を除く。以下この節において同じ。）の施行のため必要な限度において、報告若しくは資料の提出を求め、又はその施行するマンション建替事業の円滑な施行を図るため必要な勧告、助言若しくは援助をすることができる。

2　都道府県知事等は、組合又は個人施行者に対し、マンション建替事業の施行の促進を図るため必要な措置を命ずることができる。

一　第一項は、都道府県知事又は市町村長の一般的な監督権限に関する規定で、都道府県知事又は市町村長は、マンション建替組合又は個人施行者に対し、報告を求め、必要な勧告をするなどの行為が認められる。

二　第二項は、都道府県知事等の組合又は個人施行者に対する特別の監督権限を定めるものであり、本項により、都道府県知事等は、マンション建替事業の施行の促進を図るために必要な措置を命令することができることとなる。命じられる具体的な措置としては、理事長及び理事の改選、権利変換期日後の関係権利の処理（清算、借家条件の裁定等）等が考えられる。

三　本条の規定にかかわらず、第一項の報告等をせず、あるいは第二項の命令に違反したときは、罰則の適用がある（第百七十二条第一号及び第二号並びに第百七十三条第一号及び第二号参照）。

（組合に対する監督）

第九十八条　都道府県知事等は、組合の施行するマンション建替事業につき、その事業又は会計がこの法律若しくはこれに基づく行政庁の処分又は定款、事業計画若しくは権利変換計画に違反すると認めるときその他監督上必要があるときは、その組合の事業又は会計の状況を検査することができる。

2　都道府県知事等は、組合の組合員が総組合員の十分の一以上の同意を得て、その組合の事業又は会計がこの法律若しくはこれに基づく行政庁の処分又は定款、事業計画若しくは権利変換計画に違反する疑いがあることを理由として組合の事業又は会計の状況の検査を請求したときは、その組合の事業又は会計の状況を検査しなければならない。

3　都道府県知事等は、前二項の規定により検査を行った場合において、組合の事業又は会計がこの法律若しくはこれに基づく行政庁の処分又は定款、事業計画若しくは権利変換計画に違反していると認めるときは、組合に対し、その違反を是正するため必要な限度において、組合のした処分の取消し、変更若しくは停止又は組合のした工事の中止若しくは変更その他必要な措置を命ずることができる。

4　都道府県知事等は、組合が前項の規定による命令に従わないとき、又は組合の設立についての認可を受けた者がその認可の公告があった日から起算して三十日を経過してもなお総会を招集しないときは、権利変換期日前に限り、その組合についての設立の認可を取り消すことができる。

5　都道府県知事等は、第二十八条第三項の規定により組合員から総会の招集の請求があった場合において、理事長及び監事が総会を招集しないときは、これらの組合員の申出に基づき、総会を招集しなければならない。第三十一条第四項において準用する第二十八条第三項の規定により総代から総代会の招集の請求があった場合において、理事長及び監事が総代会を招集しないときも、同様とする。

6　都道府県知事等は、第二十三条第一項の規定により組合員から理事又は監事の解任の請求があった場合において、組合がこれを組合員の投票に付さないときは、これらの組合員の申出に基づき、これを組合員の投票に付さなければならない。第三十二条第三項において準用する第二十三条第一項の規定により、組合員から総代の解任の請求があった場合において、組合がこれを組合員の投票に付さないときも、同様とする。

7　都道府県知事等は、組合の組合員が総組合員の十分の一以上の同意を得て、総会若しくは総代会の招集手続若しくは議決の方法又は役員若しくは総代の選挙若しくは解任の投票の方法が、この法律又は定款に違反することを理由として、その議決、選挙、当選又は解任の投票の取消しを請求した場合において、その違反の事実があると認めるときは、その議決、選挙、当選又は解任の投票を取り消すことができる。

○マンション建替法施行令

（都道府県知事等の行う解任の投票）

第二十六条 法第九十八条第六項の規定による組合の理事若しくは監事又は総代の解任の投票は、同項に規定する組合員の申出があった日から二週間以内に行わなければならない。

2 第七条第二項から第四項まで及び第八条から第十一条までの規定は、前項の解任の投票について準用する。この場合において、第七条第二項中「前項」とあるのは「第二十六条第一項」と、「組合」とあるのは「都道府県知事（市の区域内にあっては、当該市の長。以下「都道府県知事等」という。）」と、同条第三項中「組合は」とあるのは「都道府県知事等は」と、同条第四項及び第十一条第一項中「組合に」とあるのは「都道府県知事等に」と、第八条第四項、第九条第一項、第十条第二項並びに第十一条第二項及び第三項中「組合」とあるのは「都道府県知事等」と、第八条第八項から第十一項までの規定及び第十条第一項中「理事長」とあるのは「都道府県知事等が指名するその職員」と読み替えるものとする。

一 都道府県知事等は、監督上必要があるときは、職権により、いつでもマンション建替組合の事業又は会計の状況を検査することができることとされている（第一項）。その結果、是正措置が必要であれば、第三項の規定により、必要な措置を命令することができることとされている。

二 第二項は、少数組合員の保護規定であり、総組合員の十分の一以上の同意を得て一定の理由により組合の事業又は会計の状況を検査すべきことを組合員が請求すれば、組合の監督の責に任ずる都道府県知事等は、検査を行わなければならないとされている。その結果、是正措置が必要であれば、第三項の規定により、必要な措置を命令することができることとされている。

三 第四項では、組合が都道府県知事等の措置命令に従わないときは、権利変換期日前に限って組合の設立認可を取り消すことができることとされている。権利変換期日後は、すでに権利変換計画に従って組合員及び関係権利者の権利が変動しているため、認可の取消しによりマンション建替事業が終了させられると、多数の権利者に対し多大な損害を与えることになる。よって、いったん権利変換期日が到来し、権利の変換が行われた後は、都道府県知事等は、是正措置の命令等により施行者が事業を完成させるよう監督することとし、認可の取消しを行わないこととされている。

また、組合の設立発起人が組合の設立認可の公告後三十日以内に、最初の理事及び監事を選挙又は選任するための総会を招集しないとき（第二十八条第五項参照）についても、都道府県知事等は同様に設立認可を取り消すことができることとされている。

四　第五項から第七項までの規定は、都道府県知事等が組合の後見的役割を果たすべきことを定めるものである。具体的には、都道府県知事等は、組合員の申出に基づき、総会若しくは総代会の招集（第五項）、理事若しくは監事の解任の投票（第六項）を行わなければならず、また総会若しくは総代会の議決、選挙、当選若しくは解任の投票の取消し（第七項）を行うことができることとされている。

（個人施行者に対する監督）

第九十九条　都道府県知事等は、個人施行者の施行するマンション建替事業につき、その事業又は会計がこの法律若しくはこれに基づく行政庁の処分又は規準、規約、事業計画若しくは権利変換計画に違反すると認めるときその他監督上必要があるときは、その事業又は会計の状況を検査し、その結果、違反の事実があると認めるときは、その施行者に対し、その違反を是正するため必要な限度において、その施行者のした処分の取消し、変更若しくは停止又はその施行者のした工事の中止若しくは変更その他必要な措置を命ずることができる。

2　都道府県知事等は、個人施行者が前項の規定による命令に従わないときは、権利変換期日前に限り、その施行者に対するマンション建替事業の施行についての認可を取り消すことができる。

3　都道府県知事等は、前項の規定により認可を取り消したときは、遅滞なく、その旨を公告しなければならない。

4　個人施行者は、前項の公告があるまでは、認可の取消しによるマンション建替事業の廃止をもって第三者に対抗することができない。

一　都道府県知事等は、個人施行者の施行するマンション建替事業につき監督上必要があるときは、職権により、いつでも個人施行者の事業又は会計の状況を検査することができることとされている（第一項）。その結果、法律、行政処分、事業計画等に違反している事実があると認めるときは、必要な限度において是正措置を命ずることができることとされている（同項）。

二　個人施行者が都道府県知事等の措置命令に従わないときは、権利変換期日前に限って施行の認可を取り消すことができることとされている（第二項）。認可の取消しを権利変換期日前に限って認めるのは、マンション建替組合の設立認可の取消しを権利変換期日前に限ることと同趣旨であり、権利変換が行われた後は、関係権利者の権利の保護を図るため、事業の所期の目的（施行再建マンションの建築）を達成させるべく監督するものとされている。

三　個人施行者は、都道府県知事等による認可の取消しの公告（第三項）があるまでは事業の廃止を第三者に対抗することはできないこととされている（第四項）。

（資金の融通等）

第百条　国及び地方公共団体は、施行者に対し、マンション建替事業に必要な資金の融通又はあっせんその他の援助に努めるものとする。

本条は、施行者がマンション建替事業に伴い必要とする資金について、国及び地方公共団体はその資金の融通、あっせん、その他の援助に努めることを規定するものである。

（技術的援助の請求）

第百一条　組合、組合を設立しようとする者、個人施行者又は個人施行者となろうとする者は、国土交通大臣、都道府県知事及び市町村長に対し、マンション建替事業の施行の準備又は施行のために、それぞれマンション建替事業に関し専門的知識を有する職員の技術的援助を求めることができる。

○マンション建替法施行規則

（権限の委任）

第七十八条　法第百一条及び法第百六十三条に規定する国土交通大臣の権限は、地方整備局長及び北海道開発局長に委任する。ただし、国土交通大臣が自ら行うことを妨げない。

一　本条は、マンション建替事業の施行者及びマンション建替事業を行おうとする者が、国土交通大臣、都道府県知事及び市町村長に対して、専門的知識を有する職員の技術的援助を要請することができる旨を規定するものである。

二　本法で規定するマンション建替事業に関する措置は、建替えの合意形成が行われた後の事業実施段階を対象としたものであるが、マンションの建替えについては、事業実施以前の合意形成の困難さが大きな問題であり、また、マンション建替組合の認可申請等を行う際に一般の区分所有者が技術的な助言等を必要とする場合も考えられることから、組合を設立しようとする者又は個人施行者となろうとする者についても技術的援助の請求ができることとされている。

第三章　除却する必要のあるマンションに係る特別の措置

第一節　除却の必要性に係る認定等

（除却の必要性に係る認定）

第百二条　建築物の耐震改修の促進に関する法律（平成七年法律第百二十三号）第二条第一項に規定する耐震診断が行われたマンションの管理者等（区分所有法第二十五条第一項の規定により選任された管理者（管理者がないときは、区分所有法第三十四条の規定による集会（以下「区分所有者集会」という。）において指定された区分所有者）又は区分所有法第四十九条第一項の規定により置かれた理事をいう。）は、国土交通省令で定めるところにより、建築基準法（昭和二十五年法律第二百一号）第二条第三十五号に規定する特定行政庁（以下単に「特定行政庁」という。）に対し、当該マンションを除却する必要がある旨の認定を申請することができる。

2　特定行政庁は、前項の規定による申請があった場合において、当該申請に係るマンションが地震に対する安全性に係る建築基準法又はこれに基づく命令若しくは条例の規定に準ずるものとして国土交通大臣が定める基準に適合していないと認めるときは、その旨の認定をするものとする。

3　第一項の認定をした特定行政庁は、速やかに、国土交通省令で定めるところにより、都道府県知事等（当該特定行政庁である都道府県知事等を除く。）にその旨を通知しなければならない。

○マンション建替法施行規則

（マンションの除却の必要性に係る認定の申請）

第四十九条　法第百二条第一項の認定を受けようとするマンションについて同条第一項の認定の申請をしようとする者は、木造のマンション又は木造と木造以外の構造とを併用するマンションについては別記様式第十一の除却の必要性に係る認定申請書の正本及び副本並びに別記様式第十二の正本及び副本に、木造の構造部分を有しないマンションについては別記様式第十一の除却の必要性に係る認定申請書の正本及び副本に、それぞれ、次に掲げる図書又は書類を添えて、これらを特定行政庁に提出するものとする。

一　区分所有法第十八条第一項（区分所有法第六十六条に

おいて準用する場合を含む。）の規定により当該認定の申請を決議した集会の議事録の写し（区分所有法第十八条第二項の規定により規約で別段の定めをした場合にあっては、当該規約の写し及びその定めるところにより当該認定の申請をすることを証する書類）

二　建築物の耐震改修の促進に関する法律施行規則（平成七年建設省令第二十八号）第二十八条第二項の表の上欄に掲げる建築物等の区分に応じて同表の下欄に掲げる事項を明示した構造計算書

三　当該マンションが法第百二条第二項の国土交通大臣が定める基準に適合していないことを特定行政庁が適切であると認める者が証する書類その他の当該マンションが当該基準に適合していないことを証するものとして特定行政庁が規則で定める書類

2　特定行政庁は、前項の規定にかかわらず、規則で、前項第二号に掲げる構造計算書を添えることを要しない旨を規定することができる。

（認定通知書の様式）

第五十条　特定行政庁は、法第百二条第二項の認定をしたときは、速やかに、別記様式第十三の除却の必要性に係る認定通知書に前条第一項の申請書の副本を添えて、申請者に通知するものとする。

（認定をした旨の通知書の様式）

第五十一条　法第百二条第三項の規定による通知は、別記様式第十四により行うものとする。

一　大規模の地震（震度六強から七に達する程度）で倒壊・崩壊する危険性のあるマンションについては、人命保護のためできる限り速やかに耐震改修や建替え等による耐震化を促進する必要があり、こうした政策的必要性から耐震化促進方策の一つとして、本法においては、耐震性不足のマンションについての多数決によるマンション敷地売却決議や、当該マンションの建替えにより新たに建築されるマンションの容積率の特例が設けられている。

二　本条は、その対象となるマンションを適切に判断するために認定制度を設けるものである。本条に基づく認定を受けたマンションについては、マンション敷地売却制度の対象となるとともに、第百五条に基づく容積率の緩和特例の対象ともなる。

三　本条に基づく認定の申請は、当該認定により除却が決まるものではないことから、区分所有法上の管理行為

（同法第十八条第一項参照）の一環としてマンションの管理者等が行うこととなる。このため、当該認定の申請には、集会の普通決議（区分所有者及び議決権の各過半数）が必要となる。

また、本認定は、建築基準法等の規定に準ずる基準に適合しているか否かを判断して認定するものであるため、建築基準法に規定する特定行政庁が行い、認定の基準は、国土交通大臣が定める基準として、建築物の耐震改修の促進に関する法律（以下「耐震改修促進法」という。）第二十五条（区分所有建築物の耐震改修の必要性に係る認定）と同じものとされている（平成二十六年国土交通省告示第千百六号）。

国土交通大臣が定める基準については、建築物の耐震改修の促進に関する法律施行規則（以下「耐震改修促進法施行規則」という。）第五条第一項各号のいずれかに掲げる者が耐震改修促進法第四条第二項第三号に掲げる建築物の耐震診断及び耐震改修の実施について技術上の指針となるべき事項に定めるところにより耐震診断を行った結果、地震に対して安全な構造であることが確かめられることとしており（平成二十五年国土交通省告示第千六十二号）、具体的には次のとおりである。

耐震診断を行う者

・一級建築士、二級建築士、木造建築士

かつ、

・耐震診断を行う者として必要な知識及び技能を修得させるための講習（国土交通大臣の登録を受けたもの）を修了した者　等

耐震診断の方法

・「建築物の耐震診断及び耐震改修の促進を図るための基本的な方針」（平成十八年国土交通省告示第百八十四号）に定められた指針に基づく方法

・国土交通大臣が右の指針の一部又は全部と同等以上の効力を有すると認める方法

なお、本認定の申請に当たっては、耐震改修促進法第二十五条第一項に規定する区分所有建築物の耐震改修の必要性に係る認定の申請も併せて検討し、十分に合意形成が図られた段階で管理者等がいずれかの申請を行うよう努める必要があることが、基本方針において定められている（基本方針第六の1のイ参照）。

四　本認定の申請の手続については、施行規則第四十九条に規定されており、申請書と共に添付資料として以下の資料を提出する必要がある。

(1)　区分所有法の規定に基づき、認定の申請を決議した集会の議事録の写し（施行規則第四十九条第一項第一号）

これは、右のとおり、認定の申請は管理行為の一環とされていることから、集会の決議（普通決議）に基づいて行われていることを確認するものである。

(2)　耐震改修促進法施行規則第二十八条第二項の表の上欄に掲げる建築物等の区分に応じて同表の下欄に掲げる事項を明示した構造計算書（施行規則第四十九条第一項第二号）

これは、特定行政庁が、申請されているマンションの耐震性が国土交通大臣が定める基準に適合していないことを確認するものである。

(3)　特定行政庁が規則で定める書類

これは、例えば、耐震判定委員会等の第三者機関が、国土交通大臣が定める基準に適合していないことを証する書類等を、特定行政庁が規則により定めることなどが考えられる。

なお、特定行政庁は、(3)のとおり規則で書類を定めている場合において、当該書類を以て申請がされた際には、既に第三者機関が国土交通大臣が定める基準に適合しているか否かを判断していることから、改めて(2)の構造計算書を提出させ、審査する必要性はない。よって、規則で(2)を添えることを要しない旨を規定することも可能とされている（施行規則第四十九条第二項）。

五　また、マンション敷地売却を監督するのは都道府県知事等であるが、市の区域内において特定行政庁が都道府県知事である場合及び町村の区域内において特定行政庁が町村長である場合には、特定行政庁と都道府県知事等とが異なる者となる。よって、特定行政庁による認定を都道府県知事等が確実に把握できるようにするために通知の規定を設け、都道府県知事等が認定後の監督を円滑に行えることとされている（第二項）。

（要除却認定マンションの区分所有者の除却の努力）

第百三条　前条第一項の認定を受けたマンション（以下「要除却認定マンション」という。）の区分所有者は、当該要除却認定マンションについて除却を行うよう努めなければならない。

本条は、前条に基づき大規模の地震で倒壊・崩壊する危険性が認定されたマンションの区分所有者一人ひとりが、マンションを除却するためのマンション敷地売却等を行う自覚を持つことが必要とされることから、訓示規定として設けられている。マンションは、その特殊性から意思決定が困難である上、前条の認定を受けたマンションをそのまま放置すれば、大規模の地震が発生した際に、居住者のみならず周辺者にまで生命・身体に係る重大な被害が生じるおそれがあることから、認定を受けたマンションの除却を促すためである。

（要除却認定マンションの除却に係る指導及び助言並びに指示等）

第百四条 都道府県知事等は、要除却認定マンションの区分所有者に対し、要除却認定マンションの除却について必要な指導及び助言をすることができる。

2 都道府県知事等は、要除却認定マンションの除却が行われていないと認めるときは、要除却認定マンションの区分所有者に対し、必要な指示をすることができる。

3 都道府県知事等は、前項の規定による指示を受けた要除却認定マンションの区分所有者が、正当な理由がなく、その指示に従わなかったときは、その旨を公表することができる。

一 本条は、特定行政庁が大規模の地震で倒壊・崩壊する危険性を認定し、当該認定により多数決による売却決議や容積率の緩和を可能とする以上、行政として当該マンションについて除却に繋がるマンション敷地売却の実施を担保する必要があるため、要除却認定マンションに係る除却の実施を担保するための都道府県知事等による措置（指導及び助言、必要な指示、公表）を規定しているものである。

二 第一項の都道府県知事等による指導・助言としては、マンション敷地売却について専門家の紹介、補助・融資等に係る情報提供等が考えられる。

三 第二項の都道府県知事等によるマンション敷地売却を実施するための指示としては、マンション敷地売却決議を行うための集会の開催の指示等が考えられる。

四 第三項の「正当な理由」は、災害の発生等の想定しなかった事態が発生した場合などが考えられる。

（容積率の特例）

第百五条　その敷地面積が政令で定める規模以上であるマンションのうち、要除却認定マンションに係るマンションの建替えにより新たに建築されるマンションで、特定行政庁が交通上、安全上、防火上及び衛生上支障がなく、かつ、その建ぺい率（建築面積の敷地面積に対する割合をいう。）、容積率（延べ面積の敷地面積に対する割合をいう。以下この項において同じ。）及び各部分の高さについて総合的な配慮がなされていることにより市街地の環境の整備改善に資すると認めて許可したものの容積率は、その許可の範囲内において、建築基準法第五十二条第一項から第九項まで又は第五十七条の二第六項の規定による限度を超えるものとすることができる。

2　建築基準法第四十四条第二項、第九十二条の二、第九十三条第一項及び第二項並びに第九十四条から第九十六条までの規定は、前項の規定による許可について準用する。

○マンション建替法施行令

第二十七条　法第百五条第一項の政令で定める規模は、次の表の上欄に掲げる地域又は区域の区分に応じて、それぞれ同表の下欄に定める数値とする。

地域又は区域	敷地面積の規模（単位　平方メートル）
都市計画法（昭和四十三年法律第百号）第八条第一項第一号に掲げる第一種低層住居専用地域若しくは第二種低層住居専用地域又は同号に規定する用途地域の指定のない区域	一、〇〇〇
都市計画法第八条第一項第一号に掲げる第一種中高層住居専用地域、第二種中高層住居専用地域、第一種住居地域、第二種住居地域、準住居地域、準工業地域、工業地域又は工業専用地域	五〇〇
都市計画法第八条第一項第一号に掲げる近隣商業地域又は商業地域	三〇〇

○マンション建替法施行規則

（許可申請書及び許可通知書の様式）

第五十二条　法第百五条第一項の許可を申請しようとする者は、別記様式第十五の許可申請書の正本及び副本に、それぞれ、特定行政庁が規則で定める図書又は書面を添えて、特定行政庁に提出するものとする。

2　特定行政庁は、法第百五条第一項の許可をしたときは、別記様式第十六の許可通知書に、前項の許可申請書の副本及びその添付図書を添えて、申請者に通知するものとする。

3　特定行政庁は、法第百五条第一項の許可をしないときは、別記様式第十七の許可しない旨の通知書に、第一項の許可申請書の副本及びその添付図書を添えて、申請者に通知するものとする。

一　本条は、耐震性不足のマンションの建替えにより新たに建築されるマンションについて、危険な耐震性不足のマンションが除却・建替えされることの公益性を評価しつつ、公開空地の整備のほか、地域の防災、環境等への貢献を評価して、特定行政庁の許可により容積率制限を緩和できるようにするものである。

二　建築基準法第五十九条の二の規定に基づく総合設計制度とは異なり、耐震性不足のマンションの除却・建替えを主な目的とするため、法定の空地面積要件や誘導的な敷地面積要件は設けておらず、本制度の運用を示している許可準則（「マンションの建替え等の円滑化に関する法律第百五条の規定の運用について」（平成二十六年十二月五日国住街第百四十五号））もこれに準じたものとされている。ただし、極端に狭小な土地利用を防止するため、最低限の敷地面積要件は政令において規定している（施行令第二十七条）。

三　この許可については、建築基準法における道路内の建築制限に係る建築審査会の同意（同法第四十四条第二項参照）、許可の条件（同法第九十二条の二参照）、消防長等の同意（同法第九十三条第一項及び第二項参照）、不服申立て等（同法第九十四条から第九十六条まで参照）の規定を準用することとされている（第二項）。

第二節　マンション敷地売却決議等

（区分所有者集会の特例）
第百六条　第百二条第一項の認定を受けた場合においては、要除却認定マンションの区分所有者は、この法律及び区分所有法の定めるところにより、区分所有者集会を開くことができる。

一　本条は、本法に基づく決議をするための区分所有者集会を行うことを可能とする規定である。

二　区分所有法第三条は、「区分所有者は、…この法律の定めるところにより、集会を開き、…ができる。」としているが、マンション敷地売却決議は本法に基づくものであって区分所有法には定めがないことから、そのための集会は開催できないこととなる。

そこで、本条において、区分所有法及び本法に基づき、区分所有者集会を開くことを可能としており、被災区分所有建物の再建等に関する特別措置法（以下「被災マンション法」という。）第七条においても同趣旨の規定が置かれている。

（区分所有者集会の招集の通知に関する特例）

第百七条　区分所有法第三十五条第一項の通知をする場合において、会議の目的たる事項が次条第一項に規定する決議事項であるときは、その議案の要領をも通知しなければならない。

一　本条は、前条の規定により開くことができることとした区分所有者集会について、会議の目的たる事項がマンション敷地売却決議であるときは、あらかじめ区分所有者がその賛否を検討することができるよう、その議案の要領をも通知させることとするものである。

二　これは、区分所有法第三十五条第五項において、会議の目的たる事項が建替え決議（同法第六十二条第一項参照）であるときは、その議案の要領をも通知しなければならないとされていることに相当する。

なお、被災マンション法第八条第五項においても同趣旨の規定が置かれている。

（マンション敷地売却決議）

第百八条　第百二条第一項の認定を受けた場合において、要除却認定マンションに係る敷地利用権が数人で有する所有権又は借地権であるときは、区分所有者集会において、区分所有者、議決権及び当該敷地利用権の持分の価格の各五分の四以上の多数で、当該要除却認定マンション及びその敷地（当該敷地利用権が借地権であるときは、その借地権）を売却する旨の決議（以下「マンション敷地売却決議」という。）をすることができる。

2　マンション敷地売却決議においては、次に掲げる事項を定めなければならない。

一　買受人（第百二十条第一項の規定により組合（第百十六条に規定する組合をいう。以下この号において同じ。）が設立された場合にあっては、組合から要除却認定マンションを買い受ける者）となるべき者の氏名又は名称

二　売却による代金の見込額

三　売却によって各区分所有者が取得することができる金銭（以下「分配金」という。）の額の算定方法に関する事項

3　前項第一号に掲げる者は、次条第一項の認定を受けた者でなければならない。

4　第二項第三号に掲げる事項は、各区分所有者の衡平を害しないように定めなければならない。

5　第一項に規定する決議事項を会議の目的とする区分所有者集会を招集するときは、区分所有法第三十五条第一項の通知は、同項の規定にかかわらず、当該区分所有者集会の会日より少なくとも二月前に発しなければならない。

6　前項に規定する場合において、区分所有法第三十五条第一項の通知をするときは、前条に規定する議案の要領のほか、次に掲げる事項をも通知しなければならない。

一　売却を必要とする理由

二　建築物の耐震改修の促進に関する法律第二条第二項に規定する耐震改修（次号において単に「耐震改修」という。）又はマンションの建替えをしない理由

三　耐震改修に要する費用の概算額

7　第五項の区分所有者集会を招集した者は、当該区分所有者集会の会日より少なくとも一月前までに、当該招集の際に通知すべき事項について区分所有者に対し説明を行うための説明会を開催しなければならない。

8　区分所有法第三十五条第一項から第四項まで及び第三十六条の規定は、前項の説明会の開催について準用する。この場合において、区分所有法第三十五条第一項ただし書中「伸縮する」とあるのは、「伸長する」と読み替えるものとする。

9　マンション敷地売却決議をした区分所有者集会の議事録には、その決議についての各区分所有者の賛否をも記載し、又は記録しなければならない。

10　区分所有法第六十三条及び第六十四条の規定は、マンション敷地売却決議があった場合について準用する。この場合において、区分所有法第六十三条第一項中「建替え

に」とあるのは「マンションの建替え等の円滑化に関する法律（以下「円滑化法」という。）第二条第一項第八号に規定するマンション敷地売却（以下単に「マンション敷地売却」という。）に」と、同条第三項から第五項まで及び区分所有法第六十四条中「建替えに」とあるのは「マンション敷地売却に」と、区分所有法第六十三条第六項中「建物の取壊しの工事に着手しない」とあるのは「円滑化法第百八条第一項に規定するマンション敷地売却決議に基づく売買契約によるマンション（円滑化法第二条第一項第一号に規定するマンションをいう。以下同じ。）及びその敷地（マンションの敷地利用権が円滑化法第二条第一項第十七号に規定する借地権（以下単に「借地権」という。）であるときは、その借地権。以下同じ。）についての権利の移転（円滑化法第百二十条第一項の規定により組合（円滑化法第百十六条に規定する組合をいう。以下同じ。）が設立された場合にあつては、円滑化法第百四十九条の規定による売却マンション（円滑化法第二条第一項第十号に規定する売却マンションをいう。）及びその敷地の組合への帰属。以下「権利の移転等」という。）がない」と、同項ただし書中「建物の取壊しの工事に着手しなかった」とあるのは「権利の移転等がなかった」と、同条第七項中「建物の取壊しの工事の着手」とあるのは「権利の移転等」と、「その着手をしないとき」とあるのは「権利の移転等がないとき」と、区分所有法第六十四条中「建替えを」とあるのは「マンション敷地売却を」と読み替えるものとする。

一　民法の規定によれば、マンション及びその敷地を売却する場合には、区分所有者全員の同意が必要となるが、当該マンションに現に居住しておらず関心の低い区分所有者の存在や相続による権利関係の複雑化等から、全ての区分所有者に意向を確認することは現実的には困難であり、老朽化マンションが放置される原因ともなっている。本条は、耐震性が不足しているマンションの売却ひいては買受人による除却や新たなマンション等の建築を促進するため、多数決によるマンション敷地売却決議を行うことができる旨を規定するものである。

二　耐震性不足のマンションの売却については、

(1)　国民の生命・身体の保護のためには、震度六強から七に達する程度で倒壊するおそれのある耐震性不足のマンションについては早急な対処をする必要がある

(2)　他の対処方法である耐震改修又は建替えをしない理由について区分所有者の合意が得られている場合に行う

こととしている（第六項第二号）ことから、被災マンション法における決議要件と同程度の五分の四以上の特別多数決による事業実施を認めることとされている。

三　マンション敷地売却決議の要件は、被災マンション法第九条に規定する建物敷地売却決議の要件と同様、

(1)　区分所有者の頭数

(2)　議決権（マンションを売却する観点）

(3)　敷地利用権の持分の価格（マンションの敷地を売却する観点）

の各五分の四以上の多数としている（第一項）。

四　売却によって各区分所有者が取得することができる分配金の額の算定方法（第二項）としては、法令上の規定は設けていないが、例えば、敷地の持分割合で割るといった方法が考えられる。

五　決議に定められる買受人は、当該決議が多数決により少数反対者が存在する中で売却するものであることにかんがみ、事前に第百九条第一項の認定（買受計画の認定）を受け、代替建築物の提供等を適切に行うことができる者でなければならないこととしており、事前に認定を受けていない者を定めた決議は無効となる（第三項）。

六　マンション敷地売却決議の招集の際には、決議の際の区分所有者の判断に資するため、「売却を必要とする理由」等を通知することとするが（第六項）、「売却を必要とする理由」は、売却を必要とする積極的な理由であり、相当の売却代金が見込まれることや、事前アンケート等において耐震改修・建替えによる継続居住を希望する者よりも売却による転出を希望する者の方が多数、といった事情が考えられる。

「耐震改修又はマンションの建替えをしない理由」のうち、耐震改修をしない理由としては、耐震改修に要する費用を示した上でその額が多額に上る、といった事情が考えられる。また、マンションの建替えをしない理由としては、建替えを行っても要求改善水準を実現できない場合（建替えでは住戸面積が小さくなる場合や、十分な戸数が確保できない場合など）や、建替えに要する各区分所有者の負担（事業採算性や事業リスク、仮住居の負担等）が過大となる、といった事情が考えられる。

七　区分所有者集会の議事録においては、売渡し請求の対象について明確にしておく必要があるため、決議についての各区分所有者の賛否をも記載し、又は記録しなければならないこととされている（第九項）。

八　マンション敷地売却決議があった場合、その後の売却の手続を賛成者のみで進めることを可能とすることが円滑化に資することから、区分所有法第六十三条（区分所有権等の売渡し請求等）及び第六十四条（建替えに関する合意）の規定を準用している（第十項）。これは、被災マンション法第九条第九項に相当する規定である。売渡請求権は、第十五条の売渡請求権と同様、講学上の形成権であり、その法的効果や紛争が生じたときの措置等については第十五条の解説を参照のこと。

九　なお、買戻しに関する規定（本条第十項において準用する区分所有法第六十三条第六項及び第七項参照）においては、マンション敷地売却組合が設立された場合には、マンション敷地売却決議に基づく売買契約による（買受人への）権利の移転の前に、組合への権利の帰属（第百四十九条参照）があり、この時点から組合の所有する一つの建物と土地となり、買い戻すことが不可能となるため、権利が組合へ帰属するまでの間において買戻しが可能となる。

第三節　買受人

（買受計画の認定）

第百九条　マンション敷地売却決議が予定されている要除却認定マンションについて、マンション敷地売却決議があった場合にこれを買い受けようとする者は、当該要除却認定マンションごとに、国土交通省令で定めるところにより、マンション敷地売却決議がされた要除却認定マンション（以下「決議要除却認定マンション」という。）の買受け及び除却並びに代替建築物の提供等（決議要除却認定マンションに代わるべき建築物又はその部分の提供又はあっせんをいう。以下同じ。）に関する計画（以下「買受計画」という。）を作成し、都道府県知事等の認定を申請することができる。

2　買受計画には、次に掲げる事項を記載しなければならない。

一　決議要除却認定マンションを買い受けた日から決議要除却認定マンションを除却する日までの間における当該決議要除却認定マンションの管理に関する事項

二　決議要除却認定マンションの買受け及び除却の予定時期

三　決議要除却認定マンションの買受け及び除却に関する資金計画

四　代替建築物の提供等に関する計画（次条第三号において「代替建築物提供等計画」という。）

五　決議要除却認定マンションを除却した後の土地の利用に関する事項

六　その他国土交通省令で定める事項

○マンション建替法施行規則

（買受計画の認定の申請）

第五十三条　法第百九条第一項の認定を申請しようとする者は、別記様式第十八の買受計画書を認定申請書とともに提出しなければならない。

2　法第百九条第二項第六号の国土交通省令で定める事項は、要除却認定マンションについてのマンション敷地売却決議の予定時期とする。

（認定通知書の様式）

第五十四条　都道府県知事等は、法第百九条第一項の認定をしたときは、速やかに、別記様式第十九によりその旨を申請者に通知するものとする。

一　マンション敷地売却決議は、少数反対者が存在する中で多数決によって売却することを決めるものであり、当該少数反対者を含めた要除却認定マンションの居住者へ代替建築物の提供等を適切に行うことができる者を買受人とすることが必要である。本条では、買受人は、買受計画を作成し、都道府県知事等の認定の申請を行うことができるものとし、決議における買受人は、当該認定を受けた者でなければならないこととされている（第一項）。

二　買受計画には、買い受けた後の居住者のいないマンションがスラム化するなど近隣に迷惑となることがないよう、決議要除却認定マンションを買い受けた日から決議要除却認定マンションを除却する日までの間における当該決議要除却認定マンションの管理に関する事項として、自ら管理を行うか、委託するかなどを記載させることとし、買受人が適正な管理を行うことを確認することとされている（第二項第一号）。

三　また、買受け及び除却並びに代替建築物の提供等が確実に行われることを確認する観点から、決議要除却認定マンションの買受け及び除却の予定時期、決議要除却認定マンションの買受け及び除却に関する資金計画、代替建築物の提供等に関する計画、除却した後の土地の利用に関する事項、その他国土交通省令で定める事項（決議の予定時期）を記載することとされている（第二項第二号から第六号まで）。

（買受計画の認定基準）

第百十条　都道府県知事等は、前条第一項の認定の申請があった場合において、次の各号のいずれにも該当すると認めるときは、その認定をするものとする。

一　決議要除却認定マンションを買い受けた日から決議要除却認定マンションが除却される日までの間に、当該決議要除却認定マンションについて新たな権利が設定されないことが確実であること。

二　決議要除却認定マンションの買受け及び除却に関する資金計画が当該買受け及び除却を遂行するため適切なものであり、当該決議要除却認定マンションが買い受けられ、かつ、除却されることが確実であること。

三　代替建築物提供等計画が当該決議要除却認定マンションの区分所有者又は借家人の要請に係る代替建築物の提供等を確実に遂行するため適切なものであること。

一　決議に係るマンションは耐震性が不足しており、生命、身体、財産の保護のために耐震化を行う必要があるという観点から、マンション敷地売却決議において買受人と定められる者は、当該決議を受けて買受けを確実に行うこと、買い受けた後に除却を確実に行うことが必要である。また、多数決で行う決議であるため、その少数反対者に配慮する観点から、代替建築物の提供等を確実に行うことも必要である。

二　このため、都道府県知事等は買受計画について以下の点を確認することとされている。

(1)　決議要除却認定マンションを買い受けた日から決議要除却認定マンションが除却される日までの間に、当該決議要除却認定マンションについて新たな権利が設定されないことが確実であること（第一号）

具体的には、買受計画に記載される「決議要除却認定マンションを買い受けた日から決議要除却認定マンションを除却する日までの間における当該決議要除却認定マンションの管理に関する事項」等により確認される。

(2)　決議要除却認定マンションが買い受けられ、かつ、除却されることが確実であること（第二号）

具体的には、買受計画に記載される「決議要除却認定マンションの買受け及び除却に関する資金計画」等により確認される。

(3) 代替建築物提供等計画が、区分所有者又は借家人の要請に係る代替建築物の提供等を確実に遂行するため適切なものであること（第三号）

（買受計画の変更）

第百十一条　第百九条第一項の認定を受けた者（以下「認定買受人」という。）は、買受計画の変更（国土交通省令で定める軽微な変更を除く。）をしようとするときは、国土交通省令で定めるところにより、都道府県知事等の認定を受けなければならない。

2　前条の規定は、前項の場合について準用する。

○マンション建替法施行規則

（買受計画の変更）

第五十五条　前二条の規定は、法第百十一条第一項の変更の認定について準用する。

本条は、買受計画の認定を受けた買受人（以下「認定買受人」という。）が、買受計画の変更を行いたい場合において、変更後の買受計画も前条の買受計画の認定基準を満たしているのであれば認定を受けて変更を行うことを可能とする規定である。

（マンション敷地売却決議の届出）

第百十二条　認定買受人は、マンション敷地売却決議があったときは、遅滞なく、その旨を都道府県知事等に届け出なければならない。

一　本条は、認定買受人に対し、マンション敷地売却決議があったことを都道府県知事等に届け出させることで都道府県知事等の監督に役立てる趣旨の規定である。

二　なお、認可からある程度の期間が経過しても届出がない場合、行政指導の一環又は第百十四条第一項の報告徴収により決議の有無を買受人に確認すれば足りるため、届出を行わない場合の罰則は設けられていない。

（実態上は、買受計画の認可の際に決議の予定時期を確認し、それを経過しても届出がない場合、都道府県知事等から買受人に確認がなされるものと考えられる。）

（除却等の実施）

第百十三条　認定買受人は、第百九条第一項の認定を受けた買受計画（第百十一条第一項の変更の認定があったときは、その変更後のもの。以下「認定買受計画」という。）に従い、決議要除却認定マンションの買受け及び除却並びに代替建築物の提供等を実施しなければならない。

一　本法に基づき除却の必要性に係る認定を受けたマンションは、大規模な地震が発生した場合に倒壊のおそれのあるものであり、買受人において確実に買い受けられた後、確実に除却される必要があるため、認定買受人に買受け、除却の義務付けを行うこととしている。

二　また、認定買受人が買い受けるマンションは、除却の必要性に係る認定を受け、マンション敷地売却決議において少数反対者が存在する中で売却が決定されたものであることから、認定買受人は代替建築物の提供等についても義務付けられている。

（報告の徴収等）

第百十四条　都道府県知事等は、認定買受人に対し、認定買受計画に係る決議要除却認定マンションの買受け若しくは除却又は代替建築物の提供等の状況について報告を求めることができる。

2　都道府県知事等は、認定買受人が正当な理由がなく認定買受計画に従って決議要除却認定マンションの買受け若しくは除却又は代替建築物の提供等を実施していないと認めるときは、当該認定買受人に対して、当該認定買受計画に従ってこれらの措置を実施すべきことを勧告することができる。

3　都道府県知事等は、前項の規定による勧告を受けた認定買受人がその勧告に従わなかったときは、その旨を公表することができる。

一　本条は、認定買受人に、買受け及び除却並びに代替建築物の提供等を確実に行わせるために、都道府県知事等による報告の徴収、勧告及び公表を行うことができることとするものである。

二　買受計画の認定の取消しの規定を設けていないのは、仮に認定買受人が買受けを行わなかった場合、区分所有者は再決議により買受人を変更すればよく、それにより買受人が認定を受けた意味は実質的に失われることから、認定の取消しを行う必要が生じないためである。

一方、認定買受人が買い受けた後、除却又は代替建築物の提供等を行わない場合に認定の取消しをすると、かえって混乱が生じることとなるため適切でないことから、取消しではなく公表を行うこととされている。

第四節　区分所有者等の居住の安定の確保に関する国及び地方公共団体の責務

第百十五条　国及び地方公共団体は、基本方針に従って、決議要除却認定マンションに居住していた区分所有者及び賃借人の居住の安定の確保を図るため必要な措置を講ずるよう努めなければならない。

本条は、国及び地方公共団体の一般的な責務を規定するものである。具体的な措置としては、国においてマンション敷地売却により転出する区分所有者及び借家人が新たな住居への入居をしやすくする支援制度等の施策を行うこと、地方公共団体において公営住宅の活用等の住宅の確保に資する施策を行うことなどが考えられる。

第四章　マンション敷地売却事業

第一節　マンション敷地売却組合

第一款　通則

（マンション敷地売却事業の実施）

第百十六条　マンション敷地売却組合（以下この章において「組合」という。）は、マンション敷地売却事業を実施することができる。

一　本条は、マンション敷地売却事業を実施することができる主体はマンション敷地売却組合であることを規定するもので、マンション建替事業の規定の第五条に相当する。

二　マンション敷地売却事業を行うに当たっては、契約の締結や売渡し請求を行う際に、マンション敷地売却合意者全員又は代表者個人の名義で行うこととなると、相手方の承諾を得るのが困難な場合もあるなどマンション敷地売却の円滑な実施に支障を来す可能性があるため、法人格のある主体が実施することが適切である。

三　マンション建替事業においては個人施行も可能とされている一方で、マンション敷地売却事業においては個人施行の規定は設けられていない。その理由としては、区分所有者が五人未満である場合や、売却に関係権利者全員が同意している場合には、

・反対者がいなければ、通常の売買を行っても建替えのように従前・従後の権利調整が煩雑であるといったことはないこと

・仮にデベロッパーが個人施行者として売却事業を行う場合、明渡しも個人施行者としてのデベロッパーが行う

こととなり通常の売買を行う場合と実質的に同じであること
から、民法原則に基づく売買と比べて特段の円滑化が図られないためである。

（法人格）

第百十七条 組合は、法人とする。

2 一般社団法人及び一般財団法人に関する法律第四条及び第七十八条の規定は、組合について準用する。

一 本条は、マンション敷地売却組合に法人格を与える規定で、マンション建替事業の規定の第六条に相当する。

二 マンション敷地売却の実施に当たっても、マンション建替組合と同様、各種契約の締結に際して、手続が煩雑になったり法的安定性に欠けたりすることのないよう、本条では、組合に法人格を付与し（第一項）、マンション敷地売却の円滑な実施のための事業主体の確立を図ることとされている。

三 組合の名称、売却マンションの名称及び所在地等は、組合の設立認可後、都道府県知事等により公告され（第百二十三条参照）、当該公告を行うことにより登記の機能を実質的に代替しているため、管理組合法人とは異なり、別途組合が登記を行うことは不要であることとされている。

四 組合には、マンション建替組合と同様、一般社団・財団法人法第四条（住所）及び第七十八条（代表者の行為についての損害賠償責任）の規定が準用される（第二項）。

五 なお、組合に係る税法上の特例については、第百三十九条の解説を参照のこと。

（定款）

第百十八条　組合の定款には、次に掲げる事項を記載しなければならない。

一　組合の名称
二　売却マンションの名称及びその所在地
三　事務所の所在地
四　事業に要する経費の分担に関する事項
五　役員の定数、任期、職務の分担並びに選挙及び選任の方法に関する事項
六　総会に関する事項
七　総代会を設けるときは、総代及び総代会に関する事項
八　事業年度
九　公告の方法
十　その他国土交通省令で定める事項

○マンション建替法施行規則

（定款の記載事項）

第五十六条　第一条の規定は、法第百十八条第十号の国土交通省令で定める事項について準用する。

一　本条は、マンション敷地売却組合の定款に記載すべき事項について規定するもので、マンション建替事業の規定の第七条に相当する。

二　組合については、予め事業を実施する上で必要な事項を定款に記載し、組合運営の円滑化やマンション敷地売却事業の適正な実施を図る必要があることから、本条において、定款の必要的記載事項について定めている。

三　定款に記載すべき事項のうち、

・「事業に要する経費の分担に関する事項」（第四号）としては、組合員が負担する賦課金（第百三十五条参照）に関する事項が考えられる。

・「役員の定数、任期、職務の分担並びに選挙及び選任の方法に関する事項」（第五号）における「役員の定数及び任期」については、この法律の規定で定める範囲内において定款で定めることとなる。そのほか、役員の再任に係る制限等も定めることができる。また、「役員の職務の分担並びに選挙及び選任の方法」については、

経理業務等各役員の担当業務、記名投票により選挙を実施するなどの選挙の実施方法、第百二十六条第三項において準用する第二十一条第一項に基づき特別の事情がある場合の組合員以外の者からの役員の選任の方法（総会の同意によるなど）を定められるものと考えられる。

・「総代に関する事項」（第七号）については、総代の任期は一年を超えない範囲で定款で定めることとされている（第百三十二条第二項参照）ので、総代の任期等を定められることとなる。

・「事業年度」（第八号）については、事業年度の始期及び終期をもって定めることとなる。

・「公告の方法」（第九号）については、組合の事務所前の掲示板による掲示、特定の新聞紙上での公告等の方法を示すこととなる。組合の行う公告は、分配金取得計画の公告（第百四十七条第一項参照）、書類の送付に代わる公告（第百五十九条第一項参照）がある。

（名称の使用制限）

第百十九条　組合は、その名称中にマンション敷地売却組合という文字を用いなければならない。

2　組合でない者は、その名称中にマンション敷地売却組合という文字を用いてはならない。

一　本条は、マンション敷地売却組合という名称の使用制限を規定するもので、マンション建替事業の規定の第八条に相当する。

二　組合は、他の法人とは混同を来さないように、「○○マンション敷地売却組合」という一定の名称を用いることとし（第一項）、また組合以外の者は、マンション敷地売却組合という文字をその名称中に用いてはならないこととされている（第二項）。

三　本条の規定に違反して、組合以外の者でその名称中にマンション敷地売却組合の名称を用いた者は、十万円以下の過料に処されることとされている（第百七十九条参照）。

第二款　設立等

（設立の認可）

第百二十条　第百八条第十項において読み替えて準用する区分所有法第六十四条の規定によりマンション敷地売却決議の内容によりマンション敷地売却を行う旨の合意をしたものとみなされた者（マンションの区分所有権又は敷地利用権を有する者であってその後に当該マンション敷地売却決議の内容により当該マンション敷地売却を行う旨の同意をしたものを含む。以下「マンション敷地売却合意者」という。）は、五人以上共同して、定款及び資金計画を定め、国土交通省令で定めるところにより、都道府県知事等の認可を受けて組合を設立することができる。

2　前項の規定による認可を申請しようとするマンション敷地売却合意者は、組合の設立について、マンション敷地売却合意者の四分の三以上の同意（同意した者の区分所有法第三十八条の議決権の合計がマンション敷地売却合意者の同条の議決権の合計の四分の三以上であり、かつ、同意した者の敷地利用権の持分の価格の合計がマンション敷地売却合意者の敷地利用権の持分の価格の合計の四分の三以上となる場合に限る。）を得なければならない。

3　前二項の場合において、マンションの一の専有部分が数人の共有に属するときは、その数人を一人のマンション敷地売却合意者とみなす。

○マンション建替法施行規則

（認可申請手続）

第五十七条　法第百二十条第一項の認可を申請しようとする者は、定款及び資金計画を認可申請書とともに提出しなければならない。

（認可申請書の添付書類）

第五十八条　法第百二十条第一項の認可を申請しようとする者は、認可申請書に次に掲げる書類を添付しなければならない。

一　認可を申請しようとする者が売却マンションとなるべきマンションのマンション敷地売却合意者であることを証する書類

二　前号のマンションについて法第百二十条第二項の同意を得たことを証する書類及び当該マンションについてのマンション敷地売却決議の内容を記載した書類

2・3　（略）

一　本条は、次条から第百二十三条までの規定とともにマンション敷地売却組合の設立について定めるものであるが、先ず組合の設立について都道府県知事等の認可を受けるべきことを規定するもので、マンション建替事業の規定の第九条に相当する。

二　組合は、分配金取得計画に基づき、強制的に権利を消滅させることを含んだマンション敷地売却事業を行うことができることから、本条において、その設立については、都道府県知事等の認可を受けることとされている。

三　組合の設立認可は、第百八条第十項において準用する区分所有法第六十四条の規定に基づき、マンション敷地売却決議の内容により当該マンション敷地売却を行う旨の合意をしたものとみなされた者が、五人以上共同して、認可を受けることとされている。

マンション敷地売却を行う旨の合意をしたものとみなされる者は、

・マンション敷地売却決議に賛成した各区分所有者

・第百八条第十項において準用する同法第六十三条第一項の催告に対しマンション敷地売却に参加する旨を回答した各区分所有者

・区分所有権又は敷地利用権を買い受けた各区分所有者又は各買受指定者

の三者である。

また、これ以外の区分所有者であっても事後的にマンション敷地売却に同意した者（例えば、催告に対して反対の回答をしたがその後にマンション敷地売却に同意すると翻意した者）について、組合員として売却に参加する道を閉ざすべき合理的な理由もないことから、これらの者も「マンション敷地売却合意者」の範囲に含まれる。

申請を「五人以上」共同して行うこととしているのは、マンション敷地売却は多数の区分所有者が意見調整・合意形成を図りつつ、集団で事業を遂行していくという特性にかんがみ、合意形成の困難性が認められる五人以上の区分所有者が行う売却を本法の対象として特別の措置を講ずることとするものである。

四　第二項では、組合設立の認可申請に際しては、マンション敷地売却合意者及びその議決権の四分の三以上の同意というマンション建替組合の場合と同様の要件（第九条解説三参照）に加え、マンション敷地売却はマンションの敷地も売却するものであることから、同意者の敷地利用権の持分の価格の合計がマンション敷地売却合意者の敷地利用権の持分の価格の合計の四分の三以上になることも求めている。

五　第三項では、専有部分が数人の共有に属する場合は、区分所有法第四十条では、集会において議決権を行使すべきものは一人に定めることとされており、区分所有法による議決要件の考え方を採用している第一項及び第二項にも、同様の考え方を適用している。

六　なお、マンション建替組合の認可時においては、施行再建マンションの概要等を含む事業計画を策定する必要があり、事業計画を地元の町村が把握する必要があるため町村を経由するものとしているところ、マンション敷地売却組合の認可時には、事業計画の作成は行わないことから、認可の申請は、町村を経由しないものとして規定している。

（認可の基準）

第百二十一条　都道府県知事等は、前条第一項の規定による認可の申請があった場合において、次の各号のいずれにも該当すると認めるときは、その認可をしなければならない。

一　申請手続が法令に違反するものでないこと。

二　定款又は資金計画の決定手続又は内容が法令に違反するものでないこと。

三　当該マンション敷地売却事業を遂行するために必要な経済的基礎及びこれを的確に遂行するために必要なその他の能力が十分であること。

四　その他基本方針に照らして適切なものであること。

一　本条は、マンション敷地売却組合の設立認可の基準について規定するもので、マンション建替事業の規定の第十二条に相当する。

二　組合の設立認可について、認可基準の各要件を満たしていれば認可の裁量性を認める必要性に乏しいことから、全ての要件を満たすものについては「認可をしなければならない」こととして、認可基準に適合している場合には、都道府県知事等は、必ず認可をしなければならないという拘束的性格を有するものであることを明らかにしている。

三　第一号は、例えば、設立発起人が五人未満であることや、書類の不備等の法令違反が存しないことをいう。

四　第二号は、例えば、第百二十条第二項の規定によるマンション敷地売却合意者の同意及び同合意者に係る議決権の要件（それぞれ四分の三以上）を充足していないことが後に判明した場合や、定款の内容が第百十八条各号に掲げられている事項の内容に適合していないなどの法令違反が存しないことをいう。

五　第三号は、マンション敷地売却事業を円滑に実施し、遂行するために、必要な資金の調達の見込みが確実であり、かつ、収支予算が収支均衡するなど妥当なものであるほか、組合の組織、役員の業務遂行能力等が十分であることをいう。

六　第四号は、第四条の規定に基づき国土交通大臣が策定する基本方針の内容に照らして適切なものであることをいう。

（組合の成立）

第百二十二条　組合は、第百二十条第一項の規定による認可により成立する。

一　本条は、マンション敷地売却組合の成立について規定するもので、マンション建替事業の規定の第十三条に相当する。

二　組合成立の効果は、認可書の到達をもって法人格を有することとなるほか、組合の定款及び資金計画が確定すること（第三者に対抗するためには、第百二十三条第一項の都道府県知事等による組合設立認可の公告が必要）、マンション敷地売却合意者が組合の設立に合意したか否かにかかわらず全員が当然に組合員となる（第百二十五条第一項参照）ことである。

（認可の公告等）

第百二十三条　都道府県知事等は、第百二十条第一項の規定による認可をしたときは、遅滞なく、国土交通省令で定めるところにより、組合の名称、売却マンションの名称及びその所在地その他国土交通省令で定める事項を公告しなければならない。

2　組合は、前項の公告があるまでは、組合の成立又は定款若しくは資金計画をもって、組合員その他の第三者に対抗することができない。

○マンション建替法施行規則

（公告事項）

第五十九条　法第百二十三条第一項の規定による公告をする場合における国土交通省令で定める事項は、次に掲げるものとする。

一　事務所の所在地

二　設立認可の年月日

三　事業年度

四　公告の方法

2　（略）

一　本条は、マンション敷地売却組合設立の認可の公告についての内容、効力等を規定するもので、マンション建替事業の規定の第十四条に相当する。

二　都道府県知事等は、組合設立の認可をしたときは、遅滞なく、組合の名称、売却マンションの名称及びその所在地等を公告しなければならないこととされている（第一項）。

三　組合の成立は、第百二十条第一項の都道府県知事等の認可書の到達をもって完成するが（意思表示の到達主義。民法第九十七条第一項参照）、第一項による組合の設立認可の公告は、組合員その他の第三者に対する対抗要件である（第二項）。また、組合の設立発起人は、第一項の公告があった日から起算して三十日以内に、最初の理事及び監事の選挙又は選任のための総会を招集しなければならないこととされている（第百二十九条で準用される第二十八条第五項参照）。

（区分所有権及び敷地利用権の売渡し請求）

第百二十四条　組合は、前条第一項の公告の日（その日が第百八条第十項において準用する区分所有法第六十三条第二項の期間の満了の日前であるときは、当該期間の満了の日）から二月以内に、第百八条第十項において読み替えて準用する区分所有法第六十三条第四項に規定するマンション敷地売却に参加しない旨を回答した区分所有者（その承継人を含み、その後にマンション敷地売却合意者となったものを除く。）に対し、区分所有権及び敷地利用権を時価で売り渡すべきことを請求することができる。マンション敷地売却決議があった後に当該区分所有者から敷地利用権のみを取得した者（その承継人を含み、その後にマンション敷地売却合意者となったものを除く。）の敷地利用権についても、同様とする。

2　前項の規定による請求は、マンション敷地売却決議の日から一年以内にしなければならない。ただし、この期間内に請求することができなかったことに正当な理由があるときは、この限りでない。

3　区分所有法第六十三条第五項から第七項までの規定は、第一項の規定による請求があった場合について準用する。この場合において、区分所有法第六十三条第五項中「建替えに」とあるのは「マンションの建替え等の円滑化に関する法律（以下「円滑化法」という。）第二条第一項第八号に規定するマンション敷地売却に」と、「建替え決議」とあるのは「円滑化法第百八条第一項に規定するマンション敷地売却決議（以下単に「マンション敷地売却決議」という。）」と、同条第六項中「建替え決議」とあるのは「マンション敷地売却決議」と、「建物の取壊しの工事に着手しない」とあるのは「円滑化法第百四十九条の規定による売却マンション（円滑化法第二条第一項第十号に規定する売却マンションをいう。以下同じ。）及びその敷地（売却マンションの敷地利用権が円滑化法第二条第一項第十七号に規定する借地権（以下単に「借地権」という。）であるときは、その借地権）の円滑化法第百十六条に規定する組合への帰属（以下単に「組合への帰属」という。）がない」と、「第四項」とあるのは「円滑化法第百二十四条第一項」と、同項ただし書中「建物の取壊しの工事に着手しなかつた」とあるのは「組合への帰属がなかつた」と、同条第七項中「建物の取壊しの工事の着手」とあるのは「組合への帰属」と、「その着手をしないとき」とあるのは「組合への帰属がないとき」と読み替えるものとする。

一　本条は、第百八条第十項で準用する区分所有法第六十三条の規定により、マンション敷地売却決議があった場合、マンション敷地売却組合についても、区分所有者等に対し売渡請求権を認める規定で、マンション建替事業の規定の第十五条に相当する。

二　マンション敷地売却事業においても、マンション建替事業と同様に、組合に、売却に参加しない旨を回答した区分所有者（その承継人を含む。）に対し売渡請求権を認め、組合がマンション敷地売却事業の実施主体として積極的に機能できるようにしている。

第三款　管理

（組合員）

第百二十五条　売却マンションのマンション敷地売却合意者（その承継人（組合を除く。）を含む。）は、全て組合の組合員とする。

2　マンションの一の専有部分が数人の共有に属するときは、その数人を一人の組合員とみなす。

3　第十八条及び第十九条の規定は、組合の組合員について準用する。この場合において、第十八条第一項及び第二項中「第九条第一項」とあるのは「第百二十条第一項」と、同条第一項中「第十四条第一項」とあるのは「第百二十三条第一項」と、「並びに建替え合意者等である組合員又は参加組合員の別その他」とあるのは「その他」と、第十九条中「施行マンション」とあるのは「売却マンション」と読み替えるものとする。

○マンション建替法施行令

（代表者の選任等）

第二十八条　法第百二十五条第二項の規定により一人の組合員とみなされる者は、そのうちから代表者一人を選任し、その者の氏名及び住所（法人にあっては、その名称及び主たる事務所の所在地）をマンション敷地売却組合（以下この章において「組合」という。）に通知しなければならない。

2　前項の代表者の権限に加えた制限は、これをもって組合に対抗することができない。

3　第一項の代表者の解任は、組合にその旨を通知するまでは、これをもって組合に対抗することができない。

○マンション建替法施行規則

（組合員名簿の記載事項）

第六十条　第十八条の規定は、法第百二十五条第三項において読み替えて準用する法第十八条第一項の国土交通省令で定める事項について準用する。この場合において、第十八条第一号中「マンションの建替え等の円滑化に関する法律施行令（以下「令」という。）第三条第一項」とあるのは、「令第二十八条第一項」と読み替えるものとする。

一　本条は、組合員たる地位について規定するもので、マンション建替事業の規定の第十六条に相当する。また、第三項において、第十八条及び第十九条の規定の準用について定めている。

二　マンションン敷地売却組合の設立認可がされた場合、マンション敷地売却合意者は、第百二十条第二項により示された組合設立への賛否の如何にかかわらず、全員が組合員となる（第一項）。

組合設立後に組合員甲が自分の区分所有権等を乙に譲渡した場合、自動的に甲が組合員でなくなり、乙が新たに組合員となる（甲の権利義務の乙への移転については第三項により準用される第十九条参照）。

なお、第百二十四条の売渡し請求により組合が組合員甲の区分所有権等を取得した場合、組合が甲の承継人として組合員となることはないとされている。

三　マンションの専有部分が数人の共有に属するときには、その数人の共有者は全体として一人の組合員とみなされる（第二項）。

四　なお、マンション敷地売却組合は、マンション及びその敷地の売却に関する事業を実施するものであるので、マンション建替事業を実施するマンション建替組合とは異なり、参加組合員（第十七条参照）の制度は設けられていない。

（役員）

第百二十六条 組合に、役員として、理事三人以上及び監事二人以上を置く。

2 組合に、役員として、理事長一人を置き、理事の互選によりこれを定める。

3 第二十一条から第二十五条まで（同条第一項後段を除く。）の規定は、組合の役員について準用する。この場合において、第二十二条第一項中「三年」とあるのは、「一年」と読み替えるものとする。

○マンション建替法施行令

（組合の役員等の解任請求）

第二十九条 第四条から第十二条までの規定は、法第百二十六条第三項及び第百三十二条第三項において準用する法第二十三条の規定による組合の理事若しくは監事又は総代の解任請求について準用する。この場合において、第十二条中「法第二十三条第二項（法第三十二条第三項において準用する場合を含む。）又は法第九十八条第六項」とあるのは、「法第百二十六条第三項若しくは第百三十二条第三項において準用する法第二十三条第二項又は法第百六十一条第六項」と読み替えるものとする。

○マンション建替法施行規則

（電磁的記録）

第六十一条 第十八条の二の規定は、法第百二十六条第三項において準用する法第二十四条第七項の国土交通省令で定める電磁的記録について準用する。

一 本条は、マンション敷地売却組合の役員の定数及び理事長の選任について規定するもので、マンション建替事業の規定の第二十条に相当する。また、第三項において、第二十一条から第二十五条までの規定の準用について定められている。

二 役員の定数は、理事三人以上及び監事二人以上で（第一項）、定款で定めることとされている（第百十八条第五号参照)。

三　組合の役員は、理事長、理事及び監事とされ、理事長は理事の互選により、理事のうちから定められることとされている(第二項)。

（総会の組織）
第百二十七条　組合の総会は、総組合員で組織する。

一　本条は、総会は全ての組合員により組織されることを明らかにした規定で、マンション建替事業の規定の第二十六条に相当する。
二　組合員には、第百二十五条第一項に規定するマンション敷地売却事業の合意者全てが含まれる。組合員は、マンション敷地売却組合の業務運営及びマンション敷地売却事業の基本的事項についての決定に参加することとなる。総会の種類やその招集手続に関しては、第百二十九条において準用する第二十八条で規定されている。

（総会の決議事項）

第百二十八条　次に掲げる事項は、総会の議決を経なければならない。

一　定款の変更

二　資金計画の変更

三　借入金の借入れ及びその方法並びに借入金の利率及び償還方法

四　経費の収支予算

五　予算をもって定めるものを除くほか、組合の負担となるべき契約

六　賦課金の額及び賦課徴収の方法

七　分配金取得計画及びその変更

八　組合の解散

九　その他定款で定める事項

一　本条は、総会の決議事項について規定するもので、マンション建替事業の規定の第二十七条に相当する。

二　総会の議事は、原則として、出席組合員の議決権の過半数で決することとされているが（第百二十九条において準用する第二十九条第一項参照）、各号に掲げる事項のうち

(1)　定款の変更のうち政令で定める重要な事項

(2)　マンション敷地売却組合の解散

については、組合員の議決権及び敷地利用権の持分の価格の各四分の三以上で決されることとされている（第百三十条参照）。

三　本条以外の規定により総会の決議事項とされるのは、役員の選挙及び選任（第百二十六条第三項において準用する第二十一条第一項参照）、審査委員の選任（第百三十六条第二項参照）である。

（総会の招集及び議事についての規定の準用）

第百二十九条 第二十八条の規定は組合の総会の招集について、第二十九条の規定は組合の総会の議事について、それぞれ準用する。この場合において、第二十八条第五項中「第九条第一項」とあるのは「第百二十条第一項」と、第二十九条第三項中「次条」とあるのは「第百三十条」と読み替えるものとする。

本条は、マンション敷地売却組合の総会の招集及び議事について、マンション建替事業の規定の第二十八条及び第二十九条を準用するものである。

（特別の議決）

第百三十条　第百二十八条第一号に掲げる事項のうち政令で定める重要な事項及び同条第八号に掲げる事項は、組合員の議決権及び敷地利用権の持分の価格の各四分の三以上で決する。

○マンション建替法施行令

（定款の変更に関する特別議決事項）

第三十条　法第百三十条の政令で定める重要な事項は、次に掲げるものとする。

一　事業に要する経費の分担に関する事項の変更

二　総代会の新設又は廃止

一　本条は、総会の特別の議決について規定するもので、マンション建替事業の規定の第三十条に相当する。

二　第百二十八条各号に掲げる事項のうち、

(1)　定款の変更のうち政令で定める重要な事項

(2)　マンション敷地売却組合の解散

については、その議決の重要性にかんがみ、組合員の議決権及び敷地利用権の持分の価格の各四分の三以上の議決によることとされている。

三　なお、マンション建替組合における権利変換計画及びその変更の決議については、建替えの前後における権利関係の調整の必要から、組合員の議決権及び持分割合の各五分の四以上で決することとされているが（第三十条第三項参照）、マンション敷地売却組合における分配金取得計画及びその変更の決議については、マンション敷地売却決議において定められた算定方法により分配金を算定するのみであることから、普通決議（出席者の過半数で決する）によることとされている。

（総代会）

第百三十一条　組合員の数が五十人を超える組合は、総会に代わってその権限を行わせるために総代会を設けることができる。

2　総代会は、総代をもって組織するものとし、総代の定数は、組合員の総数の十分の一を下らない範囲内において定款で定める。ただし、組合員の総数が二百人を超える組合にあっては、二十人以上であることをもって足りる。

3　総代会が総会に代わって行う権限は、次の各号のいずれかに該当する事項以外の事項に関する総会の権限とする。

一　理事及び監事の選挙又は選任

二　前条の規定に従って議決しなければならない事項

4　第二十八条第一項から第四項まで及び第六項並びに第二十九条（第三項ただし書を除く。）の規定は組合の総代会について、第三十一条第五項の規定は総代会が設けられた組合について、それぞれ準用する。

一　本条は、総代会の設置、組織等について規定するもので、マンション建替事業の規定の第三十一条に相当する。

二　マンション敷地売却組合の重要事項を決する総会は、総組合員で組織されるものとされるが、組合員の数が多数になると議事の運営が困難となるので、総代会を設けて、総会の権限の大部分をこれに譲ることにより、組合運営の効率化を確保することができることとされている（第一項）。

三　総代会は、組合員の数が五十人を超える組合において設けることができ、総代会を設けるかどうかは定款で定められることとされている（第百十八条第七号参照）。

四　総代会は、総代をもって組織され、総代の定数は組合員の総数の十分の一以上であることが必要である。しかし、組合員の総数が二百人を超える組合にあっては、二十人以上で足りるとされている（第二項）。

五　総代会が総会に代わって行う権限は、役員の選挙又は選任並びに特別の議決を要する事項以外の全ての事項である（第三項）。

（総代）

第百三十二条　総代は、定款で定めるところにより、組合員が組合員（法人にあっては、その役員）のうちから選挙する。

2　総代の任期は、一年を超えない範囲内において定款で定める。補欠の総代の任期は、前任者の残任期間とする。

3　第二十一条第二項及び第二十三条の規定は、組合の総代について準用する。この場合において、同項中「前項本文」とあるのは、「第百三十二条第一項」と読み替えるものとする。

○マンション建替法施行令

（組合の役員等の解任請求）

第二十九条　第四条から第十二条までの規定は、法第百二十六条第三項及び第百三十二条第三項において準用する法第二十三条の規定による組合の理事若しくは監事又は総代の解任請求について準用する。この場合において、第十二条中「法第二十三条第二項（法第三十二条第三項において準用する場合を含む。）又は法第九十八条第六項」とあるのは、「法第百二十六条第三項若しくは第百三十二条第三項において準用する法第二十三条第二項又は法第百六十一条第六項」と読み替えるものとする。

一　本条は、総代の資格等について規定するもので、マンション建替事業の規定の第三十二条に相当する。

二　総代会を組織する総代は、組合員が組合員のうちから選挙し（第一項）、その任期は一年以内において定款で定められることとされている（第二項）。総代には、罰則の適用がある（第百七十条参照）。

三　総代が組合員でなくなった場合などには、当然に総代の地位を失うほか、組合員は、総組合員の三分の一以上の連署をもって、その代表者から、マンション敷地売却組合に対し、総代の解任の請求をすることができることとされている（第三項）。

（議決権及び選挙権）

第百三十三条 組合員及び総代は、定款に特別の定めがある場合を除き、各一個の議決権及び選挙権を有する。

2 組合員は書面又は代理人をもって、総代は書面をもって、議決権及び選挙権を行使することができる。

3 組合と特定の組合員との関係について議決をする場合には、その組合員は、議決権を有しない。

4 第二項の規定により議決権及び選挙権を行使する者は、第百二十九条及び第百三十一条第四項において準用する第二十九条第一項の規定の適用については、出席者とみなす。

5 代理人は、同時に五人以上の組合員を代理することができない。

6 代理人は、代理権を証する書面を組合に提出しなければならない。

一 本条は、マンション敷地売却組合における議決権及び選挙権について規定するもので、マンション建替事業の規定の第三十三条に相当する。

二 組合員及び総代は、定款で特別の定めがある場合を除き、各一個の議決権及び選挙権を有することとされている（第一項）。ここでの「議決権」は、区分所有法第三十八条の「議決権」とは概念が異なることに注意が必要である（第九条第二項参照）。議決権及び選挙権の行使は、自ら直接することができるほか、組合員は書面又は代理人をもって、総代は書面をもってすることができることとされている（第二項）。書面又は代理人をもって議決権を行使するときは、普通決議についても、総会又は総代会の出席者として計算される（第四項）。

三 代理人は、同時に五人以上の組合員を代理することができず（第五項）、代理人が代理権を行使するには、代理権を証する書面を組合に提出しなければならないこととされている（第六項）。これは、代理による議決権及び選挙権の行使が不正に行われることを防止する趣旨である。

（定款又は資金計画の変更）

第百三十四条　組合は、定款又は資金計画を変更しようとするときは、国土交通省令で定めるところにより、都道府県知事等の認可を受けなければならない。

２　第百二十一条及び第百二十三条の規定は、前項の規定による認可について準用する。この場合において、同条第二項中「組合の成立又は定款若しくは資金計画」とあるのは「定款又は資金計画の変更」と、「組合員その他の」とあるのは「その変更について第百三十四条第一項の規定による認可があった際に従前から組合員であった者以外の」と読み替えるものとする。

３　組合は、事業に要する経費の分担に関し定款又は資金計画を変更しようとする場合において、マンション敷地売却事業の実施のための借入金があるときは、その変更についてその債権者の同意を得なければならない。

〇マンション建替法施行規則

（認可申請書の添付書類）

第五十八条　（略）

２　法第百三十四条第一項の認可を申請しようとするマンション敷地売却組合（以下この章及び第七十七条第七項において「組合」という。）は、認可申請書に次に掲げる書類を添付しなければならない。

一　定款又は資金計画の変更について総会又は総代会の議決を経たことを証する書類

二　認可を申請しようとする組合が法第百三十四条第三項の同意を得なければならない場合においては、その同意を得たことを証する書類

３　（略）

（公告事項）

第五十九条　（略）

２　法第百三十四条第二項において準用する法第百二十三条第一項の規定による公告をする場合における国土交通省令で定める事項は、次に掲げるものとする。

一　事務所の所在地及び設立認可の年月日

二　組合の名称、売却マンションの名称又は事務所の所在地に関して変更がされたときは、その変更の内容

三　前項第三号又は第四号に掲げる事項に関して変更がされたときは、その変更の内容

四　定款又は資金計画の変更の認可の年月日

一　本条は、定款及び資金計画の変更について規定するもので、マンション建替事業の規定の第三十四条に相当す

る。

二　マンション敷地売却組合が定款又は資金計画を変更しようとするときは、所定の書類を添付して認可申請書を提出し、都道府県知事等の認可を受けなければならないこととされている（第一項）。

三　当該申請は、組合設立認可の基準に従って審査されるほか（第百二十一条の準用）、都道府県知事等は当該申請に係る認可をしたときは、遅滞なく、所定の事項を公告しなければならないこととされている（第百二十三条の準用）。

四　事業に要する経費の分担に関し定款又は資金計画を変更する場合には、マンション敷地売却事業実施のための借入金に係る債権者の同意を要することとされている（第三項）。これらの変更は、マンション敷地売却事業の採算上大きな影響をもたらすなど債権者にとって重大な関心事であるので、同意を要することでその権利保護を図る。

（経費の賦課徴収）

第百三十五条 組合は、その事業に要する経費に充てるため、賦課金として組合員に対して金銭を賦課徴収することができる。

2 賦課金の額は、分配金の額の算定方法を考慮して公平に定めなければならない。

3 組合員は、賦課金の納付について、相殺をもって組合に対抗することができない。

4 組合は、組合員が賦課金の納付を怠ったときは、定款で定めるところにより、その組合員に対して過怠金を課することができる。

一 本条は、マンション敷地売却組合の経費の賦課徴収について規定するもので、マンション建替事業の規定の第三十五条に相当する。

二 組合は、買受人からの売却代金受領前に事業資金（例えば売渡し請求の費用等）が必要となるような場合などにおいて、組合員に経費を賦課徴収することができることとされている（第一項）。

三 賦課金は、分配金の額の算定方法を考慮して公平に定められなければならないこととされている（第二項）。

（審査委員）

第百三十六条　組合に、この法律及び定款で定める権限を行わせるため、審査委員三人以上を置く。

2　審査委員は、土地及び建物の権利関係又は評価について特別の知識経験を有し、かつ、公正な判断をすることができる者のうちから総会で選任する。

3　前二項に規定するもののほか、審査委員に関し必要な事項は、政令で定める。

○マンション建替法施行令

（組合に置かれる審査委員）

第三十一条　第十四条の規定は、組合に置かれる審査委員について準用する。

一　本条は、マンション敷地売却組合に置く審査委員について規定するもので、マンション建替事業の規定の第三十七条に相当する。

二　本法で定める組合の審査委員の権限は、分配金取得計画の決定又は変更（省令で定める軽微なものを除く。）についての同意（第百四十六条参照）である。

第四款　解散

（解散）
第百三十七条　組合は、次に掲げる理由により解散する。
一　設立についての認可の取消し
二　総会の議決
三　事業の完了又はその完了の不能
2　前項第二号の議決は、権利消滅期日前に限り行うことができるものとする。
3　組合は、第一項第二号又は第三号に掲げる理由により解散しようとする場合において、借入金があるときは、解散について債権者の同意を得なければならない。
4　組合は、第一項第二号又は第三号に掲げる理由により解散しようとするときは、国土交通省令で定めるところにより、都道府県知事等の認可を受けなければならない。
5　都道府県知事等は、組合の設立についての認可を取り消したとき、又は前項の規定による認可をしたときは、遅滞なく、その旨を公告しなければならない。
6　組合は、前項の公告があるまでは、解散をもって組合員以外の第三者に対抗することができない。

○マンション建替法施行規則
（認可申請書の添付書類）
第五十八条　（略）
3　法第百三十七条第四項の認可を申請しようとする組合は、認可申請書に次に掲げる書類を添付しなければならない。
一　権利消滅期日前に組合の解散について総会の議決を経たことを証する書類又は事業の完了を明らかにする書類若しくは事業の完了が不能であることを明らかにする書類
二　認可を申請しようとする組合が法第百三十七条第三項の同意を得なければならない場合においては、その同意を得たことを証する書類

一　本条は、マンション敷地売却組合の解散事由について規定するもので、マンション建替事業の規定の第三十八条に相当する。
二　組合の解散理由は、組合設立認可の取消し、総会の議決及び事業の完了又はその完了の不能である。組合設立

の認可の取消し及び解散の議決は、権利消滅期日前に限られることとされている（第二項）（第百六十一条第四項参照）。

三　「設立についての認可の取消し」（第一項第一号）は、①組合が都道府県知事等による是正命令に従わないとき、②組合の設立発起人が組合設立の日から三十日以内に総会を招集しないときに、権利消滅期日前に限り行うことができることとされている（第百六十一条第四項参照）。

四　「総会の議決」（第一項第二号）による解散とは、組合がその解散について総会で議決（第百二十八条第八号参照）した場合の解散である。組合の解散は、組合員の議決権及び敷地利用権の持分の価格の各四分の三以上で決する（第百三十条参照）。権利消滅期日後は権利関係の消滅・変動がすでに生じているため、関係権利者の権利保護の観点から、議決による解散は権利消滅期日前に限ることとされている（第二項）。

五　「事業の完了」（第一項第三号）とは、マンション敷地売却事業を終えたことをいう。

六　「事業の完了の不能」（第一項第三号）とは、事業着手時点で予測がつかなかった情勢の変化等により事業の続行が不可能となった場合であり、このような場合には、権利消滅期日後であっても組合は解散することができることとする。

七　組合が総会の議決（第一項第二号）又は事業の完了若しくはその不能（第一項第三号）により解散しようとするときは、都道府県知事等の認可を受けなければならず、この認可により解散することとされている（第四項）。都道府県知事等は、組合の設立認可を取り消したとき又は解散の認可をしたときは、その旨を公告することとされており（第五項）、この公告を第三者に対する対抗要件としている（第六項）。

（組合の解散及び清算についての規定の準用）

第百三十八条　第三十八条の二から第四十三条までの規定は、組合の解散及び清算について準用する。

○マンション建替法施行規則

（決算報告書）

第六十二条　第二十一条の規定は、法第百三十八条において準用する法第四十二条の決算報告書について準用する。この場合において、第二十一条第一号中「組合」とあるのは、「法第百十六条に規定する組合」と読み替えるものとする。

一　本条は、マンション敷地売却組合の解散及び清算について規定するもので、本法におけるマンション建替組合の規定を準用する（第三十八条の二から第四十三条まで参照）。

二　マンション建替組合とマンション敷地売却組合は、行う事業の内容は異なるものの、団体としての性格は同様であるため、解散及び清算については同様の手続となっている。

第五款　税法上の特例

第百三十九条　組合は、法人税法その他法人税に関する法令の規定の適用については、同法第二条第六号に規定する公益法人等とみなす。この場合において、同法第三十七条の規定を適用する場合には同条第四項中「公益法人等（」とあるのは「公益法人等（マンション敷地売却組合並びに」と、同法第六十六条の規定を適用する場合には同条第一項及び第二項中「普通法人」とあるのは「普通法人（マンション敷地売却組合を含む。）」と、同条第三項中「公益法人等（」とあるのは「公益法人等（マンション敷地売却組合及び」とする。

2　組合は、消費税法その他消費税に関する法令の規定の適用については、同法別表第三に掲げる法人とみなす。

一　本条は、マンション敷地売却組合の公益性にかんがみ、法人税法その他法人税に関する法令の規定の適用については、同法第二条第六号に規定する公益法人等とみなし（第一項）、消費税法その他消費税に関する法令の適用については、同法別表第三に掲げる法人とみなす規定で（第二項）、マンション建替組合及びマンションの管理組合法人に係る措置と同様のものである（第四十四条、区分所有法第四十七条第十三項及び第十四項参照）。

二　なお、マンション敷地売却事業は、国税、地方税を通じ、譲渡所得税、登録免許税、不動産取得税等の各種の税目について様々な特例措置が設けられているが、国税に係る措置は租税特別措置法その他関連法令に、地方税に係る措置は地方税法その他関連法令において規定されている。

第二節　分配金取得手続等

第一款　分配金取得手続

第一目　分配金取得手続開始の登記

第百四十条　組合は、第百二十三条第一項の公告があったときは、遅滞なく、登記所に、売却マンションの区分所有権及び敷地利用権（既登記のものに限る。）について、分配金取得手続開始の登記を申請しなければならない。

2　前項の登記があった後においては、組合員は、当該登記に係る売却マンションの区分所有権又は敷地利用権を処分するときは、国土交通省令で定めるところにより、組合の承認を得なければならない。

3　組合は、事業の遂行に重大な支障が生ずることその他正当な理由がなければ、前項の承認を拒むことができない。

4　第二項の承認を得ないでした処分は、組合に対抗することができない。

5　権利消滅期日前において第百三十七条第五項の公告があったときは、組合の清算人は、遅滞なく、登記所に、分配金取得手続開始の登記の抹消を申請しなければならない。

○マンション建替法施行令

（差押えがある場合の通知等）

第三十三条　第十七条の規定は、売却マンションの区分所有権又は敷地利用権（既登記のものに限る。）に差押えがある場合について準用する。この場合において、同条第一項中「施行者」とあるのは「法第百十六条に規定する組合（以下単に「組合」という。）」と、同項及び同条第三項中「権利変換手続開始の登記」とあるのは「分配金取得手続開始の登記」と、同条第二項中「施行者」とあるのは「組合」と、「権利変換計画」とあるのは「分配金取得計画」と、「法第六十六条」とあるのは「法第百四十五条」と、同条第三項中「施行者（組合にあっては、その清算人）」とあるのは「組合の精算人」と読み替えるものとする。

2　第十八条から第二十一条までの規定は、法第百五十二条及び第百五十四条において準用する法第七十八条第一項又は第四項の規定による分配金又は補償金の払渡し及びその払渡しがあった場合における滞納処分について準用する。この場合において、第十九条第一項中「第十九条第一項」とあるのは、「第三十三条第二項において準用する同令第十九条第一項」と読み替えるものとする。

○マンション建替法施行規則

（権利処分承認申請手続）

第六十三条　第三十条の規定は、法第百四十条第二項の規定により権利の処分について承認を得ようとする者について準用する。この場合において、第三十条第一項中「別記様式第二」とあるのは「別記様式第二十」と、「施行者」とあるのは「法第百十六条に規定する組合」と読み替えるものとする。

（配当機関への通知）

第七十三条　第七十条第三項の規定は、令第三十三条第一項において読み替えて準用する令第十七条第二項の規定により通知すべき事項について準用する。

一　本条に規定する分配金取得手続開始の登記は、不動産取引の安全を図る事を目的とし、マンション敷地売却事業に係る売却マンションの区分所有権及び敷地利用権について事業開始を一般公衆に知らしめるとともに、あわせて、売却手続の円滑な進行を確保するために、売却マンションの区分所有権及び敷地利用権の処分につき一定の制限を課すものであり、マンション建替事業の規定の第五十五条に相当する。

二　マンション敷地売却組合は、その設立認可の公告があったときは、売却マンションの区分所有権及び敷地利用権について、分配金取得手続開始の登記を申請しなければならないこととされている（第一項）。

三　また、右記の登記後において、組合員が、売却マンションの区分所有権又は敷地利用権を処分（※）するときは、国土交通省令で定めるところにより、組合の承認を得なければならないこととされ（第二項）、組合は、事業の遂行に重大な支障が生ずることその他正当な理由がなければ、前項の承認を拒むことができないこととされている（第三項）。

※「処分」とは、権利を第三者に譲渡する場合のほか、当該権利に担保権を設定する行為や借地権等の使用・収益権を設定する行為を含む。

四「組合の承認を得ないでした処分は、組合に対抗することができない」（第四項）とは、分配金取得計画の決定や同計画に基づく組合の処分の際に考慮がなされないという意味であり、例えば区分所有者が組合の承認を得ないで第三者に区分所有権を譲渡した場合、組合は従前の区分所有者が区分所有権を保有しているものとして分配金取得計画を作成し、従前の区分所有者に対して分配金を支払えばよいこととなる。

第二目　分配金取得計画

（分配金取得計画の決定及び認可）
第百四十一条　組合は、第百二十三条第一項の公告後、遅滞なく、分配金取得計画を定めなければならない。この場合においては、国土交通省令で定めるところにより、都道府県知事等の認可を受けなければならない。
2　組合は、前項後段の規定による認可を申請しようとするときは、分配金取得計画について、あらかじめ、総会の議決を経るとともに、売却マンションの敷地利用権が賃借権であるときは、売却マンションの敷地の所有権を有する者の同意を得なければならない。ただし、その所有権をもって組合に対抗することができない者については、この限りでない。

○マンション建替法施行規則
（分配金取得計画又はその変更の認可申請手続）
第六十四条　法第百四十一条第一項後段の認可を申請しようとする組合は分配金取得計画に、法第百四十五条において準用する法第百四十一条第一項後段の認可を申請しようとする組合は分配金取得計画のうち変更に係る事項に、次に掲げる書類を添付して、認可申請書とともに、都道府県知事等に提出しなければならない。
一　法第百四十六条の規定による審査委員の過半数の同意を得たことを証する書類
二　分配金取得計画の決定又は変更についての総会の議決を経たことを証する書類
三　法第百四十一条第二項の同意を得なければならない場合においては、その同意を得たことを証する書類

一　本条に規定する分配金取得計画は、その内容に従って関係権利の変動を生じさせるという行政処分的効果を有しており、極めて重要なものである。そのため、計画の内容が適正であることを担保する必要があることから、決定手続、計画の内容、権利に関して争いがある場合の計画決定方法を規定することとしており、マンション建替事業の規定の第五十七条に相当する。
なお、マンション建替事業の権利変換計画については、これに同意しない組合員の権利を売渡請求権の行使により買い取ることができることとしているが、マンション敷地売却事業の分配金取得計画では、従後の再建マン

ションに係る権利関係を定めることはなく、売却による代金の分配金について定めているものであるため、分配金取得計画の段階での反対者の離脱については規定されていない。

二　広く関係権利者の同意を必要とするマンション建替事業と異なり、同意を得る者が、売却マンションの敷地利用権が賃借権であるときの賃貸人（底地権者）に限定されているのは、区分所有権及び敷地利用権（敷地の所有権、地上権又は賃借権）のマンション敷地売却組合への帰属の性質は、民法に基づく売買と同視できるところ、区分所有権及び敷地利用権の売買のうち、このような関係権利者の同意が必要となるのは、この場合（民法第六百十二条第一項参照）のみであるからである。

（分配金取得計画の内容）
第百四十二条　分配金取得計画においては、国土交通省令で定めるところにより、次に掲げる事項を定めなければならない。
一　組合員の氏名又は名称及び住所
二　組合員が売却マンションについて有する区分所有権又は敷地利用権
三　組合員が取得することとなる分配金の価額
四　売却マンション又はその敷地に関する権利（組合員の有する区分所有権及び敷地利用権を除く。）を有する者で、この法律の規定により、権利消滅期日において当該権利を失うものの氏名又は名称及び住所、失われる売却マンション又はその敷地について有する権利並びにその価額
五　第百五十五条の規定による売却マンション又はその敷地の明渡しにより前号に掲げる者（売却マンション又はその敷地を占有している者に限る。）が受ける損失の額
六　補償金の支払に係る利子又はその決定方法
七　権利消滅期日
八　その他国土交通省令で定める事項
2　売却マンションに関する権利又はその敷地利用権に関して争いがある場合において、その権利の存否又は帰属が確定しないときは、当該権利が存するものとして、又は当該権利が現在の名義人（当該名義人に対して第百八条第十項において準用する区分所有法第六十三条第四項又は第百二十四条第一項の規定による請求があった場合においては、当該請求をした者）に属するものとして分配金取得計画を定めなければならない。

○マンション建替法施行規則
（分配金取得計画書の様式）
第六十五条　法第百四十二条第一項各号に掲げる事項は、別記様式第二十一の分配金取得計画書を作成して定めなければならない。

（分配金取得計画に定めるべき事項）
第六十六条　法第百四十二条第一項第八号の国土交通省令で定める事項は、法第百五十一条の分配金及び法第百五十三条の補償金（利息相当額を含む。）の支払期日及び支払方法とする。

一　本条は、分配金取得計画の内容として、分配金を取得する組合員の氏名、取得する分配金の価額等の所要の計

画記載事項等について規定するもので、マンション建替事業の規定の第五十八条に相当する。

二　分配金取得計画の記載事項（第一項）のうち、第三号の分配金の価額、第四号のいわゆる権利補償に係る価額、第五号のいわゆる通損補償に係る額については、第百四十三条においてその算定基準が定められている。また、第七号の権利消滅期日については、権利消滅期日において関係権利の変動が一斉に生じることとなっており（第百四十九条参照）、極めて重要な期日である。

三　権利の帰属が確定しないときは、登記の情報が公に証明されているものであるということを踏まえ、登記名義人を一応の真実の権利者として分配金取得計画を定め、手続を進めることとされている（第二項）。

（分配金等の価額の算定基準）

第百四十三条　前条第一項第三号の価額は、第百八条第二項第三号の算定方法により算定した価額とする。

2　前条第一項第四号の価額は、第百二十三条第一項の公告の日における近傍類似の土地又は近傍同種の建築物に関する同種の権利の取引価格その他の当該価額の算定の基礎となる事項を考慮して定める相当の価額とする。

3　前条第一項第五号の額は、第百五十五条の規定による売却マンション又はその敷地の明渡しにより同号に掲げる者が通常受ける損失として政令で定める額とする。

○マンション建替法施行令

（政令で定める損失の額）

第三十二条　法第百四十三条第三項の政令で定める額は、移転料、営業上の損失その他国土交通省令で定める損失について、国土交通省令で定めるところにより計算した額とする。

○マンション建替法施行規則

（通常受ける損失）

第六十七条　令第三十二条の国土交通省令で定める損失は、次に掲げるものとする。

一　借家人に係る損失であって新たな物件の賃借に係るもの

二　その他法第百四十二条第一項第五号に掲げる者（次項第八号において「権利を有する者」という。）がマンション敷地売却事業の実施により通常受ける損失（令第三十二条に規定するものを除く。）

2　令第三十二条の国土交通省令で定めるところにより計算した額は、次に掲げる額を合算した額とする。

一　売却マンション又はその敷地に物件があるときは、その物件の移転料（物件を通常妥当と認められる移転先に、通常妥当と認められる移転方法によって移転するのに要する費用をいう。次号において同じ。）

二　前号の場合において、物件を移転することが著しく困難であるとき若しくは物件を移転することによって従来利用していた目的に供することが著しく困難となるとき又は移転料が移転しなければならない物件に相当するものを取得するのに要する価格を超えるときは、その物件の正常な取引価格

三　営業の継続が通常不能となるものと認められるときは、次に掲げる額

イ　独立した資産として取引される慣習のある営業の権利その他の営業に関する無形の資産については、その

正常な取引価格

ロ　機械器具、商品、仕掛品等の売却損その他資産に関して通常生ずる損失額

ハ　従業員を解雇するため必要となる解雇予告手当（労働基準法（昭和二十二年法律第四十九号）第二十条の規定により使用者が支払うべき平均賃金をいう。）相当額、転業が相当であり、かつ、従業員を継続して雇用する必要があるものと認められる場合における転業に通常必要とする期間中の休業手当（同法第二十六条の規定により使用者が支払うべき手当をいう。次号イにおいて同じ。）相当額その他労働に関して通常生ずる損失額

ニ　転業に通常必要とする期間中の従前の収益（個人営業の場合においては、従前の所得。次号ロ及び第五号ロにおいて同じ。）相当額

四　営業の全部又は一部を通常一時休止する必要があるものと認められるときは、次に掲げる額

イ　休業を通常必要とする期間中の営業用資産に対する公租公課その他の当該期間中においても発生する固定的な経費及び従業員に対する休業手当相当額

ロ　休業を通常必要とする期間中の収益の減少額

ハ　休業することにより、又は営業を行う場所を変更することにより、一時的に顧客を喪失することによって通常生ずる損失額（ロに掲げるものを除く。）

ニ　営業を行う場所の移転に伴う輸送の際における商品、仕掛品等の減損、移転広告費その他移転に伴い通常生ずる損失額

五　営業を休止することなく仮営業所において営業を継続することが通常必要かつ相当であるものと認められるときは、次に掲げる額

イ　仮営業所を新たに確保し、かつ、使用するのに通常要する費用

ロ　仮営業所における営業であることによる収益の減少額

ハ　営業を行う場所を変更することにより、一時的に顧客を喪失することによって通常生ずる損失額（ロに掲げるものを除く。）

ニ　前号ニに掲げる額

六　営業の規模を通常縮小しなければならないものと認められるときは、次に掲げる額

イ　第三号ロ及びハに掲げる額（営業の規模の縮小に伴い通常生ずるものに限る。）

ロ　営業の規模の縮小に伴い経営効率が客観的に低下するものと認められるときは、これにより通常生ずる損失額

七　売却マンションについて借家権を有する者にあっては、次に掲げる額

イ　新たに借家権を有していた売却マンションの部分に照応する物件を賃借するための契約を締結するのに通常要する費用

ロ　イの物件における居住又は営業を安定させるために通常必要と認められる期間中の当該物件の通常の賃借

料のうち従前の賃借の目的物の賃借料の額を超える部分の額
八　前各号に掲げるもののほか、マンション敷地売却事業の実施により権利を有する者が通常受ける損失額
3　前項各号に掲げる額は、法第百二十三条第一項の公告の日の価格によって算定するものとする。

一　本条は、分配金取得計画に記載する分配金等の額について、その算定基準を法定し、当該算定基準を満たしているかを都道府県知事等に確認させることにより、各権利者が不当に低い額で権利を失わないようにしているものである。
二　組合員が取得することとなる分配金の価額については、マンション敷地売却決議において定められた算定方法による（第一項）。
三　いわゆる権利補償の額については、組合の設立認可公告の日における近傍類似の土地又は近傍同種の建築物に関する同種の権利の取引価格その他の当該価額の算定の基礎となる事項を考慮して定めることとされている（第二項）。
四　いわゆる通損補償の額については、通常受ける損失として政令で定める額とされており、施行令第三十二条及び施行規則第六十七条の規定により、次のものを合算した額とされる（第三項）。
(1)　移転料
①　物件の移転料
②　物件が移転困難な場合などの物件の正常な取引価格
(2)　営業上の損失（※店舗等の場合）
①　営業廃止の補償
②　営業一時休止の補償
③　仮営業の補償
④　営業規模縮小の補償

(3) 借家人に係る損失であって新たな物件の賃借に係るもの

① 新たに売却マンションの部分に照応する物件を賃借するための契約を締結するのに通常要する費用（礼金・敷金等）

② 家賃差額補償

(4) その他通常受ける損失

移転雑費等（例えば、法令上の手続に要する費用や転居通知費用等）

（認可の基準）
第百四十四条　都道府県知事等は、第百四十一条第一項後段の規定による認可の申請があった場合において、次の各号のいずれにも該当すると認めるときは、その認可をしなければならない。
一　申請手続又は分配金取得計画の決定手続若しくは内容が法令に違反するものでないこと。
二　マンション敷地売却決議の内容に適合していること。
三　売却マンションの区分所有権又は敷地利用権について先取特権等を有する者の権利を不当に害するものでないこと。
四　その他基本方針に照らして適切なものであること。

一　本条は、分配金取得計画の認可の基準について規定するもので、マンション建替事業における権利変換計画の認可の基準の規定の第六十五条に相当する。
二　第一号の申請手続又は分配金取得計画の決定手続若しくは内容が法令に違反する場合としては、
・分配金取得計画の決定の際に底地権者の同意を得ていない場合（第百四十一条第二項参照）
・計画に権利消滅期日が記載されていない場合（第百四十二条第一項第七号参照）
・分配金等の額が第百四十三条の基準に適合していない場合
などがある。
三　第二号においてマンション敷地売却決議の内容への適合を求めることとしているのは、第百八条における決議内容として、
・売却による代金の見込額
・売却によって各区分所有者が取得することができる金銭（分配金）の額の算定方法に関する事項
を定めることとしており、既に分配金取得計画の基本的な事項が決議の内容となっているためである。
四　第三号の基準の趣旨は、分配金は「区分所有者の衡平」のみ考慮されているため（第百八条第四項参照）、決議に定められた算定方法で算定された分配金であれば、理論上はいかなる低い額でも分配金取得計画に記載し、

認可されることが可能となっているが、それでは分配金に物上代位する先取特権等を有する者の権利保護に欠けるため、分配金取得計画の認定基準に先取特権等を有する者の権利を害さないための基準を設け、不服申立て等の争いができることとするものである。

（分配金取得計画の変更）

第百四十五条　第百四十一条第一項後段及び第二項並びに前条の規定は、分配金取得計画を変更する場合（国土交通省令で定める軽微な変更をする場合を除く。）に準用する。

〇マンション建替法施行規則

（分配金取得計画又はその変更の認可申請手続）

第六十四条　法第百四十一条第一項後段の認可を申請しようとする組合は分配金取得計画に、法第百四十五条において準用する法第百四十一条第一項後段の認可を申請しようとする組合は分配金取得計画のうち変更に係る事項に、次に掲げる書類を添付して、認可申請書とともに、都道府県知事等に提出しなければならない。

一　法第百四十六条の規定による審査委員の過半数の同意を得たことを証する書類

二　分配金取得計画の決定又は変更についての総会の議決を経たことを証する書類

三　法第百四十一条第二項の同意を得なければならない場合においては、その同意を得たことを証する書類

（都道府県知事等の認可を要しない分配金取得計画の変更）

第六十八条　分配金取得計画の変更のうち法第百四十五条の国土交通省令で定める軽微な変更は、次に掲げるものとする。

一　法第百四十二条第一項第一号に掲げる事項の変更

二　法第百四十二条第一項第四号に掲げる事項のうち氏名若しくは名称又は住所の変更

三　前二号に掲げるもののほか、分配金取得計画の変更で、当該変更に係る部分について利害関係を有する者の同意を得たもの

本条は、分配金取得計画を変更する場合について規定するもので、マンション建替事業の規定の第六十六条に相当する。基本的には、分配金取得計画を作成する場合と同様の規定が適用されることとなる。

（審査委員の関与）

第百四十六条　組合は、分配金取得計画を定め、又は変更しようとするとき（国土交通省令で定める軽微な変更をしようとする場合を除く。）は、審査委員の過半数の同意を得なければならない。

〇マンション建替法施行規則

（審査委員の同意を要しない分配金取得計画の変更）

第六十九条　分配金取得計画の変更のうち法第百四十六条の国土交通省令で定める軽微な変更は、次に掲げるものとする。

一　法第百四十二条第一項第一号に掲げる事項の変更

二　法第百四十二条第一項第四号に掲げる事項のうち氏名若しくは名称又は住所の変更

本条は、分配金取得計画の決定、変更には、審査委員の過半数の同意を得ることが必要であることについて規定するもので、マンション建替事業の規定の第六十七条に相当する。

分配金取得計画については、売却マンション及びその敷地について権利を有する者の権利保護の観点から、計画の内容の適性さを第三者的な立場からチェックすることとしている。

第三目　分配金の取得等

（分配金取得計画に基づく組合の処分）

第百四十七条　組合は、分配金取得計画若しくはその変更の認可を受けたとき、又は分配金取得計画について第百四十五条の国土交通省令で定める軽微な変更をしたときは、遅滞なく、国土交通省令で定めるところにより、その旨を公告し、及び関係権利者に関係事項を書面で通知しなければならない。

2　分配金取得計画に基づく組合の処分は、前項の通知をすることによって行う。

3　分配金取得計画に基づく組合の処分については、行政手続法第三章の規定は、適用しない。

○マンション建替法施行規則

（分配金取得計画の公告事項等）

第七十条　組合は、分配金取得計画の認可を受けたときは、次に掲げる事項を公告しなければならない。

一　マンション敷地売却事業の名称

二　組合の名称

三　事務所の所在地

四　分配金取得計画に係る売却マンションの敷地の区域に含まれる地域の名称

五　権利消滅期日

六　分配金取得計画の認可を受けた年月日

2　組合は、分配金取得計画の変更の認可を受けたとき又は分配金取得計画について第六十八条各号に掲げる軽微な変更をしたときは、次に掲げる事項を公告しなければならない。

一　前項第一号から第四号まで及び第六号に掲げる事項

二　権利消滅期日について変更がされたときは、その変更の内容

三　分配金取得計画の変更の認可を受けた年月日又は分配金取得計画について第六十八条各号に掲げる軽微な変更をした年月日

3　法第百四十七条第一項の規定により通知すべき事項は、分配金取得計画の認可を受けたときにあっては、第一項第一号から第四号までに掲げる事項及び分配金取得計画の内容のうちその通知を受けるべき者に係る部分とし、分配金取得計画の変更の認可を受けたとき又は分配金取得計画につき第六十八条各号に掲げる軽微な変更をしたときにあっては、同項第一号から第四号まで及び前項第三号に掲げる事項並びに分配金取得計画の内容のうちその通知を受けるべき者に係る部分とする。

一　本条は、分配金取得計画に基づく組合の処分について規定するもので、マンション建替事業の規定の第六十八条に相当する。

二　分配金取得計画に基づく組合の処分は、関係権利者への関係事項の通知により行われることとなる。分配金取得計画は、その内容に従って関係権利の変動を生じさせるという行政処分的効果を有しているため、本条において、当該処分はこの通知をすることによって行うこととし、関係権利者への関係事項の通知に処分性を与え、関係権利者に対して不服申立ての機会を与えることとされている（第一項及び第二項）。

三　また、分配金取得計画に係る処分については、以下のような理由から、聴聞、弁明の機会の付与等について規定する行政手続法第三章の不利益処分に関する規定は適用除外とされている（第三項）。

・分配金取得計画に定められる価額の算定基準が法律上明確に示されており、特段の裁量の余地がない

・学識経験者等からなる審査委員の同意手続を経ている

・多数の権利者に対する一律の処分であることからそれぞれについて聴聞等の機会を設けることの実益がない

（権利消滅期日等の通知）

第百四十八条　組合は、分配金取得計画若しくはその変更（権利消滅期日に係るものに限る。以下この条において同じ。）の認可を受けたとき、又は第百四十五条の国土交通省令で定める軽微な変更をしたときは、遅滞なく、国土交通省令で定めるところにより、売却マンションの所在地の登記所に、権利消滅期日その他国土交通省令で定める事項を通知しなければならない。

○マンション建替法施行規則

（権利消滅期日等の通知）

第七十一条　第四十条の規定は、法第百四十八条の規定による通知及び同条の国土交通省令で定める事項について準用する。この場合において、第四十条の見出し中「権利変換期日等」とあるのは「権利消滅期日等」と、同条第一項中「別記様式第七」とあるのは「別記様式第二十二」と、同条第二項中「権利変換計画」とあるのは「分配金取得計画」と、「第三十七条各号」とあるのは「第六十八条各号」と読み替えるものとする。

一　本条は、分配金取得計画の認可があったときは、遅滞なく、権利消滅期日等を登記所に通知すべきことをマンション敷地売却組合に義務付ける規定で、マンション建替事業の規定の第六十九条に相当する。

二　権利消滅期日において売却マンション及びその敷地に関する権利の帰属が行われると、組合は、遅滞なく、期日後の売却マンション及びその敷地に関する権利について必要な登記を申請しなければならず（第百五十条第一項参照）、権利消滅期日以後においては、売却マンション及びその敷地に関して、これらの登記がされるまでの間、他の登記をすることができないこととされている（同条第二項参照）。

この規定により、登記所は、権利消滅期日以後、組合による必要な登記が行われるまでの間に、他の登記の申請があった場合には、不動産登記法第二十五条第十三号（不動産登記令第二十条第八号）によりその申請を却下することとなるが、このような措置を講ずるためには、登記所が権利消滅期日を確知しておくことが前提となるため、登記所に権利消滅期日等を伝えることとされている。

（権利消滅期日における権利の帰属等）

第百四十九条　権利消滅期日において、売却マンションは、組合に帰属し、区分所有法第一条に規定する建物の各部分を所有権の目的としない建物となり、売却マンションを目的とする所有権以外の権利は、消滅する。

2　権利消滅期日において、売却マンションの敷地利用権は、組合に帰属し、売却マンションの敷地利用権が所有権であるときは当該所有権に係る敷地を目的とする所有権、地役権及び地上権以外の権利、売却マンションの敷地利用権が借地権であるときは当該借地権を目的とする権利は、消滅する。

一　本条は、権利消滅期日における権利の変動について規定するもので、マンション建替事業の規定の第七十条及び第七十一条に相当する。

二　賛成区分所有者からマンション敷地売却組合への権利移転については、以下の理由から、民法原則による取引（売買）によらずに、都市再開発法や本法のマンション建替事業における権利変換と同様の特別の手続をとっている。

(1)　確実な権利移転

売買による権利移転では移転登記に買主と売主の共同申請が必要となり、売主が翻意した場合は移転登記ができず権利移転が確定しないが、特定期日において強制的に権利を変動させ、それに基づく単独申請の登記を認めることで、確実に権利が移転できる。

(2)　担保権保全に係る措置の円滑化

特別の供託原因を作ることにより、権利消滅期日における担保権付の区分所有権に係る代金の供託及び供託された代金への物上代位を可能とする。

(3)　手続の簡素化

権利移転に係る多数の契約・登記を簡素化することで事業の円滑化を図る。

三　買受人に直接区分所有権及び敷地利用権を帰属させずに組合を介することとしているのは、買受人に直接区分所有権及び敷地利用権を帰属させると、買受人が占有を継続する反対区分所有者等を立ち退かせる必要が生じ、それに伴い訴訟が必要となった場合、買受けから事業着手までの期間が長期化し、土地保有コストが増大するなどの事業参入リスクが生じ、①買受人が見つからない、②買受人がリスクを見込んだ売却価格を提示し、決議成立に負の影響をもたらすなどという悪影響が生じるおそれがあることから、組合に一旦所有権を集め、占有継続者に対する明渡し請求は組合が行うこととし、明渡しが完了した上で買受人に権利を移転するという仕組みとしている。

四　権利消滅期日における権利変動については、売却の対象となる建物（マンション）及び建物の所有に必要な土地に関する権利は組合に帰属させ、それらに付随する権利（借家権、担保権等）は消滅させるとともに、建物の所有に関係のない土地に関する権利（敷地利用権が借地権である場合の敷地の所有権、電線等について設定した地役権、地下鉄等について設定した地上権等）は従前のとおり存続させることとする。

五　具体的な権利の変動は以下のとおりである。

(1)　敷地利用権が所有権の場合、①区分所有権を目的とする全ての権利、②敷地の所有権に係る担保権、③敷地を目的とする債権（駐車場使用権等）が消滅

この場合、

・組合に帰属する権利　①マンションの所有権　②敷地の所有権

・存続する権利　①地役権　②地上権

(2)　敷地利用権が借地権の場合、①区分所有権を目的とする全ての権利、②借地権に係る担保権、③借地権を目的とする債権（駐車場使用権等）が消滅

この場合、

・組合に帰属する権利　①マンションの所有権　②敷地の借地権

・存続する権利　①敷地の所有権　②地役権　③地上権　④敷地の所有権を目的とする担保権

六　第一項において「区分所有法第一条に規定する建物の各部分を所有権の目的としない建物となり」としているのは、同項による権利変動により、売却マンションについては、区分所有関係が解消され区分所有建物でない建物となるということを明確にするためである。

七　第二項において組合に帰属する権利を「売却マンションの敷地利用権」としている趣旨は、「マンションの敷地」とは事実上「マンションが建っている土地」という意味と解され、一方、区分所有法では「区分所有建物が建っている一筆の土地全体」を指すものと解釈していることによる。例えば、不法占有の状態のマンションの場合や一筆の土地の一部のみの借地権の上に建っているマンションの場合には、敷地利用権がない部分の土地に関する権利まで組合に帰属するように解釈される可能性がある。このことから、組合に帰属するのは、権原のある土地に限定することを明記している。

また、同項中の「借地権を目的とする権利」としては、駐車場使用権（借地権の転貸借）がある。

（権利売却の登記）

第百五十条　組合は、権利消滅期日後遅滞なく、売却マンション及びその敷地に関する権利について必要な登記を申請しなければならない。

2　権利消滅期日以後においては、売却マンション及びその敷地に関しては、前項の登記がされるまでの間は、他の登記をすることができない。

本条は、事業の効率性を向上させる観点から、権利消滅期日に生じた権利変動に係る登記はマンション敷地売却組合が一括して行うこととするとともに、組合が登記を行うまでの間については、他の者による登記を制限することを規定するもので、マンション建替事業の規定の第七十四条に相当する。

（分配金）

第百五十一条　組合は、組合員に対し、権利消滅期日までに、第百四十二条第一項第三号の分配金を支払わなければならない。

本条は、マンション敷地売却組合は、組合員に対し、権利消滅期日までに第百四十二条第一項第三号の分配金を支払わなければならないこととするものである。なお、分配金については、補償金と異なり組合員の意思が分配金の額に反映されており、当該額の取得により権利保護が図られることから、物価変動による修正や利息の付加は行わないこととされている。

（分配金の供託等についての規定の準用）

第百五十二条　第七十六条第一項及び第三項から第五項までの規定は前条に規定する分配金の支払に代えて行う供託について、第七十七条の規定は供託された分配金について、第七十八条の規定は組合員の有する区分所有権又は敷地利用権について差押え又は仮差押えがある場合における分配金について、それぞれ準用する。この場合において、第七十六条第一項中「施行者は」とあるのは「第百十六条に規定する組合（以下単に「組合」という。）は」と、同項第二号及び第三号、同条第三項及び第五項並びに第七十八条第一項及び第五項中「施行者」とあるのは「組合」と、第七十六条第三項中「先取特権」とあるのは「組合員の有する区分所有権又は敷地利用権が、先取特権」と、「目的物について」とあるのは「目的となっている場合において、」と、「権利者」とあるのは「先取特権等を有する者」と、同条第四項中「前三項」とあり、及び同条第五項中「第一項から第三項まで」とあるのは「第一項及び第三項」と、同条第四項中「施行マンション」とあるのは「売却マンション」と、同条第五項中「取得すべき者（その供託が第二項の規定によるものであるときは、争いの当事者）」とあるのは「取得すべき者」と、第七十八条第一項中「第七十五条」とあるのは「第百五十一条」と、「権利変換期日」とあるのは「権利消滅期日」と読み替えるものとする。

○マンション建替法施行令

（差押えがある場合の通知等）

第三十三条　第十七条の規定は、売却マンションの区分所有権又は敷地利用権（既登記のものに限る。）に差押えがある場合について準用する。この場合において、同条第一項中「施行者」とあるのは「法第百十六条に規定する組合（以下単に「組合」という。）」と、同項及び同条第三項中「権利変換手続開始の登記」とあるのは「分配金取得手続開始の登記」と、同条第二項中「施行者」とあるのは「組合」と、「権利変換計画」とあるのは「分配金取得計画」と、「法第六十六条」とあるのは「法第百四十五条」と、同条第三項中「施行者（組合にあっては、その清算人）」とあるのは「組合の精算人」と読み替えるものとする。

2　第十八条から第二十一条までの規定は、法第百五十二条及び第百五十四条において準用する法第七十八条第一項又は第四項の規定による分配金又は補償金の払渡し及びその払渡しがあった場合における滞納処分について準用する。この場合において、第十九条第一項中「第十九条第一項」とあるのは、「第三十三条第二項において準用する同令第十九条第一項」と読み替えるものとする。

○マンション建替法施行規則

（配当機関への分配金又は補償金の払渡し）

第七十四条　組合は、法第百五十二条及び法第百五十四条において読み替えて準用する法第七十八条第一項（同条第四項において準用する場合を含む。）の規定により分配金又は補償金を払い渡すときは、併せて、別記様式第二十三の分配金払渡通知書又は別記様式第二十四の補償金払渡通知書及び別記様式第二十五の権利喪失通知書を提出しなければならない。

一　本条は、分配金取得計画に係る処分により分配金を受け取る組合員の権利保護を図るとともに、分配金の取得後の権利義務関係を明確にして権利売却の処分手続に区切りをつける趣旨から、第七十六条から第七十八条までの所要の供託規定を準用するものである。

二　第七十六条第二項を準用していないのは、同項は権利の存否が確定しない場合に係る供託規定であるところ、分配金の対象となる区分所有権及び敷地利用権については、帰属が確定しないことはあるものの、権利の存否自体が確定しないということは考えられないためである。

三　第七十六条第三項を準用する趣旨は、第七十七条の準用と相まって、マンション建替事業同様にマンション敷地売却事業においても担保権者による物上代位について差押えを不要とするものであり、詳しくは第七十六条の解説を参照のこと。

四　先取特権、質権又は抵当権の目的物である区分所有権又は敷地利用権について分配金が支払われる場合には、担保権者の全てから供託しなくてもよい旨の申出があったときを除き、マンション敷地売却組合が供託することとなるが、第七十七条を準用する趣旨は、マンション建替事業同様にマンション敷地売却事業においても、先取特権、質権又は抵当権を有する者は組合により供託された補償金に対してその権利を行使することができるものとするものである。供託された補償金について物上代位を認められた担保権者は、供託法及び供託規則の規定に従い、供託所に還付請求をすることによりその対価を得ることができることとなる。

五　第七十八条を準用する趣旨は、マンション建替事業同様にマンション敷地売却事業においても補償金等の支払手続と強制執行手続との調整に関する規定を置くものであり、詳しくは第七十八条の解説を参照のこと。

なお、売却マンション又はその敷地に関する権利について差押えがある場合には、配当機関（裁判所、税務署等）と組合との関係は、次のいずれかになる。

(1)　配当機関による換価手続が完結していないときには、組合は、差押えに係る権利についての分配金を当該配当機関に払い渡す。

(2)　配当機関による換価手続が完結したときは、組合は、競落人を新所有者として、その者に分配金を支払う。

（補償金）

第百五十三条　組合は、売却マンション又はその敷地に関する権利（組合員の有する区分所有権及び敷地利用権を除く。）を有する者で、この法律の規定により、権利消滅期日において当該権利を失うものに対し、その補償として、権利消滅期日までに、第百四十二条第一項第四号の価額（売却マンション又はその敷地を占有している者にあっては、当該価額と同項第五号の額の合計額）に第百二十三条第一項の公告の日から第百四十七条第一項の規定による分配金取得計画又はその変更に係る公告（以下「分配金取得計画公告」という。）の日までの物価の変動に応ずる修正率を乗じて得た額に、当該分配金取得計画公告の日から補償金を支払う日までの期間につき分配金取得計画で定めるところによる利息を付したものを支払わなければならない。この場合において、その修正率は、国土交通省令で定める方法によって算定するものとする。

○マンション建替法施行規則

（補償金の支払に係る修正率の算定方法）

第七十二条　第四十一条の規定は、法第百五十三条の規定による修正率について準用する。この場合において、付録第二の備考中「権利変換計画」とあるのは「分配金取得計画」と読み替えるものとする。

一　本条は、権利消滅期日に失うこととなる売却マンション又はその敷地に関する権利（第百四十二条第一項第四号により分配金取得計画に記載される権利）への補償として、

(1)　売却マンション又はその敷地を占有している者には、権利補償及び通損補償

(2)　売却マンション又はその敷地を占有していない者には、権利補償

を補償金として支払うことを規定するものである。

二　これらの補償金は、

(1)　分配金取得計画において定められた権利の価額（及び損失の額の合計額）に、

(2)　マンション敷地売却組合設立の認可公告の日から分配金取得計画決定の公告（変更があった場合には計画変

更決定の公告）の日までの物価の変動に応ずる修正率を乗じて得た額に、

(3) 同決定の公告の日から補償金を支払う日までの期間につき、分配金取得計画で定める利息を付した額とする。

（補償金の供託等についての規定の準用）

第百五十四条　第七十六条の規定は前条に規定する補償金（利息を含む。以下この款において同じ。）の支払に代えて行う供託について、第七十七条の規定は供託された補償金について、第七十八条の規定は補償金の支払の対象となる権利について差押え又は仮差押えがある場合について、それぞれ準用する。この場合において、第七十六条第一項中「施行者は」とあるのは「第百十六条に規定する組合（以下単に「組合」という。）は」と、同項第二号及び第三号、同条第二項、第三項及び第五項並びに第七十八条第一項及び第五項中「施行者」とあるのは「組合」と、第七十六条第二項中「第五十八条第二項」とあるのは「第百四十二条第二項」と、「権利変換計画」とあるのは「分配金取得計画」と、同条第四項中「施行マンション」とあるのは「売却マンション」と、第七十八条第一項中「第七十五条」とあるのは「第百五十三条」と、「権利変換期日」とあるのは「権利消滅期日」と読み替えるものとする。

○マンション建替法施行令

（差押えがある場合の通知等）

第三十三条　第十七条の規定は、売却マンションの区分所有権又は敷地利用権（既登記のものに限る。）に差押えがある場合について準用する。この場合において、同条第一項中「施行者」とあるのは「法第百十六条に規定する組合（以下単に「組合」という。）」と、同項及び同条第三項中「権利変換手続開始の登記」とあるのは「分配金取得手続開始の登記」と、同条第二項中「施行者」とあるのは「組合」と、「権利変換計画」とあるのは「分配金取得計画」と、「法第六十六条」とあるのは「法第百四十五条」と、同条第三項中「施行者（組合にあっては、その清算人）」とあるのは「組合の精算人」と読み替えるものとする。

2　第十八条から第二十一条までの規定は、法第百五十二条及び第百五十四条において準用する法第七十八条第一項又は第四項の規定による分配金又は補償金の払渡し及びその払渡しがあった場合における滞納処分について準用する。この場合において、第十九条第一項中「第十九条第一項」とあるのは、「第三十三条第二項において準用する同令第十九条第一項」と読み替えるものとする。

○マンション建替法施行規則

（配当機関への分配金又は補償金の払渡し）

第七十四条　組合は、法第百五十二条及び法第百五十四条において読み替えて準用する法第七十八条第一項（同条第四項において準用する場合を含む。）の規定により分配金又は補償金を払い渡すときは、併せて、別記様式第二十三の分配金払渡通知書又は別記様式第二十四の補償金払渡通知書及び別記様式第二十五の権利喪失通知書を提出しなければならない。

本条は、補償金についても、分配金と同様に、マンション建替事業における供託、物上代位、差押え等がある場合の措置に係る規定である第七十六条から第七十八条までを準用するものである。なお、担保権の目的物である権利について適用される第七十六条第三項、第七十七条については、借家権が質権、仮登記、買戻しの特約の対象になることを踏まえ準用することとしている。

第四目　売却マンション等の明渡し

第百五十五条　売却マンション又はその敷地を占有している者は、権利消滅期日（第百八条第十項及び第百二十四条第三項において準用する区分所有法第六十三条第五項の規定により、裁判所から建物の明渡しにつき相当の期限を許与された区分所有者にあっては、当該期限の日）までに、組合に売却マンション又はその敷地を明け渡さなければならない。ただし、分配金取得計画公告の日の翌日から起算して三十日を経過していないとき、分配金の支払を受けるべき者について第百五十一条の規定による支払若しくは第百五十二条において準用する第七十六条の規定による供託がないとき、第百五十三条の補償金の支払を受けるべき者について同条の規定による支払若しくは前条において準用する第七十六条の規定による供託がないとき又は第百八条第十項において準用する区分所有法第六十三条第四項若しくは第百二十四条第一項の規定による請求を受けた者について当該請求を行った者による代金の支払若しくは提供がないときは、この限りでない。

一　マンション敷地売却事業においては、権利消滅期日において一度に売却マンションの所有権等をマンション敷地売却組合に帰属させ、借家権については消滅する（占有する権利がなくなる）こととしており、権利消滅期日までにその所有権等の対価である分配金や、借家権を消滅させるための補償金を支払うこととしている。このため、売却マンション又はその敷地を占有している者について、権利消滅期日までに組合に明渡しを行わなければならないこととされている。

二　ただし書において、次の場合について明渡しの猶予を認めている。

(1)　占有者にとっては明渡しのために時間的余裕が必要となるため、第百四十七条第一項の公告（分配金取得計画の認可を受けた旨の公告）の日の翌日から起算して三十日を経過していないときには明渡しを猶予する。

(2)　分配金・補償金、売渡し請求の代金の支払等と明渡しは同時履行の関係にあるので、これらの支払等があるまでは明け渡さないことができることとする。

第二款　雑則

（処分、手続等の効力）
第百五十六条　売却マンション又はその敷地について権利を有する者の変更があったときは、この法律又はこの法律に基づく定款の規定により従前のこれらの者がした手続その他の行為は、新たにこれらの者となった者がしたものとみなし、従前のこれらの者に対してした処分、手続その他の行為は、新たにこれらの者となった者に対してしたものとみなす。

一　本条は、関係権利者に変更があった場合の処分、手続等の効力について規定するもので、マンション建替事業の規定の第九十一条に相当する。

二　本条により変更後の関係権利者に承継されることとなる変更前の関係権利者が行った手続その他の行為としては、

・マンション敷地売却組合の設立についての同意（第百二十条第二項参照）
・総代会を設けることについての同意（第百二十条第二項参照）

などが、また、本条により変更後の関係権利者に承継されることとなる変更前の関係権利者に対してした処分、手続その他の行為としては、

・組合員に対する売渡し請求（第百二十四条第一項参照）
・分配金取得計画に係る処分（第百四十七条参照）

などが挙げられる。

三　なお、分配金取得手続開始の登記（第百四十条参照）があった後、権利売却の登記（第百五十条参照）があるまでに、その登記のされた区分所有権又は敷地利用権を有する者がこれらの権利を処分するには組合の承認を得なければならず、その承認を得ないでした処分は組合に対抗できないので、その場合は本条の規定は適用されない。

（不動産登記法の特例）

第百五十七条　売却マンション及びその敷地の登記については、政令で、不動産登記法の特例を定めることができる。

一　本法では、マンション敷地売却に係る不動産登記に関して、分配金取得手続開始の登記（第百四十条参照）、権利売却の登記（第百五十条参照）の規定を置いているが、両登記は一般の登記とは異なる特殊な登記であるため、独立の政令を制定し、マンション敷地売却事業に関する不動産登記の特例を定めることとされている。

二　第九十三条及び本条の規定に基づき、マンションの建替え等の円滑化に関する法律による不動産登記に関する政令が制定されている。

（関係簿書の備付け）

第百五十八条 組合は、国土交通省令で定めるところにより、マンション敷地売却事業に関する簿書（組合員名簿を含む。次項において同じ。）をその事務所に備え付けておかなければならない。

2 利害関係者から前項の簿書の閲覧の請求があったときは、組合は、正当な理由がない限り、これを拒んではならない。

○マンション建替法施行規則

（事務所備付け簿書）

第七十五条 法第百五十八条第一項の規定により組合が備え付けておかなければならない簿書は、次に掲げるものとする。

一 定款

二 分配金取得計画書

三 マンション敷地売却事業に関し、組合が受けた行政庁の認可その他の処分を証する書類

四 組合員名簿、総会及び総代会の会議の議事録並びに通常総会の承認を得た事業報告書、収支決算書及び財産目録

五 法第百四十六条の規定による審査委員の過半数の同意を得たことを証する書類

一 本条は、マンション敷地売却事業の実施者であるマンション敷地売却組合は、施行規則第七十五条で定める関係簿書をその事務所に備え付け（第一項）、利害関係者から閲覧の請求があれば正当な理由がない限り閲覧させなければならないものと規定するもので（第二項）、マンション建替事業の規定の第九十五条に相当する。

二 なお、組合による関係簿書の備付けとその閲覧が適切に実施されるよう担保措置として罰則規定が設けられている（第百七十六条第八号及び第九号参照）。

（書類の送付に代わる公告）

第百五十九条　組合は、マンション敷地売却事業の実施に関し書類を送付する場合において、送付を受けるべき者がその書類の受領を拒んだとき、又は過失がなくて、その者の住所、居所その他書類を送付すべき場所を確知することができないときは、政令で定めるところにより、その書類の内容を公告することをもって書類の送付に代えることができる。

2　前項の公告があったときは、その公告の日の翌日から起算して十日を経過した日に当該書類が送付を受けるべき者に到達したものとみなす。

○マンション建替法施行令

（書類の送付に代わる公告）

第三十四条　法第百五十九条第一項の公告は、官報、公報その他国土交通省令で定める定期刊行物に掲載し、かつ、売却マンションの敷地の区域内の適当な場所に掲示して行わなければならない。

2　第二十五条第二項から第四項までの規定は、前項の公告について準用する。この場合において、同条第二項中「前項」とあり、及び同条第三項中「第一項」とあるのは「第三十四条第一項」と、同条第二項中「施行マンションの敷地又は隣接施行敷地」とあるのは「売却マンションの敷地」と、「施行者」とあるのは「法第百十六条に規定する組合」と、同条第四項中「法第九十六条第二項」とあるのは「法第百五十九条第二項」と読み替えるものとする。

○マンション建替法施行規則

（書類の送付に代わる公告）

第七十六条　第四十八条の規定は、令第三十四条第一項で規定する国土交通省令で定める定期刊行物について準用する。

一　本条は、書類の送付を受けるべき者がその受領を拒んだときなど一定の理由により書類の送付ができないときには、書類の内容を公告することによって書類の送付に代えることができることとされている規定で、マンション建替事業の規定の第九十六条に相当する。

二　マンション敷地売却組合が書類の送付をする場合としては、

・分配金取得計画に関する通知（第百四十七条第一項参照）

・分配金及び補償金の供託の通知（第百五十二条及び第百五十四条において準用する第七十六条第五項参照）

などが考えられるが、これらの通知を書面で行う場合において、その通知を受けるべき者がその書類の受領を拒んだり、組合に過失がなくて相手方の送付先が分からないときは、本条による公告を行うこととなる。

第三節　マンション敷地売却事業の監督等

（組合に対する報告、勧告等）

第百六十条　都道府県知事等は、組合に対し、その実施するマンション敷地売却事業に関し、この法律の施行のため必要な限度において、報告若しくは資料の提出を求め、又はその実施するマンション敷地売却事業の円滑な実施を図るため必要な勧告、助言若しくは援助をすることができる。

2　都道府県知事等は、組合に対し、マンション敷地売却事業の促進を図るため必要な措置を命ずることができる。

一　本条は、マンション敷地売却組合に対する報告、勧告等について規定するもので、マンション建替事業の規定の第九十七条に相当する。

二　第一項は、マンション敷地売却事業の適切な実施のため、都道府県知事等が、組合に対し、その実施するマンション敷地売却事業に関し、報告及び資料の提出をさせることを可能とするとともに、マンション敷地売却事業の進捗に停滞が見られる場合などには、円滑な実施を図るため必要な勧告、助言、援助を行うことができることとするものである。

三　第二項は、マンション敷地売却事業の停滞が長期にわたり、改善が必要な場合などには、都道府県知事等が、買受人の変更を余儀なくされた場合の定款・資金計画の変更命令等の必要な措置を命ずることができることとしている。

四　なお、第一項の報告等をしない、あるいは第二項の命令に違反したときは、罰則の適用がある（第百七十二条第一号及び第二号参照）。

（組合に対する監督）

第百六十一条　都道府県知事等は、組合の実施するマンション敷地売却事業につき、その事業又は会計がこの法律若しくはこれに基づく行政庁の処分又は定款、資金計画若しくは分配金取得計画に違反すると認めるときその他監督上必要があるときは、その組合の事業又は会計の状況を検査することができる。

2　都道府県知事等は、組合の組合員が総組合員の十分の一以上の同意を得て、その組合の事業又は会計がこの法律若しくはこれに基づく行政庁の処分又は定款、資金計画若しくは分配金取得計画に違反する疑いがあることを理由として組合の事業又は会計の状況の検査を請求したときは、その組合の事業又は会計の状況を検査しなければならない。

3　都道府県知事等は、前二項の規定により検査を行った場合において、組合の事業又は会計がこの法律若しくはこれに基づく行政庁の処分又は定款、資金計画若しくは分配金取得計画に違反していると認めるときは、組合に対し、その違反を是正するため必要な限度において、組合のした処分の取消し、変更又は停止その他必要な措置を命ずることができる。

4　都道府県知事等は、組合が前項の規定による命令に従わないとき、又は組合の設立についての認可を受けた者がその認可の公告があった日から起算して三十日を経過してもなお総会を招集しないときは、権利消滅期日前に限り、その組合についての設立の認可を取り消すことができる。

5　都道府県知事等は、第百二十九条において準用する第二十八条第三項の規定により組合員から総会の招集の請求があった場合において、理事長及び監事が総会を招集しないときは、これらの組合員の申出に基づき、総会を招集しなければならない。第百三十一条第四項において準用する第二十八条第三項の規定により総代から総代会の招集の請求があった場合において、理事長及び監事が総代会を招集しないときも、同様とする。

6　都道府県知事等は、第百二十六条第三項において準用する第二十三条第一項の規定により組合員から理事又は監事の解任の請求があった場合において、組合がこれを組合員の投票に付さないときは、これらの組合員の申出に基づき、これを組合員の投票に付さなければならない。第百三十二条第三項において準用する第二十三条第一項の規定により、組合員から総代の解任の請求があった場合において、組合がこれを組合員の投票に付さないときも、同様とする。

7　都道府県知事等は、組合の組合員が総組合員の十分の一以上の同意を得て、総会若しくは総代会の招集手続若しくは議決の方法又は役員若しくは総代の選挙若しくは解任の投票の方法が、この法律又は定款に違反することを理由として、その議決、選挙、当選又は解任の投票の取消しを請求した場合において、その違反の事実があると認めるときは、その議決、選挙、当選又は解任の投票を取り消すことができる。

○マンション建替法施行令
（都道府県知事等の行う解任の投票）
第三十五条　第二十六条の規定は、法第百六十一条第六項の規定による組合の理事若しくは監事又は総代の解任の投票について準用する。この場合において、第二十六条第二項中「第二十六条第一項」とあるのは、「第三十五条において準用する第二十六条第一項」と読み替えるものとする。

一　本条は、マンション敷地売却組合がマンション敷地売却事業を行うに当たって、都道府県知事等による監督が特に必要と見込まれる場合における具体的な監督権限について規定するもので、マンション建替事業の規定の第九十八条に相当する。

二　第一項から第三項までの規定については、第九十八条の解説一及び二を参照のこと。

三　第四項では、組合が都道府県知事等の措置命令に従わないときは、権利消滅期日前に限って組合の設立認可を取り消すことができることとされている。権利消滅期日前に限定しているのは、権利消滅期日において、売却マンションを除却することを前提に借家権・抵当権が消滅しており、その後において、組合の解散により事業を中断させることが適切でないためであり、権利消滅期日後は、是正措置の命令等により組合が事業を完了させるよう監督することとし、認可の取消しを行わないこととされている。

また、組合の設立発起人が組合の設立認可の公告後三十日以内に、最初の理事及び監事を選挙又は選任するための総会を招集しないとき（第百二十九条で準用する第二十八条第五項参照）についても、同様に設立認可を取り消すことができることとされている。

四　第五項から第七項までの規定については、第九十八条の解説四を参照のこと。なお、第七項における違反事由と取消し請求の対応関係は次のとおりであり、(1)～(3)のいずれについても、法律違反及び定款違反の場合がある。

	違反事由	取消し請求の対象
(1)	総会又は総代会の招集手続又は議決の方法	議決
(2)	役員又は総代の選挙の方法	選挙又は当選
(3)	役員又は総代の解任の投票の方法	解任の投票

（資金の融通等）

第百六十二条　国及び地方公共団体は、組合に対し、マンション敷地売却事業に必要な資金の融通又はあっせんその他の援助に努めるものとする。

本条は、マンション敷地売却組合がマンション敷地売却事業に伴い必要とする資金について、国及び地方公共団体はその資金の融通、あっせん、その他の援助に努めることを規定するもので、マンション建替事業の規定の第百条に相当する。

（技術的援助の請求）
第百六十三条　組合又は組合を設立しようとする者は、国土交通大臣及び都道府県知事等に対し、マンション敷地売却事業の実施の準備又は実施のために、マンション敷地売却事業に関し専門的知識を有する職員の技術的援助を求めることができる。

○マンション建替法施行規則
（権限の委任）
第七十八条　法第百一条及び法第百六十三条に規定する国土交通大臣の権限は、地方整備局長及び北海道開発局長に委任する。ただし、国土交通大臣が自ら行うことを妨げない。

一　本条は、マンション敷地売却組合及び組合を設立してマンション敷地売却事業を行おうとする者が、国土交通大臣、都道府県知事等に対して、専門的知識を有する職員の技術的援助を要請することができる旨を規定するもので、マンション建替事業の規定の第百一条に相当する。

二　マンションの建替えと同様、マンション敷地売却についても、事業実施以前の合意形成の困難さが大きな問題であり、また、組合の認可申請等を行う際に一般の区分所有者が技術的な助言等を必要とする場合も考えられることから、組合を設立しようとする者についても技術的援助の請求ができることとされている。

第五章　雑則

（意見書等の提出の期間の計算等）
第百六十四条　この法律又はこの法律に基づく命令の規定により一定期間内に差し出すべき意見書その他の文書が郵便又は民間事業者による信書の送達に関する法律（平成十四年法律第九十九号）第二条第六項に規定する一般信書便事業者若しくは同条第九項に規定する特定信書便事業者による同条第二項に規定する信書便で差し出されたときは、送付に要した日数は、期間に算入しない。
2　前項の文書は、その提出期間が経過した後においても、容認すべき理由があるときは、受理することができる。

一　本条は、関係権利者からマンション建替事業の施行者（マンション建替組合又は個人施行者）若しくはマンション敷地売却組合又は都道府県知事等へ、組合員から組合へというように、一定期間内に差し出される意見書その他の文書が郵便で差し出されたときは、郵便の消印の日に差し出されたものとされ、また天災その他の容認すべき理由で提出が遅れたときは施行者又はマンション敷地売却組合はその提出期間が経過した後においても受理することができる旨を規定するもので、都市再開発法第百三十六条に相当する。

二　本条が適用される意見書その他の文書の主なものとしては、
・事業計画に関する意見書の提出（縦覧期間満了の日の翌日から二週間以内）（第十一条第二項参照）
・権利変換を希望しない旨の申出（組合設立認可の公告又は個人施行の認可の公告があった日から起算して三十日以内）（第五十六条第一項及び第三項参照）
などがある。

（不服申立て）

第百六十五条　次に掲げる処分については、行政不服審査法による不服申立てをすることができない。

一　第九条第一項又は第三十四条第一項の規定による認可

二　第十一条第三項（第三十四条第二項において準用する場合を含む。）の規定による通知

2　マンション建替組合若しくはマンション敷地売却組合（以下「組合」と総称する。）又は個人施行者がこの法律に基づいてした処分その他公権力の行使に当たる行為に不服のある者は、都道府県知事等に対して審査請求をすることができる。

一　本条は、行政不服審査法による不服申立ての特例について規定するもので、都市再開発法第百二十七条に相当する。

二　第一項においては、

(1)　マンション建替組合設立の認可（第九条第一項参照）及び定款又は事業計画の変更の認可（第三十四条第一項参照）

(2)　事業計画の縦覧又はその変更の縦覧に際して提出された意見書を採択しない旨の通知（第十一条第三項（第三十四条第二項において準用する場合を含む。））

を行政不服審査法による不服申立ての対象から外している。

これらは以下の理由によるものである。

(1)について、組合設立の認可に当たっては、事業計画を二週間公衆の縦覧に供して関係権利者に意見書の提出の機会を与える（第十一条第一項及び第二項参照）とともに、提出された意見書の内容の審査については、行政不服審査法中処分についての異議申立ての審理に関する規定を準用しており（同条第四項参照）、組合設立の認可を改めて不服申立ての対象にしなくても関係権利者の保護は十分に図られている（定款又は事業計画の変更の認可についてもこれらの規定が準用されている（第三十四条第二項参照））。

(2)について、意見書は、都道府県知事等に事業計画について検討する機会を与えるものであり、意見の不採択の通知は、検討の機会を与えられた都道府県知事等が、意見書の意見を審査したにもかかわらず、当該意見に基づき事業計画を修正する必要がないとの態度を表明した事実上の措置に過ぎない。

三　なお、第一項においてマンション敷地売却組合の設立を不服申立ての制限の対象としていないのは、マンション敷地売却組合については事業計画の作成が不要であるためマンション建替事業のような縦覧手続が存在せず、行政不服申立てを制限する根拠がないためである。

四　第二項においては、マンション建替組合若しくは個人施行者又はマンション敷地売却組合が本法に基づいてした処分その他公権力の行使に当たる行為に不服のある者は、都道府県知事等に対して審査請求をすることができる旨の特例を規定している。組合又は個人施行者が本法に基づいてした処分その他の公権力の行使に当たる行為に関しては、行政不服審査法の原則からは、組合又は個人施行者には上級行政庁はないことから、処分庁である当該組合又は個人施行者に対する異議申立てを行うしかない。しかし、当該行為に直接的に関与していない都道府県知事等に第三者としての立場から客観的に判断をさせた方が、不服のある者の権利救済を図ることができ、あわせてマンション建替事業及びマンション敷地売却の適正な遂行を担保することができることから、特例が設けられている。

（権限の委任）

第百六十六条　この法律に規定する国土交通大臣の権限は、国土交通省令で定めるところにより、その一部を地方整備局長又は北海道開発局長に委任することができる。

一　本条は、本法に規定する国土交通大臣の権限は、国土交通省令で定めるところにより、その一部を地方整備局長又は北海道開発局長に委任することができることを規定するもので、都市再開発法第百三十六条の二に相当する。

二　本条に基づき、施行規則第七十八条は、組合等に対する技術的援助に係る権限（第百一条及び第百六十三条参照）を地方整備局長等に委任する旨を規定している。なお、この場合も、国土交通大臣が自ら当該権限を行うことを妨げないとされている。

（政令への委任）

第百六十七条　この法律に特に定めるもののほか、この法律の実施のため必要な事項は、政令で定める。

○マンション建替法施行令

（国土交通省令への委任）

第三十七条　法及びこの政令に定めるもののほか、法及びこの政令の実施のため必要な手続その他の事項は、国土交通省令で定める。

○マンション建替法施行規則

（公告の方法等）

第七十七条　法第十四条第一項（法第三十四条第二項において準用する場合を含む。）、法第二十五条第二項（法第百二十六条第三項において準用する場合を含む。）、法第三十八条第六項、法第四十九条第一項（法第五十条第二項及び法第五十四条第三項において準用する場合を含む。）、法第五十一条第七項、法第六十八条第一項、法第八十一条、法第九十九条三項、法第百二十三条第一項（法第百三十四条第二項において準用する場合を含む。）、法第百三十七条第五項又は法第百四十七条第一項の公告は、官報、公報その他所定の手段により行わなければならない。

2　都道府県知事等は、法第十四条第一項の公告、法第三十四条第二項において準用する法第十四条第一項の公告（施行マンションの敷地の区域又は施行再建マンションの敷地の区域を変更するものに限る。）、法第四十九条第一項の公告又は法第五十条第二項において準用する法第四十九条第一項の公告（施行マンションの敷地の区域又は施行再建マンションの敷地の区域を変更するものに限る。）をしたときは、その公告の内容、第五条第一項（第二十五条において準用する場合を含む。）の施行マンション敷地区域図によって表示した施行マンションの敷地の区域又は第八条第一項（第二十五条において準用する場合を含む。）の施行再建マンション敷地区域図によって表示した施行再建マンションの敷地の区域を、施行マンションの敷地又は隣接施行敷地（法第八十一条の建築工事の完了の公告の日以後にあっては、施行再建マンションの敷地。以下この条において同じ。）の区域内の適当な場所に、その公告をした日から起算して三十日間掲示しなければならない。

3　都道府県知事等は、法第三十四条第二項において準用する法第十四条第一項の公告又は法第五十条第二項において準用する法第四十九条第一項の公告（これらの公告のうち施行マンションの敷地の区域又は施行再建マンションの敷地の区域を変更するものを除く。）をしたときは、その公告の内容を施行マンションの敷地又は隣接施行敷地の区域内の適当な場所に、その公告をした日から起算して十日間掲示しなければならない。

4　施行者は、法第六十八条第一項の公告をしたときは、その公告の内容及び第三十三条第一項の配置設計図によって表示した配置設計を施行マンションの敷地又は隣接施行敷地の区域内の適当な場所に、その公告をした日から起算して十日間掲示しなければならない。ただし、施行者が、権利変換計画の変更で配置設計の変更を伴わないものについて法第六十八条第一項の公告をしたときにおいては、第三十三条第一項の配置設計図によって表示した配置設計の掲示を要しない。

5　都道府県知事等又は施行者は、法第五十一条第七項、法第八十一条又は法第九十九条第三項の公告をしたときは、その公告の内容を施行マンションの敷地又は隣接施行敷地の区域内の適当な場所に、その公告をした日から起算して十日間掲示しなければならない。

6　都道府県知事等は、法第百二十三条第一項の公告をしたときは、その公告の内容を売却マンションの敷地の区域内の適当な場所に、その公告をした日から起算して三十日間掲示しなければならない。

7　都道府県知事等又は組合は、法第百三十四条第二項において準用する法第百二十三条第一項又は法第百四十七条第一項の公告をしたときは、その公告の内容を売却マンションの敷地の区域内の適当な場所に、その公告をした日から起算して十日間掲示しなければならない。

本条は、この法律に定めるもののほか、この法律の実施のために必要な事項は、政令で定めることと規定するものである。

（経過措置）

第百六十八条　この法律の規定に基づき政令又は国土交通省令を制定し、又は改廃する場合においては、それぞれ、政令又は国土交通省令で、その制定又は改廃に伴い合理的に必要と判断される範囲内において、所要の経過措置（罰則に関する経過措置を含む。）を定めることができる。

本条は、本法に基づく政令又は国土交通省令の制定、改廃に伴う経過措置については、当該政令又は省令で必要な事項を定めることができる旨を一般的に規定するもので、都市再開発法第百三十九条の二に相当する。

（事務の区分）
第百六十九条　第九条第七項（第三十四条第二項、第四十五条第四項、第五十条第二項及び第五十四条第三項において準用する場合を含む。）、第十一条第一項（第三十四条第二項において準用する場合を含む。）、第十四条第三項（第三十四条第二項において準用する場合を含む。）、第二十五条第一項、第三十八条第五項、第四十九条第三項（第五十条第二項において準用する場合を含む。）、第五十一条第四項及び第六項並びに第九十七条第一項の規定により町村が処理することとされている事務は、地方自治法（昭和二十二年法律第六十七号）第二条第九項第二号に規定する第二号法定受託事務とする。

○マンション建替法施行令
（事務の区分）
第三十六条　第一条、第二条（第十五条において準用する場合を含む。）、第四条第四項（第二十九条において準用する場合を含む。）及び第二十五条第二項（第三十四条第二項において準用する場合を含む。）の規定により町村が処理することとされている事務は、地方自治法（昭和二十二年法律第六十七号）第二条第九項第二号に規定する第二号法定受託事務とする。

一　本条は、本法に規定される地方公共団体の事務のうち、法定受託事務とされるものを明らかにするものである。
二　マンション建替事業に関する地方公共団体の事務のうち、都道府県知事等が行うもの（マンション建替組合の設立の認可、個人施行の認可、権利変換計画の認可等）は全て自治事務であるが、町村が処理することとされる以下の事務は、設立の認可等の都道府県が本来果たすべき役割に係るものであって、都道府県においてその適正な処理を特に確保する必要があるものであるため、第二号法定受託事務とされている。
・設立の認可の申請等の経由事務（第九条第七項（第三十四条第二項等において準用する場合を含む。）、第二十五条第一項、第三十八条第五項、第五十一条第四項等参照）

・事業計画の縦覧（第十一条第一項（第三十四条第二項において準用する場合を含む。）参照）
・施行再建マンションの設計の概要を表示する図書等の縦覧（第十四条第三項（第三十四条第二項において準用する場合を含む。）、第四十九条第三項（第五十条第二項において準用する場合を含む。）参照）
・組合又は個人施行者に対する勧告等（第九十七条第一項参照）

第六章　罰則

第百七十条　組合の役員、総代若しくは職員、個人施行者（法人である個人施行者にあっては、その役員又は職員）又は審査委員（以下「組合の役員等」と総称する。）が職務に関して賄賂を収受し、又は要求し、若しくは約束したときは、三年以下の懲役又は三百万円以下の罰金に処する。よって不正の行為をし、又は相当の行為をしないときは、七年以下の懲役に処する。

2　組合の役員等であった者がその在職中に請託を受けて職務上不正の行為をし、又は相当の行為をしなかったことにつき賄賂を収受し、又は要求し、若しくは約束したときは、三年以下の懲役に処する。

3　組合の役員等がその職務に関し請託を受けて第三者に賄賂を供与させ、又はその供与を約束したときは、三年以下の懲役又は三百万円以下の罰金に処する。

4　犯人又は情を知った第三者の収受した賄賂は、没収する。その全部又は一部を没収することができないときは、その価額を追徴する。

一　本条は、マンション建替組合及びマンション敷地売却組合の役員、総代若しくは職員、個人施行者又は審査委員（以下「組合の役員等」という。）が、公正に業務を執行することを担保するため、次条とともに、組合の役員等に汚職の罪の適用があることを定めるものである。組合の役員は、理事長、理事及び監事である（第二十条及び第百二十六条参照）。

二　第一項は単純収賄及び加重収賄の罪について、第二項は事後収賄の罪について、第三項は第三者供賄の罪について、第四項は附加刑たる没収について規定している。

三　なお、組合が行うマンション建替事業又はマンション敷地売却事業が比較的小規模な場合であって、現実に組合の役員等による不正の行為が行われていない場合などについては、情状により、罰金刑に処することとするのが相当な事案もあり、直ちに懲役刑に処するとするのは不適当な場合もあると考えられることから、第一項及び第三項においては、懲役刑だけでなく三百万円以下の罰金刑が選択刑として設けられている。

第百七十一条 前条第一項から第三項までに規定する賄賂を供与し、又はその申込み若しくは約束をした者は、三年以下の懲役又は百万円以下の罰金に処する。

2 前項の罪を犯した者が自首したときは、その刑を減軽し、又は免除することができる。

一 第一項は、贈賄の罪について三年以下の懲役又は百万円以下の罰金に処する旨を規定するものである。

二 第二項の自首に関する刑法の相当規定は刑法第四十二条第一項であるが、刑法では単に軽減のみに限っているのに対し、本法では、都市再開発法第百四十一条、土地区画整理法第百三十八条等と同様に、自首した者に対しては、刑を免除することもできることとしている。

第百七十二条　組合が次の各号のいずれかに該当する場合においては、その行為をした役員又は職員を二十万円以下の罰金に処する。
一　第九十七条第一項又は第百六十条第一項の規定による報告又は資料の提出を求められて、報告若しくは資料の提出をせず、又は虚偽の報告若しくは資料の提出をしたとき。
二　第九十七条第二項、第九十八条第三項、第百六十条第二項又は第百六十一条第三項の規定による都道府県知事等の命令に違反したとき。
三　第九十八条第一項若しくは第二項又は第百六十一条第一項若しくは第二項の規定による都道府県知事等の検査を拒み、又は妨げたとき。

第百七十三条　個人施行者が次の各号のいずれかに該当する場合においては、その行為をした個人施行者（法人である個人施行者を除く。）又は法人である個人施行者の役員若しくは職員を二十万円以下の罰金に処する。
一　第九十七条第一項の規定による報告又は資料の提出を求められて、報告若しくは資料の提出をせず、又は虚偽の報告若しくは資料の提出をしたとき。
二　第九十七条第二項又は第九十九条第一項の規定による都道府県知事等の命令に違反したとき。
三　第九十九条第一項の規定による都道府県知事等の検査を拒み、又は妨げたとき。

一　本条は、都道府県知事及び市町村長のマンション建替組合、マンション敷地売却組合又は個人施行者に対する監督権を確保するための罰則（二十万円以下の罰金）に関する規定である。
二　第九十七条第一項の規定による報告又は資料の提出（第百七十二条第一号及び第百七十三条第一号）とは、都道府県知事又は市町村長がマンション建替組合又は個人施行者に対して行うマンション建替事業の監督上の必要に基づき求めることができるとされている報告又は資料の提出のことである。
三　第百六十条第一項の規定による報告又は資料の提出（第百七十二条第一号）とは、都道府県知事等がマンション敷地売却組合に対して行うマンション敷地売却事業の監督上の必要に基づき求めることができるとされている報告又は資料の提出のことである。

四　第九十七条第二項及び第九十八条第三項又は第九十九条第一項の規定による都道府県知事等の命令（第百七十二条第二号及び第百七十三条第二号）とは、マンション建替組合又は個人施行者の行うマンション建替事業を促進するための都道府県知事等の命令及びマンション建替組合又は個人施行者の事業又は会計が法律その他に違反している場合において都道府県知事等が発する是正命令のことである。

五　第百六十条第二項及び第百六十一条第三項の規定による都道府県知事等の命令（第百七十二条第二号）とは、マンション敷地売却組合の行うマンション敷地売却事業を促進するための都道府県知事等の命令及びマンション敷地売却組合の事業又は会計が法律その他に違反している場合において都道府県知事等が発する是正命令のことである。

六　第九十八条第一項及び第二項並びに第九十九条第一項の規定による都道府県知事等の検査（第百七十二条第三号及び第百七十三条第三号）とは、都道府県知事等が監督上の必要に基づき行うマンション建替組合又は個人施行者の事業又は会計の状況の検査と組合員の検査請求に基づく都道府県知事等の検査である。

七　第百六十一条第一項及び第二項の規定による都道府県知事等の検査（第百七十二条第三号）とは、都道府県知事等が監督上の必要に基づき行うマンション敷地売却組合の事業又は会計の状況の検査と組合の検査請求に基づく都道府県知事等の検査である。

第百七十四条　第百十四条第一項の規定による報告をせず、又は虚偽の報告をした者は、二十万円以下の罰金に処する。

一　本条は、認定買受人に対する罰則を規定するものである。

二　「第百十四条第一項の規定による報告」とは、認定買受計画に係る決議要除却認定マンションの買受け若しくは除却又は代替建築物の提供等の状況についての都道府県知事等に対する認定買受人の報告である。

第百七十五条　法人の代表者又は法人若しくは人の代理人、使用人その他の従業者が、その法人又は人の業務又は財産に関して前三条に規定する違反行為をしたときは、行為者を罰するほか、その法人又は人に対して各本条の刑を科する。

本条は、第百七十二条から第百七十四条までの規定による罰則が適用されて現に違反行為をした者が罰せられるときには、この行為者のみならず、その行為者の使用者である組合その他の法人又は行為者の雇い主も同時に罰することを定めるいわゆる両罰規定である。

第百七十六条　次の各号のいずれかに該当する場合においては、その行為をした組合の理事、監事又は清算人を、二十万円以下の過料に処する。
一　マンション建替組合がマンション建替事業以外の事業を営んだとき。
二　マンション敷地売却組合がマンション敷地売却事業以外の事業を営んだとき。
三　第二十四条第八項（第百二十六条第三項において準用する場合を含む。）の規定に違反して監事が理事又は組合の職員と兼ねたとき。
四　第二十八条第一項、第三項又は第四項（第三十一条第四項、第百二十九条及び第百三十一条第四項において準用する場合を含む。）の規定に違反して総会又は総代会を招集しなかったとき。
五　第三十四条第三項、第三十八条第三項、第百三十四条第三項又は第百三十七条第三項の規定に違反したとき。
六　第四十条又は第四十二条（これらの規定を第百三十八条において準用する場合を含む。）に規定する書類に記載すべき事項を記載せず、又は不実の記載をしたとき。
七　第四十一条（第百三十八条において準用する場合を含む。）の規定に違反して組合の残余財産を処分したとき。
八　第九十五条第一項又は第百五十八条第一項の規定に違反してこれらの規定に規定する簿書を備えず、又はその簿書に記載すべき事項を記載せず、若しくは不実の記載をしたとき。
九　第九十五条第二項又は第百五十八条第二項の規定に違反してこれらの規定に規定する簿書の閲覧を拒んだとき。
十　都道府県知事等又は総会若しくは総代会に対し、不実の申立てをし、又は事実を隠したとき。
十一　この法律の規定による公告をせず、又は不実の公告をしたとき。

第百七十八条　個人施行者が次の各号のいずれかに該当する場合においては、その行為をした個人施行者（法人である個人施行者を除く。）又は法人である個人施行者の役員若しくは清算人を二十万円以下の過料に処する。
一　第五十条第三項において準用する第三十四条第三項の規定に違反したとき。
二　第五十四条第二項の規定に違反したとき。
三　第九十五条第一項の規定に違反して簿書を備えず、又はその簿書に記載すべき事項を記載せず、若しくは不実の記載をしたとき。
四　第九十五条第二項の規定に違反して簿書の閲覧を拒んだとき。

一　以下の各違反事項に関して、第百七十六条は組合の役員又は清算人に対する罰則を、第百七十八条は個人施行者（法人である場合は、その役員又は清算人）に対する罰則を規定するものである。

二　「第二十四条第八項の規定に違反して」（第百七十六条第三号）とは、マンション建替組合の監事が、理事又は職員と兼ねることが禁止されているにもかかわらず、これに違反して兼職することである。「第百二十六条第三項において準用する場合」とは、マンション敷地売却組合に関する準用規定である。

三　「第二十八条第一項、第三項又は第四項の規定に違反して」（第百七十六条第四号）とは、年一回招集すべき通常総会を理事長が招集せず、組合員の総会招集請求があってもその請求があった日から二十日以内に理事長が臨時総会を招集せず、またその日から十日以内に監事が臨時総会を招集しないことをいう。「第三十一条第四項において準用する場合」とは総代会に関する準用規定、「第百二十九条及び第百三十一条第四項において準用する場合」とはマンション敷地売却組合に関する準用規定である。

四　「第三十四条第三項の規定に違反したとき」（第百七十六条第五号）又は「第五十条第三項において準用する第三十四条第三項の規定に違反したとき」（第百七十八条第一号）とは、マンション建替組合又は個人施行者が、事業に要する経費の分担に関して、又は、施行マンションの数の縮減により、定款若しくは規準若しくは規約又は事業計画を変更しようとする場合において、マンション建替事業施行のための借入金があるときに、その変更についてその債権者の同意を得なかった場合のことである。

五　「第三十八条第三項の規定に違反したとき」（第百七十六条第五号）とは、マンション建替組合が解散する際に、借入金に係る債権者の同意を得なかった場合のことである。

六　「第百三十四条第三項の規定に違反したとき」（第百七十六条第五号）とは、マンション敷地売却組合が、事業に要する経費の分担に関し定款又は資金計画を変更しようとする場合において、マンション敷地売却事業の実施のための借入金があるときは、その変更についてその債権者の同意を得なかった場合のことである。

七　「第百三十七条第三項の規定に違反したとき」（第百七十六条第五号）とは、マンション敷地売却組合が解散する際に、借入金に係る債権者の同意を得なかった場合のことである。

八　「第五十四条第二項の規定に違反したとき」（第百七十八条第二号）とは、個人施行者が事業の完成の不能によりマンション建替事業を廃止しようとする際に、マンション建替事業施行のための借入金に係る債権者の同意を得なかった場合のことである。

九　「第四十条又は第四十二条に規定する書類」（第百七十六条第六号）とは、組合の清算人が作成する財産目録及び決算報告書をいう。「第百三十八条において準用する場合」とは、マンション敷地売却組合に関する準用規定である。

十　「第四十一条の規定に違反して」（第百七十六条第七号）とは、組合の債務を弁済する前に残余財産を処分することである。「第百三十八条において準用する場合」とは、マンション敷地売却組合に関する準用規定である。

十一　「第九十五条第一項又は第百五十八条第一項の規定に違反して」（第百七十六条第八号、第百七十八条第三号）とは、組合員名簿その他国土交通省令に定める簿書をマンション建替組合、個人施行者又はマンション敷地売却組合の事務所に備え付けていないことをいう。

十二　「第九十五条第二項又は第百五十八条第二項の規定に違反して」（第百七十六条第九号、第百七十八条第四号）とは、利害関係者から備付け簿書の閲覧の請求があったにもかかわらず、マンション建替組合、個人施行者又はマンション敷地売却組合が、正当な理由がなくして閲覧を拒むことをいう。

第百七十七条　第二十八条第五項（第百二十九条において読み替えて準用する場合を含む。）の規定に違反して最初の理事又は監事を選挙し、又は選任するための総会を招集しなかった者は、二十万円以下の過料に処する。

「第二十八条第五項の規定に違反して」とは、マンション建替組合の設立発起人が組合の設立認可の公告があった日から起算して三十日以内に最初の理事又は監事を選挙し、又は選任するための総会を招集しないことをいい、このような者は二十万円以下の過料に処せられる。なお、「第百二十九条において読み替えて準用する場合」とは、マンション敷地売却組合に関する準用規定である。

第百七十九条　第八条第二項又は第百十九条第二項の規定に違反してその名称中にマンション建替組合又はマンション敷地売却組合という文字を用いた者は、十万円以下の過料に処する。

「第八条第二項の規定に違反して」とは、マンション建替組合でない者がその名称中にマンション建替組合という名称を用いることを、「第百十九条第二項の規定に違反して」とは、マンション敷地売却組合でない者がその名称中にマンション敷地売却組合という名称を用いることをいい、このような者は十万円以下の過料に処せられる。

なお、この名称の使用制限に関しては、経過措置が定められている。

〈補足〉

行政不服審査法（平成二十六年法律第六十八号）関係

平成二十六年六月十三日に公布された「行政不服審査法の施行に伴う関係法律の整備等に関する法律」（平成二十六年法律第六十九号）によるマンション建替法の改正は、次のとおりである。なお、施行については、公布の日から起算して二年を超えない範囲内において政令で定める日とされている。

【第十一条第四項】

〈改正後条文〉

4　前項の規定による意見書の内容の審査については、行政不服審査法（平成二十六年法律第六十八号）第二章第三節（第二十九条、第三十条、第三十二条第二項、第三十八条、第四十条、第四十一条第三項及び第四十二条を除く。）の規定を準用する。この場合において、同法第二十八条中「審理員」とあるのは「都道府県知事等（マンションの建替え等の円滑化に関する法律第九条第一項に規定する都道府県知事等をいう。以下同じ。）」と、同法第三十一条、第三十二条第三項、第三十三条から第三十七条まで、第三十九条並びに第四十一条第一項及び第二項中「審理員」とあるのは「都道府県知事等」と読み替えるものとする。

行政不服審査法（以下「行審法」という。）の改正に伴い、不服申立ての手続については、「異議申立て」手続が廃止され、「審査請求」に一元化されたことを受け、第十一条第四項の規定についても、原則として審査請求の審理に関する規定を準用する改正を行っている。

【第百五条第二項】

〈改正後条文〉

2 建築基準法第四十四条第二項、第九十二条の二、第九十三条第一項及び第二項、第九十四条並びに第九十五条の規定は、前項の規定による許可について準用する。

行審法の改正に伴い、建築基準法第九十六条が削除されることを受け、第百五条第二項の規定について、形式的な改正を行っている。

【第百六十五条】

〈改正後条文〉

（審査請求）

第百六十五条 次に掲げる処分又はその不作為については、審査請求をすることができない。

一 第九条第一項又は第三十四条第一項の規定による認可

二 第十一条第三項（第三十四条第二項において準用する場合を含む。）の規定による通知

2 マンション建替組合若しくはマンション敷地売却組合（以下「組合」と総称する。）又は個人施行者がこの法律に基づいてした処分その他公権力の行使に当たる行為に不服のある者は、都道府県知事等に対して審査請求をすることができる。この場合において、都道府県知事等は、行政不服審査法第二十五条第二項及び第三項、第四十六条第一項及び第二項、第四十七条並びに第四十九条第三項の規定の適用については、組合又は個人施行者の上級行政庁とみなす。

一 従来、不作為に対する審査請求では、事務処理の促進を求めることしかできなかったが、行審法の改正に伴

い、不作為に係る審査請求についても、処分に係る審査請求と同様に、当該不作為の審査請求に係る審理の中で、行うべき処分内容の判断を行い得ることとなる。このため、本法においては、処分と同様、不作為に係るものについても請求できないこととするための改正を行っている（第一項）。なお、「不服申立て」に係る文言の改正は第十一条第四項と同様である。

二　本条に基づく、都道府県知事等の不服申立てに係る審査権の特例は、マンション建替事業又はマンション敷地売却事業を行うに当たっての認可権・監督権と両事業の施行権との関係に基づき規定されているものである。今般の行審法の改正後においても、本条において、審査請求先に係る行審法の特例を措置する趣旨に変更はないため、引き続き本特例を維持することとされている。

ただし、争訟の一回的解決を図る観点から、処分等に係る審査請求の裁決において当該処分等を変更する権限を有する上級行政庁と同様の権限を、組合又は個人施行者が行った審査請求についても付与することとし、都道府県知事等を組合又は個人施行者の上級行政庁とみなすこととするため、後段を加えることとされている。

第三部　資料

1　省令様式

様式第1（第三十条関係）

権利処分承認申請書

年　月　日

殿

権利を処分しようとする者	住所	
	氏名	印

次表の
（施行マンションの　区分所有権／敷地利用権）
（隣接施行敷地の　所有権／借地権）
について下記のとおり権利を処分するので、

マンションの建替え等の円滑化に関する法律第55条第2項の規定により承認を申請します。

イ　施行マンションの区分所有権

年　月　日　登記簿登記事項						
一棟の建物			専有部分の建物			
所在	構造	床面積	家屋番号	建物の番号	種類	床面積
						階部分 ㎡

ロ　施行マンションの敷地利用権

年　月　日　登記簿登記事項					
所在及び地番	地目	地積	権利の種類	権利の割合	所有者の住所及び氏名

ハ　隣接施行敷地の所有権

年　月　日　登記簿登記事項		
所在及び地番	地目	地積

二　隣接施行敷地の借地権

<table>
<tr><td colspan="4">借地権の目的となっている土地</td><td rowspan="2">借　地　権　の　範　囲</td></tr>
<tr><td colspan="4">年　　月　　日　　登記簿登記事項</td></tr>
<tr><td>所在及び地番</td><td>地目</td><td>地積</td><td>所有者の住所及び氏名</td><td rowspan="2">宅地の（全部
一部）　平方メートル</td></tr>
<tr><td></td><td></td><td></td><td></td></tr>
</table>

記

<table>
<tr><td>権利の処分の内容</td><td colspan="2">（施行マンションの　区分所有権
　　　　　　　　　　敷地利用権
　隣接施行敷地の　　所有権
　　　　　　　　　　借地権）　の（全部
一部）</td><td>（処分する権利の割合）</td></tr>
<tr><td>権利の処分の態様</td><td colspan="3"></td></tr>
<tr><td rowspan="2">権利の処分の相手方</td><td>住所</td><td colspan="2"></td></tr>
<tr><td>氏名</td><td colspan="2">印</td></tr>
</table>

備考

1　不要の部分は消すこと。

2　「地目」欄には、不動産登記規則（平成17年法務省令第18号）第99条の地目の別により、その現況を記載すること。

3　「地積」欄には、登記簿に登記された地積を、「権利の割合」欄には登記簿に記載された権利の割合をそれぞれ記載すること。

4　権利の処分を施行マンションの区分所有権若しくは敷地利用権又は隣接施行敷地の所有権若しくは借地権の一部についてしようとするときは、その割合を明記すること。

5　権利の処分を区分所有権若しくは敷地利用権又は隣接施行敷地の所有権若しくは借地権の一部についてしようとするときは、その部分の位置を明らかにする見取図（方位を記載すること。）を添付すること。

6　「権利の処分の態様」は、「所有権の移転」、「借地権の設定又は移転」、「抵当権の設定」等の如く具体的に記載すること。

7　法人の場合においては、「住所」欄にはその法人の主たる事務所の所在地を、「氏名」欄にはその法人の名称を、「所有者の住所及び氏名」欄にはその法人の主たる事務所の所在地及び名称を記載すること。

様式第２（第三十一条関係）

権利変換を希望しない旨の申出書

年　月　日

殿

権利の変換を希望しない旨の申出をしようとする者	住所	
	氏名	印

マンションの建替え等の円滑化に関する法律第 56 条第１項の規定に基づき、下記の
｛区分所有権について同法第 71 条第２項
敷地利用権について同法第 70 条第１項｝の規定による権利の変換を希望せず、金銭の給付を希望するので申し出ます。

記

イ　施行マンションの区分所有権

年　月　日　登記簿登記事項						
一棟の建物			専有部分の建物			
所 在	構 造	床面積	家屋番号	建物の番号	種類	床面積
						階部分 ㎡

ロ　施行マンションの敷地利用権

年　月　日　登記簿登記事項					
所在及び地番	地目	地積	権利の種類	権利の割合	所有者の住所及び氏名

備考

1　不要の部分は消すこと。

2　「地目」欄には、不動産登記規則（平成 17 年法務省令第 18 号）第 99 条の地目の別により、その現況を記載すること。

3　「地積」欄には、登記簿に登記された地積を、「権利の割合」欄には登記簿に記載された権利の割合をそれぞれ記載すること。

4　法人の場合においては、「住所」欄にはその法人の主たる事務所の所在地を、「氏名」欄にはその法人の名称及び代表者の氏名を、「所有者の住所及び氏名」欄にはその法人の主たる事務所の所在地及び名称を記載すること。

5　氏名（法人にあっては、その代表者の氏名）の記載を自署で行う場合においては、押印を省略することができる。

様式第３（第三十一条関係）

借家権の取得を希望しない旨の申出書

年　　月　　日

殿

借家権を有する者	住所	
	氏名	印

マンションの建替え等の円滑化に関する法律第56条第3項の規定に基づき、下記の建築物について同法71条第3項の規定による借家権の取得を希望しないので、申し出ます。

記

年　月　日　登　記　簿　登　記　事　項								
一棟の建物			専有部分の建物					
所在	構造	床面積	家屋番号	建物の番号	種類	床面積	所有者の住所及び氏名
						階部分 ㎡	

備考

1 法人の場合においては、「住所」欄にはその法人の主たる事務所の所在地を、「氏名」欄にはその法人の名称及び代表者の氏名を、「所有者の住所及び氏名」欄には借家権の目的となっている建築物の所有者である法人の主たる事務所の所在地及び名称を記載すること。

2 借家権を有する者の氏名（法人にあっては、その代表者の氏名）の記載を自署で行う場合は、押印を省略することができる。

様式第４（第三十一条関係）

権利変換を希望しない旨の申出撤回書

年　月　日

殿

権利の変換を希望しない旨の申出を撤回しようとする者	住所	
	氏名	印

マンションの建替え等の円滑化に関する法律第56条｛第５項／第６項｝の規定に基づき、下記の｛区分所有権について同法第71条第２項／敷地利用権について同法第70条第１項｝の規定による権利の変換を希望せず、金銭の給付を希望する旨の申出を撤回します。

記

イ　施行マンションの区分所有権

年　月　日　登記簿登記事項						
一棟の建物			専有部分の建物			
所在	構造	床面積	家屋番号	建物の番号	種類	床面積
						階部分 ㎡

ロ　施行マンションの敷地利用権

年　月　日　登記簿登記事項					
所在及び地番	地目	地積	権利の種類	権利の割合	所有者の住所及び氏名

備考

1　不要の部分は消すこと。

2　「地目」欄には、不動産登記規則（平成17年法務省令第18号）第99条の地目の別により、その現況を記載すること。

3　「地積」欄には、登記簿に登記された地積を、「権利の割合」欄には登記簿に記載された権利の割合をそれぞれ記載すること。

4　法人の場合においては、「住所」欄にはその法人の主たる事務所の所在地を、「氏名」欄にはその法人の名称及び代表者の氏名を、「所有者の住所及び氏名」欄にはその法人の主たる事務所の所在地及び名称を記載すること。

5　氏名（法人にあっては、その代表者の氏名）の記載を自署で行う場合においては、押印を省略することができる。

様式第５（第三十一条関係）

借家権の取得を希望しない旨の申出撤回書

年　月　日

殿

借家権を有する者	住所	
	氏名	印

マンションの建替え等の円滑化に関する法律第 56 条（第５項／第６項）の規定に基づき、下記の建築物について同法第71条第3項の規定による借家権の取得を希望しない旨の申し出を撤回します。

記

年　月　日　登記簿登記事項							
一棟の建物			専有部分の建物				
所在	構造	床面積	家屋番号	建物の番号	種類	床面積	所有者の住所及び氏名
						階部分 ㎡	

備考

1 不要の部分は消すこと。

2 法人の場合においては、「住所」欄にはその法人の主たる事務所の所在地を、「氏名」欄にはその法人の名称及び代表者の氏名を、「所有者の住所及び氏名」欄には借家権の目的となっている建築物の所有者である法人の主たる事務所の所在地及び名称を記載すること。

3 借家権を有する者の氏名（法人にあっては、その代表者の氏名）の記載を自署で行う場合においては、押印を省略することができる。

様式第６（第三十三条関係）

権　利　変　換　計　画　書

（一）施行マンションの区分所有権又は敷地利用権を有する者で、当該権利に対応して施行再建マンションの区分所有権又は敷地利用権を与えられることとなるものに関する事項（法第５８条第１項第２号、第３号、第４号）、法第５８条第１項第３号に掲げる区分所有権について担保権等の登記に係る権利を有する者に関する事項（法第５８条１項第５号、第６号）又は施行マンションの借家権を有する者で、当該権利に対応して施行再建マンションについて借家権を与えられることとなるものに関する事項（法第５８条第１項第７号、第８号）

権利者				権利変換期日前の権利の状況														
区分所有権又は敷地利用権を与えられることとなる者		借家権を与えられることとなる者		施行マンションの区分所有権又は借家権					施行マンションの敷地利用権					施行マンションの区分所有権又は借家権及び施行マンションの敷地利用権の価額の合計額（Ａ＋Ｂ）	施行マンションの区分所有権又は敷地利用権についての担保権等の登記に係る権利			
氏名又は名称	住所	氏名又は名称	住所	所在	権利の種類	権利の内容		価額（Ａ）	所在及び地番	地目	権利の種類	権利の内容（地積及び権利の割合）	価額（Ｂ）		権利の種類	権利の内容	権利を有する者	
						専有部分（家屋番号、建物番号、種類及び床面積）	共用部分の共有持分										氏名又は名称	住所
法第５８条第１項第２号		法第５８条第１項第７号		法第５８条第１項第３号、第７号											法第５８条第１項第５号			

（参考）

清算金予定額		
区分所有権又は借家権に関する清算金予定額（Ｃ－Ａ）	敷地利用権に関する清算金予定額（Ｄ－Ｂ）	合計額
プラスの場合は施行者が徴収 マイナスの場合は施行者が交付		

権利変換期日後又は法第８１条の建築工事の完了の公告の日後の権利の状況																			
施行再建マンションの区分所有権又は借家権					施行再建マンションの敷地利用権					施行再建マンションの区分所有権又は借家権及び施行再建マンションの敷地利用権の価額の合計額（Ｃ＋Ｄ）	施行再建マンションの区分所有権又は敷地利用権についての担保権等の登記に係る権利				
所在	権利の種類	権利の内容		価額（Ｃ）	所在及び地番	地目	権利の種類	権利の内容（地積及び権利の割合）	価額（Ｄ）		権利の種類	権利の内容	権利を有する者		担保権等の登記に係る権利について必要な定め
		専有部分（家屋番号、建物番号、種類及び床面積）	共用部分の共有持分										氏名又は名称	住所	
法第５８条第１項第４号、第８号											法第５８条第１項第６号				

（二）施行マンションに関する権利又はその敷地利用権を有する者で、法の規定により、権利変換期日において当該権利を失い、かつ、当該権利に対応して、施行再建マンションに関する権利又はその敷地利用権を与えられないものに関する事項（法第５８条第１項第１０号）

権利者		権利変換期日前の権利の状況										
権利変換期日において権利を失い、かつ、当該権利に対応して施行再建マンションに関する権利又はその敷地利用権を与えられない者		施行マンションに関する権利					施行マンションの敷地利用権					施行マンションに関する権利及び敷地利用権の価額の合計額（A＋B）
氏名又は名称	住所	所在	権利の種類	権利の内容		価額（A）	所在及び地番	地目	権利の種類	権利の内容（地積及び権利の割合）	価額（B）	
				専有部分（家屋番号、建物番号、種類及び床面積）	共用部分の共有持分							
法第５８条第１項第１０号												

１　法第７５条第１項の補償金（利息相当額を含む。）の支払期日及び支払方法

（三）隣接施行敷地の所有権又は借地権を有する者で、権利変換期日において当該権利を失い、又は当該権利の上に敷地利用権が設定されることとなるものに関する事項（法第５８条第１項第１１号）

権利者		隣接施行敷地					
氏名又は名称	住所	所在及び地番	地目	権利の種類	権利の内容（地積及び権利の割合）	権利を失う又は敷地利用権が設定されるの別	失う権利の価額又は敷地利用権設定による減価額
法第５８条第１項第１１号							

１　法第７５条第１項の補償金（利息相当額を含む。）の支払期日及び支払方法

（四）組合の参加組合員に関する事項（法第５８条第１項第１２号）

参加組合員		施行再建マンションの区分所有権				施行再建マンションの敷地利用権			
氏名又は名称	住所	所在	権利の種類	権利の内容		所在及び地番	地目	権利の種類	権利の内容（地積及び敷地の共有持分等）
				専有部分（家屋番号、建物番号、種類及び床面積）	共用部分の共有持分				
法第５８条第１項第１２号									

(五) 施行再建マンションの区分所有権又は敷地利用権のうち(一)及び(四)以外の明細、その帰属並びに処分の方法(法第5８条第１項第９号、第１３号)

施行再建マンションの区分所有権				施行再建マンションの敷地利用権				施行再建マンションの区分所有権又は敷地利用権の帰属		標準家賃の概算額	家賃以外の借家条件の概要	処分の方法			
所在	権利の種類	権利の内容		所在及び地番	地目	権利の種類	権利の内容(地積及び権利の割合)	氏名又は名称	住所			譲渡又は賃貸の別	譲受人又は賃借人の決定方法	その他	備考
		専有部分(家屋番号、建物番号、種類及び床面積)	共用部分の共有持分												
法第５８条第１項第９号、第１３号															

（六）保留敷地の所有権又は借地権の明細、その帰属及び処分の方法（法第５８条第１項第１４号）

保留敷地の所有権又は借地権				保留敷地の所有権又は借地権の帰属		処分の方法			
所在及び地番	地目	権利の種類	権利の内容	氏名又は名称	住所	譲渡又は賃貸の別	譲受人又は賃借人の決定方法	その他	備考
法第５８条第１項第１４号									

（七）補償金の支払に係る利息

補償金の支払に係る利息の決定方法

清算金の徴収に係る利子

清算金の徴収に係る利子の決定方法

（八）権利変換期日

施行マンションの明渡しの予定時期

工事完了の予定時期

備考

1　この計画書には、各専有部分の室内仕上げ表を添付すること。

2　「地目」欄には、不動産登記規則（平成17年法務省令第18号）第99条の地目の別により、その現況を記載すること。

3　「権利の内容（地積及び権利の割合）」欄には、登記簿に記載された地積及び権利の割合をそれぞれ記載すること。

4　法人の場合においては、「住所」欄にはその法人の主たる事務所の所在地を記載すること。

様式第７（第四十条関係）

権利変換期日等通知書

年　　月　　日

（施行者）　事務所の所在地

氏名又は名称及び法人にあってはその代表者の氏名　印

登　記　所　　殿

マンションの建替え等の円滑化に関する法律第 69 条の規定によって、下記のとおり通知します。

記

1　マンション建替事業の名称

2　権利変換計画に係る施行マンションの敷地の区域及び施行再建マンションの敷地の区域に含まれる地域の名称

3　権利変換期日　　　　年　　月　　日
（変更された権利変換期日　　　年　　月　　日）

4　権利変換計画の認可を受けた年月日　　　　年　　月　　日
（権利変換計画の変更の認可を受けた（又は権利変換計画についてマンションの建替え等の円滑化に関する法律施行規則第37条各号に掲げる軽微な変更をした）年月日　　　年　　月　　日）

備考
1 不要の部分は消すこと。
2 ３及び４の変更の日は直近の変更の日を記入すること。
3 施行者の氏名（法人にあっては、その代表者の氏名）の記載を自署で行う場合においては、押印を省略することができる。

様式第８（第四十三条関係）

補償金払渡通知書

年　月　日

（施行者）事務所の所在地

氏名又は名称及び法人にあってはその代表者の氏名　印

配当機関　　殿

マンションの建替え等の円滑化に関する法律第78条〔第１項／第４項〕の規定によって、下記のとおり払い渡すので、通知します。

記

1 〔差押え／仮差押え〕に係る権利の種類

2 〔差押え／仮差押え〕に係る権利の明細

イ　施行マンションに関する権利

年　月　日　登記簿登記事項							
一棟の建物			専有部分の建物				
所在	構造	床面積	家屋番号	建物の番号	種類	床面積	所有者の住所及び氏名
						階部分 ㎡	

ロ　施行マンションの敷地利用権

年　月　日　登記簿登記事項					
所在及び地番	地目	地積	権利の種類	権利の割合	所有者の住所及び氏名

ハ　隣接施行敷地の所有権

年　月　日　登記簿登記事項			
所在及び地番	地目	地積	所有者の住所及び氏名

二　隣接施行敷地の借地権

<table>
<tr><td colspan="4">借地権の目的となっている土地</td><td rowspan="2">借　地　権　の　範　囲</td></tr>
<tr><td colspan="4">年　　月　　日　　登記簿登記事項</td></tr>
<tr><td>所在及び地番</td><td>地目</td><td>地積</td><td>所有者の住所及び氏名</td><td rowspan="2">宅地の（全部
一部）　平方メートル</td></tr>
<tr><td></td><td></td><td></td><td></td></tr>
</table>

3　（差押え
仮差押え）がされた年月日

4　（差押え
仮差押え）をした機関の名称

5　払渡金額及びその内訳

備考

1　補償金払渡通知書は差押えの執行又は仮差押えの執行に係る権利ごとに作成すること。

2　不要の部分は消すこと。

3　「地目」欄には、不動産登記規則（平成17年法務省令第18号）第99条の地目の別により、その現況を記載すること。

4　「地積」欄には、登記簿に登記された地積を、「権利の割合」欄には登記簿に記載された権利の割合をそれぞれ記載すること。

5　施行者の氏名（法人にあっては、その代表者の氏名）の記載を自署で行う場合においては、押印を省略することができる。

様式第９（第四十三条関係）

権利喪失通知書

年　　月　　日

（施行者）　事務所の所在地

氏名又は名称及び法人にあってはその代表者の氏名　印

配当機関　　殿

マンションの建替え等の円滑化に関する法律 ｛第70条第１項／第70条第２項／第71条第１項｝ の規定によって、下記の者は下記のとおり権利を失いますので通知します。

記

1　施行マンションに関する権利若しくはその敷地利用権又は隣接施行敷地の所有権若しくは借地権を失う者の氏名又は名称及び住所

2　前号の者が失う施行マンションに関する権利若しくはその敷地利用権又は隣接施行敷地の所有権若しくは借地権及びその価額

3　権利変換期日

4　権利変換計画の備付け場所

備考

1　権利喪失通知書は、失われる施行マンションに関する権利若しくはその敷地利用権又は隣接施行敷地の所有権若しくは借地権ごとに作成する。

2　不要の部分は消すこと。

3　施行者の氏名（法人にあっては、その代表者の氏名）の記載を自署で行う場合においては、押印を省略することができる。

様式第10（第四十四条関係）

裁　定　申　立　書

賃貸人　住所

氏名

賃借人　住所

氏名及び職業

マンションの建替え等の円滑化に関する法律第 83 条第 1 項の規定による協議が成立しないので、下記により、裁定の申立てをします。

記

1　借家権の目的である施行再建マンションの部分の所在

2　裁定を受けようとする事項

3　協議の経過

4　その他参考となる事項

年　月　日

裁定申立者　住所

氏名　印

殿

備考

1　「協議の経過」については経過の説明のほかに協議が成立しない事情を明らかにすること。
2　「その他参考となる事項」については法第83条第2項各号に掲げる事項中協議が成立した事項及びその内容、従前の家賃、その他の借家条件の概要その他参考となる事項を記載すること。
3　法人の場合においては、住所及び氏名は、それぞれの法人の主たる事務所の所在地、名称及び代表者の氏名を記載すること。
4　裁定申立者の氏名（法人にあっては、その代表者の氏名）の記載を自署で行う場合においては、押印を省略することができる。

様式第11（第四十九条関係）

（第一面）

除却の必要性に係る認定申請書

年　月　日

特定行政庁　殿

申請者（管理者等）の住所又は
主たる事務所の所在地
申請者（管理者等）の氏名又は
名称及び法人にあっては、その
代表者の氏名　　　　　　　　　　　　印

マンションの建替え等の円滑化に関する法律第102条第１項の規定に基づき、マンションについて除却する必要がある旨の認定を申請します。

この申請書及び添付図書に記載の事項は、事実に相違ありません。

（本欄には記入しないで下さい。）

受付欄	認定番号欄	決裁欄
年　月　日	年　月　日	
第　　　号	第　　　号	
係員印	係員印	

（注意）

申請者の氏名（法人にあっては、その代表者の氏名）の記載を自署で行う場合においては、押印を省略することができる。

（第二面）

1.マンション及びその敷地に関する事項

[地名地番]
[建築物の階数]　地上　　階　地下　　階 [延べ面積]　　㎡ [建築面積]　　㎡
[構造方法]　　造　一部　　造
[用途]

2.建築等の経過

年　月　日　概要（　　　　　）
年　月　日　概要（　　　　　）
年　月　日　概要（　　　　　）
年　月　日　概要（　　　　　）

（注意）

新築、増築、改築、修繕又は模様替（以下「建築等」という。）について、古いものから順に、確認（建築基準法第６条第１項に規定する確認をいう。）を受けている場合は建築確認済証交付年月日を、受けていない場合は建築等が完了した年月日を記入するとともに、それぞれ建築等の概要を記入すること。

（第三面）

３.耐震診断の実施者に関する事項

[氏名のフリガナ]
[氏名]
[郵便番号]
[住所]
[電話番号]
[建築士の場合] 【資格】　（　）建築士（　）登録第　号 【勤務先】　（　）建築士事務所（　）知事登録第　号 【勤務先の所在地】 【登録資格者講習の種類】 【講習実施機関名】 【証明書番号】　第　号 【講習修了年月日】　年　月　日
[国土交通大臣が定める者の場合] 【勤務先】 【勤務先の所在地】

（注意）

１．[建築士の場合]の欄の【登録資格者講習の種類】、【講習実施機関名】、【証明書番号】及び【講習修了年月日】については、建築士が受講した登録資格者講習に係る内容を記載すること。

２．[国土交通大臣が定める者の場合]に該当する者は、国土交通大臣が認める者であることを証する事項を別紙に記載して添えること。

様式第12（第四十九条関係）

木造のマンション又は木造と木造以外の構造とを併用したマンションの木造の構造部分の状況

[欠込みの有無]
[筋かいの端部の柱又ははりその他の横架材との緊結の状態]
[継手又は仕口の緊結の状態]
[防腐のための措置又は白蟻その他の虫による害を防ぐための措置の内容]

様式第13（第五十条関係）

除却の必要性に係る認定通知書

認定番号　　　　　第　　　号
認定年月日　　　　年　　月　　日

殿

（特定行政庁名）　　　　　印

下記による申請書の記載のマンションについて、マンションの建替え等の円滑化に関する法律第102条第２項の規定に基づき認定しましたので通知します。

記

1．申請年月日　　　　年　　月　　日
2．マンションの位置
3．マンションの概要
①用途
②延べ面積
③その他の事項

様式第14（第五十一条関係）

除却の必要性に係る認定をした旨の通知書

年　　月　　日

（都道府県知事等名）　　　　　　殿

（特定行政庁名）　　　　　　　　印

マンションの建替え等の円滑化に関する法律第102条第２項の規定に基づき、下記のマンションについて除却の必要性に係る認定をしましたので通知します。

記

１．認定年月日　　　　　年　　月　　日

２．マンションの位置

３．マンションの概要

①用途

②延べ面積

③その他の事項

備考

1　マンションの敷地の所在地が市の区域内にあり、かつ、特定行政庁が都道府県知事である場合は当該市の長に通知すること。

2　特定行政庁が町村の長である場合は、都道府県知事に通知すること。

様式第15（第五十二条関係）

許可申請書

（第一面）

マンションの建替え等の円滑化に関する法律第105条第１項の規定による許可を申請します。

この申請書及び添付図書に記載の事項は、事実に相違ありません。

特定行政庁　　　　　　　　　　　殿

年　　月　　日

申請者氏名　　　　　　　　　　　印

【１.申請者】

【イ.氏名のフリガナ】

【ロ.氏名】

【ハ.郵便番号】

【ニ.住所】

【ホ.電話番号】

【２.設計者】

【イ.資格】　　　（　　）建築士　　（　　　　）登録第　　　号

【ロ.氏名】

【ハ.建築士事務所名】（　　）建築士事務所（　　）知事登録第　　　号

【ニ.郵便番号】

【ホ.所在地】

【ヘ.電話番号】

※手数料欄				
※受付欄	※消防関係同意欄	※建築審査会同意欄	※決裁欄	※許可番号欄
年　月　日				年　月　日
第　　号				第　　号
係員印				係員印

（第二面）

建築物及びその敷地に関する事項

【1.地名地番】

【2.住居表示】

【3.防火地域】　□防火地域　□準防火地域　□指定なし

【4.その他の区域、地域、地区又は街区】

【5.道路】

【イ.幅員】

【ロ.敷地と接している部分の長さ】

【6.敷地面積】

【イ.敷地面積】　（1）　（　）（　）（　）（　）

（2）　（　）（　）（　）（　）

【ロ.用途地域等】　（　）（　）（　）（　）

【ハ.建築基準法第52条第1項及び第2項の規定による建築物の容積率】

（　）（　）（　）（　）

【ニ.建築基準法第53条第1項の規定による建築物の建蔽率】

（　）（　）（　）（　）

【ホ.敷地面積の合計】（1）

（2）

【ヘ.敷地に建築可能な延べ面積を敷地面積で除した数値】

【ト.敷地に建築可能な建築面積を敷地面積で除した数値】

【チ.備考】

【7.主要用途】（区分　）

【8.建築面積】　（申請部分　）（申請以外の部分）（合計　）

【イ.建築面積】　（　）（　）（　）

【ロ.建蔽率】

【9.延べ面積】　（申請部分　）（申請以外の部分）（合計　）

【イ.建築物全体】　（　）（　）（　）

【ロ.地階の住宅又は老人ホーム、福祉ホームその他これらに類するものの部分】

（　）（　）（　）

【ハ.エレベーターの昇降路の部分】
(　　　　　)(　　　　　)(　　　　　)

【ニ.共同住宅の共用の廊下等の部分】
(　　　　　)(　　　　　)(　　　　　)

【ホ.自動車車庫等の部分】 (　　　　　)(　　　　　)(　　　　　)

【ヘ.備蓄倉庫の部分】 (　　　　　)(　　　　　)(　　　　　)

【ト.蓄電池の設置部分】 (　　　　　)(　　　　　)(　　　　　)

【チ.自家発電設備の設置部分】
(　　　　　)(　　　　　)(　　　　　)

【リ.貯水槽の設置部分】 (　　　　　)(　　　　　)(　　　　　)

【ヌ.住宅の部分】 (　　　　　)(　　　　　)(　　　　　)

【ル.老人ホーム、福祉ホームその他これらに類するものの部分】
(　　　　　)(　　　　　)(　　　　　)

【ヲ.延べ面積】

【ワ.容積率】

【10.建築物の数】

【イ.申請に係る建築物の数】

【ロ.同一敷地内の他の建築物の数】

【11.工事着手予定年月日】 年 月 日

【12.工事完了予定年月日】 年 月 日

【13.その他必要な事項】

【14.備考】

（第三面）

建築物別概要

【1.番号】

【2.構造】　　　　　造　　一部　　　　　造

【3.高さ】

【イ.最高の高さ】

【ロ.最高の軒の高さ】

【4.用途別床面積】

	（用途の区分）	（具体的な用途の名称）	（申請部分）	（申請以外の部分）	（合計　）
【イ.】	（　）	（　）	（　）	（　）	（　）
【ロ.】	（　）	（　）	（　）	（　）	（　）
【ハ.】	（　）	（　）	（　）	（　）	（　）
【ニ.】	（　）	（　）	（　）	（　）	（　）
【ホ.】	（　）	（　）	（　）	（　）	（　）

【5.その他必要な事項】

【6.備考】

（注意）

1．各面共通関係

数字は算用数字を、単位はメートル法を用いること。

2．第一面関係

① 申請者の氏名の記載を自署で行う場合においては、押印を省略することができる。

② 申請者が２以上のときは、１欄は代表となる申請者について記入し、別紙に他の申請者についてそれぞれ必要な事項を記入して添えること。

③ ２欄は、設計者が建築士事務所に属しているときは、その名称を書き、建築士事務所に属していないときは、所在地は設計者の住所を書くこと。

④ 設計者が２以上のときは、２欄は代表となる設計者について記入し、別紙に他の設計者について棟別に必要な事項を記入して添えること。

⑤ ※印のある欄は記入しないこと。

3．第二面関係

① 住居表示が定まっているときは、２欄に記入すること。

② ３欄は、該当するチェックボックスに「レ」マークを入れること。なお、建築物の敷地が防火地域、準防火地域又は指定のない区域のうち２以上の地域又は区域にわたるときは、それぞれの地域又は区域について記入すること。

③ ４欄は、建築物の敷地が存する３欄に掲げる地域以外の区域、地域、地区又は街区を記入すること。なお、建築物の敷地が２以上の区域、地域、地区又は街区にわたる場合は、それぞれの区域、地域、地区又は街区を記入すること。

④ ５欄は、建築物の敷地が２メートル以上接している道路のうち最も幅員の大きなものについて記入すること。

⑤ ６欄の「イ」⑴は、建築物の敷地が、２以上の用途地域、高層住居誘導地区若しくは特定用途誘導地区、建築基準法第52条第１項第１号から第７号までに規定する容積率の異なる地域、地区若しくは区域又は同法第53条第１項第１号から第６号までに規定する建蔽率若しくは高層住居誘導地区に関する都市計画において定められた建築物の建蔽率の最高限度の異なる地域、地区若しくは区域（以下「用途地域が異なる地域等」という。にわたる場合においては、用途地域が異なる地域等ごとに、それぞれの用途地域が異なる地域等に対応する敷地の面積を記入すること。「イ」⑵は、同法第52条第12項の規定を適用する場合において、同条第13項の規定に基づき、「イ」⑴で記入した敷地面積に対応する敷地の部分について、建築物の敷地のうち前面道路と壁面線又は壁面の位置の制限として定められた限度の線との間の部分を除いた敷地の面積を記入すること。

⑥ ６欄の「ロ」、「ハ」及び「ニ」は、「イ」に記入した敷地面積に対応する敷地の部分について、それぞれ記入すること。

⑦ ６欄の「ホ」⑴は、「イ」⑴の合計とし、「ホ」⑵は、「イ」⑵の合計とする。

⑧ 建築物の敷地が、建築基準法第52条第７項若しくは第９項に該当する場合又は同条第８項若しくは第12項の規定が適用される場合においては、６欄の「ヘ」に、同条第７項若しくは第９項の規定に基づき定められる当該建築物の容積率又は同条第８項若しくは第12項の規定が適用される場合における当該建築物の容積率を記入すること。

⑨ 建築物の敷地について、建築基準法第57条の２第４項の規定により現に特例容積率の限度が公告されているときは、６欄の「チ」にその旨及び当該特例容積率の限度を記入

すること。

⑩　建築物の敷地が建築基準法第53条第２項若しくは同法第57条の５第２項に該当する場合又は建築物が同法第53条第３項、第５項若しくは第６項に該当する場合においては、６欄の「ト」に、同条第２項、第３項、第５項又は第６項の規定に基づき定められる当該建築物の建蔽率を記入すること。

⑪　７欄は、建築基準法施行規則別紙の表の用途の区分に従い対応する記号を記入した上で、主要用途をできるだけ具体的に書くこと。

⑫　９欄の「ロ」に建築物の地階でその天井が地盤面からの高さ１メートル以下にあるものの住宅又は老人ホーム、福祉ホームその他これらに類するものの用途に供する部分、「ハ」にエレベーターの昇降路の部分、「ニ」に共同住宅の共用の廊下又は階段の用に供する部分、「ホ」に自動車車庫その他の専ら自動車又は自転車の停留又は駐車のための施設（誘導車路、操車場所及び乗降場を含む。）の用途に供する部分、「ヘ」に専ら防災のために設ける備蓄倉庫の用途に供する部分、「ト」に蓄電池（床に据え付けるものに限る。）を設ける部分、「チ」に自家発電設備を設ける部分、「リ」に貯水槽を設ける部分、「ヌ」に住宅の用途に供する部分、「ル」に老人ホーム、福祉ホームその他これらに類するものの用途に供する部分のそれぞれの床面積を記入すること。

⑬　住宅又は老人ホーム、福祉ホームその他これらに類するものについては、９欄の「ロ」の床面積は、その地階の住宅又は老人ホーム、福祉ホームその他これらに類するものの用途に供する部分の床面積から、その地階のエレベーターの昇降路の部分又は共同住宅の共用の廊下若しくは階段の用に供する部分の床面積を除いた面積とする。

⑭　９欄の「ヲ」の延べ面積及び「ワ」の容積率の算定の基礎となる延べ面積は、各階の床面積の合計から「ロ」に記入した床面積（この面積が敷地内の建築物の住宅及び老人ホーム、福祉ホームその他これらに類するものの用途に供する部分（エレベーターの昇降路の部分又は共同住宅の共用の廊下若しくは階段の用に供する部分を除く。）の床面積の合計の３分の１を超える場合においては、敷地内の建築物の住宅の用途に供する部分の床面積の合計の３分の１の面積）、「ハ」及び「ニ」に記入した床面積並びに「ホ」から「リ」までに記入した床面積（これらの面積が、次の⑴から⑸までに掲げる建築物の部分の区分に応じ、敷地内の建築物の各階の床面積の合計にそれぞれ⑴から⑸までに定める割合を乗じて得た面積を超える場合においては、敷地内の建築物の各階の床面積の合計にそれぞれ⑴から⑸までに定める割合を乗じて得た面積）を除いた面積とする。また、建築基準法第52条第12項の規定を適用する場合においては、「ヲ」の容積率の算定の基礎となる敷地面積は、６欄「ホ」⑵によることとする。

⑴　自動車車庫等の部分　５分の１

⑵　備蓄倉庫の部分　50分の１

⑶　蓄電池の設置部分　50分の１

⑷　自家発電設備の設置部分　100分の１

⑸　貯水槽の設置部分　100分の１

⑮　６欄の「ハ」、「ニ」、「ヘ」及び「ト」、８欄の「ロ」並びに９欄の「ワ」は、百分率を用いること。

⑯　ここに書き表せない事項で特に許可を受けようとする事項は、13欄又は別紙に記載して添えること。

4．第三面関係

① この書類は、建築物ごとに作成すること。

② この書類に記載する事項のうち、４欄の事項については、別紙に明示して添付すれば記載する必要はない。

③ １欄は、建築物の数が１のときは「１」と記入し、建築物の数が２以上のときは、建築物ごとに通し番号を付し、その番号を記入すること。

④ ４欄は、建築基準法施行規則別紙の表の用途の区分に従い対応する記号を記入した上で、用途をできるだけ具体的に書き、それぞれの用途に供する部分の床面積を記入すること。

⑤ ここに書き表せない事項で特に許可を受けようとする事項は、５欄又は別紙に記載して添えること。

⑥ 建築物が高床式住宅（豪雪地において積雪対策のため通常より床を高くした住宅をいう。）である場合には、床面積の算定において床下部分の面積を除くものとし、６欄に、高床式住宅である旨及び床下の部分の面積を記入すること。

様式第16（第五十二条関係）

許　可　通　知　書

第　　　　　　号

年　　月　　日

申請者　　　　　　　　　　殿

特定行政庁　　　　　　　　印

1．申請年月日　　　　　　年　　月　　日

2．建築場所

3．建築物又はその部分の概要

上記による許可申請書及び添付図書に記載の計画について、マンションの建替え等の円滑化に関する法律第105条第１項の規定に基づき、下記の条件を付して許可しましたので通知します。

記

（マンションの建替え等の円滑化に関する法律第105条第２項において準用する建築基準法第92条の2の規定により許可に付す条件）

（注意）この通知書は、大切に保存しておくこと。

様式第17（第五十二条関係）

許可しない旨の通知書

第　　　　　　号
年　　月　　日

申請者　　　　　　　　　　　　殿

特定行政庁　　　　　　　　　印

別添の許可申請書及び添付図書に記載の計画については、下記の理由によりマンションの建替え等の円滑化に関する法律第105条第１項の規定による許可をしないこととしましたので、通知します。

なお、この処分に不服があるときは、この通知を受けた日の翌日から起算して60日以内に　　　　　建築審査会に対して審査請求をすることができます（なお、この通知を受けた日の翌日から起算して60日以内であっても、処分の日から１年を経過すると審査請求をすることができなくなります。)。また、当該審査請求に対する裁決の送達を受けた日の翌日から起算して６か月以内に　　　　　を被告として（訴訟において　　　　　を代表する者は　　　　　となります。)、処分の取消しの訴えを提起することができます（なお、裁決の送達を受けた日の翌日から起算して６か月以内であっても、裁決の日から１年を経過すると処分の取消しの訴えを提起することができなくなります。)。ただし、当該処分の取消しの訴えは、当該裁決を経た後でなければ、提起することができません（①審査請求があった日から３か月を経過しても裁決がないとき②処分、処分の執行又は手続の続行により生ずる著しい損害を避けるため緊急の必要があるとき③その他裁決を経ないことにつき正当な理由があるときを除きます。)。

（理由）

様式第18（第五十三条関係）

買　受　計　画　書

決議要除却認定マンションの位置及び住戸の数

〔所在〕
〔住宅戸数〕

申請者（買受人）の氏名又は名称及び住所又は主たる事務所の所在地

〔氏名又は名称〕
〔住所又は主たる事務所の所在地〕

1．決議要除却認定マンションを買い受けた日から決議要除却認定マンションを除却する日までの間における当該決議要除却認定マンションの管理に関する事項

<table>
<tr><td>管理の方式</td><td colspan="3">（1）管理の委託〔相手（以下「管理業務者」という。）の氏名又は名称〕
（2）自ら管理</td></tr>
<tr><td rowspan="7">管理業務者又は自ら管理する申請者の概要</td><td colspan="2">氏名又は名称</td><td></td></tr>
<tr><td colspan="2">住所又は主たる事務所の所在地</td><td></td></tr>
<tr><td colspan="2">当該決議要除却認定マンションの管理を行う事務所</td><td></td></tr>
<tr><td colspan="2">マンションの管理の適正化の推進に関する法律に基づく登録</td><td>（有・無）</td></tr>
<tr><td rowspan="3">登録している場合</td><td>登録番号</td><td></td></tr>
<tr><td>登録年月日</td><td></td></tr>
<tr><td>専任の管理業務主任者</td><td></td></tr>
</table>

2．決議要除却認定マンションの買受け及び除却の予定時期

〔買受け予定年月日〕	年　　月　　日
〔除却予定年月日〕	年　　月　　日

3．決議要除却認定マンションの買受け及び除却に関する資金計画

	内　訳	金　額（百万円）
支　出		
	計	
収　入		
	計	

4．代替建築物の提供等に関する計画

〔区分所有者又は借家人の意向確認の状況〕   〔代替建築物の提供等の具体的な方法〕

5．決議要除却認定マンションを除却した後の土地の利用に関する事項

6．マンション敷地売却決議の予定時期

〔決議予定年月日〕　　　　　　　年　　月　　日

様式第19（第五十四条及び第五十五条関係）

買受計画 認　　定
変更認定 通知書

認定番号　　　　　第　　　　号
認定年月日　　　　年　　月　　日

殿

（都道府県知事等名）　　　　印

下記による申請書の記載の買受計画について、マンションの建替え等の円滑化に関する法律（第110条／第111条第１項）の規定に基づき認定しましたので通知します。

記

１．申請年月日　　　　　年　　月　　日

２．申請者の氏名又は名称及び住所又は主たる事務所の所在地

３．マンションの地名地番

備考

不要の部分は消すこと。

様式第20（第六十三条関係）

権利処分承認申請書

年　　月　　日

殿

権利を処分しようとする者	住所	
	氏名	印

次表の売却マンションの（区分所有権／敷地利用権）について下記のとおり権利を処分するので、マンションの建替え等の円滑化に関する法律第140条第２項の規定により承認を申請します。

イ　売却マンションの区分所有権

年　月　日　登記簿登記事項						
一棟の建物			専有部分の建物			
所在	構造	床面積	家屋番号	建物の番号	種類	床面積
						階部分 ㎡

ロ　売却マンションの敷地利用権

年　月　日　登記簿登記事項					
所在及び地番	地目	地積	権利の種　類	権利の割　合	所有者の住所及び氏名

記

権利の処分の内容	売却マンションの（区分所有権／敷地利用権）の（全部／一部）	（処分する権利の割合）
権利の処分の態様		
権利の処分の相手方	住　所	
	氏　名	

備考

1　不要の部分は消すこと。

2　「地目」欄には、不動産登記規則（平成17年法務省令第18号）第99条の地目の別により、その現況を記載すること。

3　「地積」欄には、登記簿に登記された地積を、「権利の割合」欄には登記簿に記載された権利の割合をそれぞれ記載すること。

4　権利の処分を売却マンションの区分所有権又は敷地利用権の一部についてしようとするときは、その割合を明記すること。
5　権利の処分を区分所有権又は敷地利用権の一部についてしようとするときは、その部分の位置を明らかにする見取図（方位を記載すること。）を添付すること。
6　「権利の処分の態様」は、「所有権の移転」、「借地権の設定又は移転」、「抵当権の設定」等の如く具体的に記載すること。
7　法人の場合においては、「住所」欄にはその法人の主たる事務所の所在地を、「氏名」欄にはその法人の名称を、「所有者の住所及び氏名」欄にはその法人の主たる事務所の所在地及び名称を記載すること。

様式第21（第六十五条関係）

分配金取得計画書

（一）組合員に関する事項

組合員		売却マンションの区分所有権			売却マンションの敷地利用権				組合員が取得することとなる分配金の価額
氏名又は名称	住所	所在	権利の内容		所在及び地番	地目	権利の種類	権利の内容（地積及び権利の割合）	
			専有部分（家屋番号、建物番号、種類及び床面積）	共用部分の共有持分					
法第142条第1項第1号		法第142条第1項第2号							法第142条第1項第3号

（二）売却マンション又はその敷地に関する権利を有する者で、法の規定により、権利消滅期日において当該権利を失うものに関する事項

<table>
<tr><td colspan="2">権利消滅期日において権利を失う者</td><td colspan="5">売却マンションに関する権利</td><td colspan="5">売却マンションの敷地に関する権利</td><td rowspan="3">売却マンションに関する権利及びその敷地に関する権利の価額の合計額（A＋B）</td><td rowspan="3">明渡しによる損失の額</td></tr>
<tr><td rowspan="2">氏名又は名称</td><td rowspan="2">住所</td><td rowspan="2">所在</td><td rowspan="2">権利の種類</td><td colspan="2">権利の内容</td><td rowspan="2">価額（A）</td><td rowspan="2">所在及び地番</td><td rowspan="2">地目</td><td rowspan="2">権利の種類</td><td rowspan="2">権利の内容（地積及び権利の割合）</td><td rowspan="2">価額（B）</td></tr>
<tr><td>専有部分（家屋番号、建物番号、種類及び床面積）</td><td>共用部分の共有持分</td></tr>
<tr><td></td><td></td><td></td><td></td><td></td><td></td><td></td><td></td><td></td><td></td><td></td><td></td><td></td><td></td></tr>
<tr><td></td><td></td><td></td><td></td><td></td><td></td><td></td><td></td><td></td><td></td><td></td><td></td><td></td><td></td></tr>
<tr><td colspan="13">法第142条第1項第4号</td><td>法第142条第1項第5号</td></tr>
</table>

（三）補償金の支払に係る利息

補償金の支払に係る利息の決定方法

（四）権利消滅期日

（五）分配金及び補償金の支払期日及び支払方法

備考

1　建物の区分所有等に関する法律（昭和37年法律第69号）第4条第2項の規定により共用部分とされている建物の部分及び附属の建物又は同法第5条第1項の規定により建物の敷地とされている部分を対象とする場合には、同法第30条の規約を添付すること。

2　「地目」欄には、不動産登記規則（平成17年法務省令第18号）第99条の地目の別により、その現況を記載すること。

3　「権利の内容（地積及び権利の割合）」欄には、登記簿に記載された地積及び権利の割合をそれぞれ記載すること。
4　法人の場合においては、「住所」欄にはその法人の主たる事務所の所在地を記載すること。

様式第22（第七十一条関係）

権利消滅期日等通知書

年　　月　　日

（組合）事務所の所在地
名称及び理事長の氏名　　　　　印

登記所　殿

マンションの建替え等の円滑化に関する法律第148条の規定によって、下記のとおり通知します。

記

1　マンション敷地売却事業の名称
2　分配金取得計画に係る売却マンションの敷地の区域に含まれる地域の名称
3　権利消滅期日　　年　　月　　日
（変更された権利消滅期日　年　月　日）
4　分配金取得計画の認可を受けた年月日　　年　　月　　日
（分配金取得計画の変更の認可を受けた（又は分配金取得計画についてマンションの建替え等の円滑化に関する法律施行規則第68条各号に掲げる軽微な変更をした）年月日　　年　　月　　日）

備考
1　不要の部分は消すこと。
2　3及び4の変更の日は、直近の変更の日を記入すること。
3　理事長の氏名の記載を自署で行う場合においては、押印を省略することができる。

様式第23（第七十四条関係）

分配金払渡通知書

年　月　日

（組合）事務所の所在地
名称及び理事長の氏名　　　　　　印

配当機関　殿

マンションの建替え等の円滑化に関する法律第152条の規定において準用する同法第78条（第1項／第4項）の規定によって、下記のとおり払い渡すので、通知します。

記

1 （差押え／仮差押え）に係る権利の種類

2 （差押え／仮差押え）に係る権利の明細

イ　売却マンションの区分所有権

年　月　日　登記簿登記事項							
一棟の建物			専有部分の建物				
所在	構造	床面積	家屋番号	建物の番号	種類	床面積	所有者の住所及び氏名
						階部分 ㎡	

ロ　売却マンションの敷地利用権

年　月　日　登記簿登記事項					
所在及び地番	地目	地積	権利の種類	権利の割合	所有者の住所及び氏名

3 （差押え／仮差押え）がされた年月日

4 （差押え／仮差押え）をした機関の名称

5　払渡金額及びその内訳

備考

1　分配金払渡通知書は差押えの執行又は仮差押えの執行に係る権利ごとに作成すること。

2　不要の部分は消すこと。

3　「地目」欄には、不動産登記規則（平成17年法務省令第18号）第99条の地目の別により、その現況を記載すること。

4　「地積」欄には、登記簿に登記された地積を、「権利の割合」欄には登記簿に記載された権利の割合をそれぞれ記載すること。
5　理事長の氏名の記載を自署で行う場合においては、押印を省略することができる。

様式第24（第七十四条関係）

補償金払渡通知書

年　　月　　日

（組合）事務所の所在地

名称及び理事長の氏名　　　　　　印

配当機関　殿

マンションの建替え等の円滑化に関する法律第154条の規定において準用する同法第78条（第１項／第４項）の規定によって、下記のとおり払い渡すので、通知します。

記

1　（差押え／仮差押え）に係る権利の種類

2　（差押え／仮差押え）に係る権利の明細

イ　売却マンションに関する権利

年　月　日　登記簿登記事項							
一棟の建物			専有部分の建物				
所在	構造	床面積	家屋番号	建物の番　号	種類	床面積	所有者の住所及び氏名
						階部分 ㎡	

ロ　売却マンションの敷地に関する権利

所在及び地番	地目	地積	権利の種　類	権利の割　合	所有者の住所及び氏名

3　（差押え／仮差押え）がされた年月日

4　（差押え／仮差押え）をした機関の名称

5　払渡金額及びその内訳

備考

1　補償金払渡通知書は差押えの執行又は仮差押えの執行に係る権利ごとに作成すること。

2　不要の部分は消すこと。

3　「地目」欄には、不動産登記規則（平成17年法務省令第18号）第99条の地目の別により、その現況を記載すること。

4　「地積」欄には、登記簿に登記された地積を、「権利の割合」欄には登記簿に記載された権利の割合をそれぞれ記載すること。

5　理事長の氏名の記載を自署で行う場合においては、押印を省略することができる。

様式第25（第七十四条関係）

権利喪失通知書

年　月　日

（組合）事務所の所在地

名称及び理事長の氏名　　　　印

配当機関　殿

マンションの建替え等の円滑化に関する法律（第149条第1項
第149条第2項）の規定によって、下記の者は下記のとおり権利を失いますので通知します。

記

1　売却マンション又はその敷地に関する権利を失う者の氏名又は名称及び住所

2　前号の者が失う売却マンション又はその敷地に関する権利及びその価額

3　権利消滅期日

4　分配金取得計画の備付け場所

備考

1　権利喪失通知書は、失われる売却マンション又はその敷地に関する権利ごとに作成する。

2　不要の部分は消すこと。

3　理事長の氏名の記載を自署で行う場合においては、押印を省略することができる。

2　マンションの建替え等の円滑化に関する基本的な方針

〔平成二十六年十二月十日　国土交通省告示第千百三十七号〕

マンションの建替え等の円滑化に関する法律（平成十四年法律第七十八号）第四条第一項の規定に基づき、マンションの建替えの円滑化等に関する基本的な方針（平成十四年国土交通省告示第千百八号）の全部を改正する告示を次のように定める。

マンションの建替え等の円滑化に関する基本的な方針

我が国におけるマンションは、土地利用の高度化の進展に伴い、都市部を中心に持家として定着し、重要な居住形態となっている。

その一方で、一つの建物を多くの人が区分して所有するマンションは、多様な価値観を持った区分所有者間の意思決定の難しさ、利用形態の混在による権利及び利用関係の複雑さなど、戸建住宅とは異なる多くの課題を有している。

今後、建築後相当の年数を経たマンションが急激に増大していくものと見込まれるが、マンションの老朽化は、区分所有者自らの居住環境の低下のみならず、ひいては市街地環境の低下など、深刻な問題を引き起こす可能性がある。

特に、南海トラフ巨大地震や首都直下地震等の巨大地震の発生のおそれがある中、耐震性が不十分なマンションの耐震化等については喫緊の課題となっている。

このような状況の中で、都市の再生と良好な居住環境の確保、地震によるマンションの倒壊その他の被害からの国民の生命、身体及び財産の保護を図り、国民生活の安定向上と国民経済の健全な発展に寄与するためには、適切な修繕や耐震改修等により既存ストックを有効に活用するとともに、マンションの建替え又は除却する必要のあるマンションに係るマンション敷地売却（以下「マンションの建替え等」という。）の円滑化を図ることが重要である。

この基本的な方針は、このような認識の下に、マンションの建替え等の円滑化を図るため、必要な事項を定めるものである。

第一　マンションの建替え等の円滑化を図るため講ずべき施策の基本的な方向

マンションは今や我が国における主要な居住形態の一つとなっており、マンションを社会的資産として位置付け、その資産価値をできる限り保全し、快適な居住環境が確保できるよう、日常の管理を適正に実施しそのストックを有効に活用していくことが重要である。しかし、修繕や耐震改修等のみでは良好な居住環境の確保や地震によるマンションの倒壊その他の被害からの生命、身体及び財産の保護が困難な場合には、円滑に建替え等を行い、より長期の耐用性能を確保するとともに、良好な居住環境や地震に対する安全性の向上を実現することが必要である。

マンションは私有財産の集合体であり、その建替え等はあくまでも区分所有者等の自助努力で行うことが基本であり、マンションの区分所有者等建替え等関係者は、適切な役割分担の下で、建築、マンション管理、まちづくり、権利調整等の技術及び経験を有する、一級建築士、マンション管理士その他の専門家を適宜活用し、積極的に建替え等の円滑化に努力することが必要である。

しかし、マンションが建物の区分所有という区分所有者が容易に建替え等を決定できない環境下にあることから、老朽化等により建替え等を余儀なくされたマンションの建替え等について、国及び地方公共団体は緊密に連携して相談体制の整備、情報提供等に積極的に努めるとともに、一定の要件を満たすマンションの建替え等については、適切に財政上の支援その他の多様な支援を行うこととする。

第二　マンションの建替え等に向けた区分所有者等の合意形成の促進に関する事項

1　マンションの建替え等に向けた区分所有者等の合意形成の促進のため管理組合等が取り組むべき事項

イ　建替え等の検討に当たっては、特にその初動期において、適切な時期に説明会を開催するなど区分所有者等の建替え等に関する知識の普及に努めるとともに、各区分所有者等の意向把握を十分に行うよう努める必要がある。

ロ　建替え等の検討に当たっては、検討内容の区分所有者向けの情報提供の徹底による透明性の確保に努めるとともに、必要に応じ、高齢者世帯に配慮した建替え等計画の作成に留意する必要がある。

ハ　建替え等と修繕、耐震改修その他の対応による所要費用、改善効果等を客観的に把握し、比較するよう努める必要がある。

ニ　建替え等の検討に必要な費用について、各区分所有者の衡平な費用分担に配慮するとともに、管理費又は修繕積立金の充当について、明確に取決めを行うよう努める必要がある。

ホ　同一敷地に複数のマンションが存する場合において、一部のマンションを先行して建て替える際には、当該マンションの建替え計画のみならず、その他のマンションが建替えを行うことを仮定した場合の建替え構想を示しつつ、当該建替えによる影響の程度が容易に把握できるよう努める必要がある。

2　国及び地方公共団体が取り組むべき事項

イ　国及び地方公共団体は、マンションの建替え等に関する窓口を整備するとともに、マンションの建替え等に関する情報提供や相談体制等の整備に努めることとする。

ロ　国及び地方公共団体は、インターネットの活用等によってマンションの建替え等に関する専門的な知識の普及に努めることとする。

ハ　国は、区分所有者等の合意形成の進め方に関する指針を作成し、地方公共団体と連携し、その普及に努めることとする。

ニ　国は、管理組合等が建替え等と修繕、耐震改修等との比較検討に当たって十分な検討を行うことが可能となるよう、建物の老朽度判定を含む当該検討のための技術的指針を作成し、地方公共団体と連携し、その普及に努めることとする。

ホ　国は、マンションの建替え等の進め方に関する実務的指針を作成し、地方公共団体と連携し、その普及に努めることとする。

へ　国及び地方公共団体は、管理組合等が建替え等のための検討を円滑に行うことが可能となるよう、当該検討費用について優良建築物等整備事業の活用等により必要な支援に努めることとする。

第三　マンション建替事業その他のマンションの建替えに関する事業の円滑な実施に関する事項

1　マンション建替事業の施行者等が取り組むべき事項

イ　建替え決議後において建替えに関する事業の方法を円滑かつ迅速に決定するよう努めることとする。

ロ　建物の区分所有等に関する法律（昭和三十七年法律第六十九号）第六十三条第四項又はマンションの建替え等の円滑化に関する法律（以下「法」という。）第十五条第一項若しくは同法第六十四条第一項に規定する売渡請求権の行使に当たっては、先行事例を参考とするとともに、審査委員の意見を聞くことなどにより、区分所有権及び敷地利用権の時価を適正に評価しなければならない。

ハ　建替え工事期間中の仮住居の確保に際して、適切な住宅のあっせん又は提供に努めることとする。

ニ　居住環境を改善するためにマンションの各戸の床面積を増やす場合等にあっては、隣接する土地を隣接施行敷地としてマンション建替事業の区域に組み入れる方法、隣接する土地をあらかじめ建物の区分所有等に関する法律第五条第一項に基づく規約による敷地とした上で当該土地の地権者が参加組合員として参画する方法等により、土地の合理的な利用を図りつつ、建替えを円滑に行うことが望ましい。

ホ　同一敷地に存する複数のマンションの建替えに当たっては、敷地の規模等を勘案の上、当該複数のマンションの建替えを目的とする一のマンション建替組合を設立することにより、効率的な建替えに努めることとする。

ヘ　マンション建替組合の組合員は、マンション建替事業の円滑な実施のためマンション建替組合の運営等に積極的に協力しなければならない。

2　国及び地方公共団体が取り組むべき事項

イ　国及び地方公共団体は、民間事業者（適切な民間事業者の参加が得られない場合は、地方住宅供給公社等の公的主体）の専門知識及び資金力の活用を図るため、参加組合員の制度又は区分所有者以外の者が区分所有者の同意を得て個人施行者となる制度の普及に努めることとする。

ロ　国及び地方公共団体は、マンションの建替えに関する事業に対して、優良建築物等整備事業及び都市再生住宅制度による補助、独立行政法人住宅金融支援機構によるまちづくり融資、民間再開発促進基金による債務保証、税制特例等の資金面での総合的な支援並びに技術的援助に努めることとする。

ハ　国及び地方公共団体は、高齢者等の建替え資金の確保を容易にし、その建替えへの参加を支援するため、独立行政法人住宅金融支援機構によるまちづくり融資の高齢者向け返済特例制度の普及等に努めることとする。

ニ　地方公共団体は、工事期間中の仮住居の確保について、地域の実情を踏まえつつ、公営住宅等の公共賃貸住宅の活用その他の多様な支援に努めることとする。

ホ　地方公共団体は、マンションの建替えの円滑化のため、必要に応じ、建築基準法（昭和二十五年法律第二百一号）第五十九条の二第一項に規定するいわゆる総合設計制度等による容積率制限又は高さ制限の緩和、都市計画法（昭和四十三年法律第百号）に基づく地区計画制度の活用等により良好な居住環境を確保した上での一団地の住宅施設を定めた都市計画の廃止等適切な対応に努めることとする。

ヘ　国は、マンション建替組合等による売渡請求権行使に当たっての時価の算定基準の明確化に資するよう、事例の集積に努めることとする。

第四　再建マンションにおける良好な居住環境の確保に関する事項

1　マンション建替事業の施行者等が取り組むべき事項

イ　事業計画の策定等に当たっては、従前の床面積、居住者の世帯構成、区分所有者の資金力等を総合的に考慮し、適切な住戸規模とするよう努めることとする。

ロ　再建マンションについて、耐久性、耐震性、省エネルギー性、バリアフリー対応、防犯性等良好な居住環境を備えたものとなるよう努めることとする。

ハ　市街地の環境の向上に寄与する空地等を備えたものとなるよう努めることとする。

ニ　必要に応じ、保育所、介護サービスを行う施設その他マンションの居住者や地域住民の生活を支援する施設の併設に努めることとする。

2　国及び地方公共団体が取り組むべき事項

イ　国及び地方公共団体は、良好な居住環境を創出する優良なマンションの建替えに関する事業については、優良建築物等整備事業の活用等により必要な支援に努めることとする。

ロ　地方公共団体は、市街地の環境の整備改善に資する空地等を備えるなど優良なマンションの建替えに関する事業については、建築基準法第五十九条の二第一項に規定するいわゆる総合設計制度等建築規制の特例制度の積極的活用により必要な支援に努めることとする。

第五　マンションの建替えが行われる場合における従前のマンションに居住していた賃借人及び転出区分所有者の居住の安定の確保に関する事項

1　マンション建替事業の施行者等が取り組むべき事項

代替住宅の確保に際して、そのあっせん、情報提供等により賃借人及び転出区分所有者の居住の安定に努めなければならない。

2　国及び地方公共団体が取り組むべき事項

イ　地方公共団体は、地域の実情を踏まえつつ、公営住宅等の公共賃貸住宅への優先入居その他の多様な支援に努めることとする。

ロ　地方公共団体は、都市再生住宅制度の活用等により、従前居住者用賃貸住宅の供給の促進及び家賃対策の実施に努めることとする。

ハ　地方公共団体は、移転料等の支払いに対して優良建築物等整備事業の活用等により必要な支援に努めることとする。

第六　除却する必要のあるマンションに係る特別の措置に関する事項

1　管理組合等が取り組むべき事項

イ　法第百二条第一項に規定する除却の必要性に係る認定の申請に当たっては、建築物の耐震改修の促進に関する法律（平成七年法律第百二十三号）第二十五条第一項に規定する区分所有建築物の耐震改修の必要性に係る認定の申請も併せて検討し、十分に合意形成が図られた段階で管理者等がいずれかの申請を行うよう努める必要がある。

ロ　法第百八条第二項第一号に規定する買受人の選定に当たっては、特に利益相反の観点にも留意して、選定する手続を透明かつ公正に行うよう努める必要がある。

ハ　法第百八条第二項第二号に規定する売却による代金の見込額を各区分所有者が適切に評価し、マンション敷地売却決議における賛否等の判断ができるよう、不動産の鑑定評価等の活用に努める必要がある。

ニ　法第百八条第二項第三号に規定する算定方法は、例えば敷地の持分割合で配分するなど、各区分所有者の衡平を害しないよう適切に定めなければならない。

ホ　法第百八条第五項に規定する区分所有者集会の招集通知や同条第七項に規定する説明会を行う際、各区分所有者が適切に判断できるよう、集会を招集する者が買受計画について情報提供することが望ましい。

2　買受人等が取り組むべき事項

イ　法第百五条第一項に規定する容積率の特例を活用しようとする場合は、法第百九条第一項に規定する買受計画の認定の申請と並行して手続を行うことも制度上可能であり、早期に特定行政庁と許可に係る相談を行うよう努めるとと

もに、当該許可については、売却による代金の見込額や分配金の価額に適切に反映させるよう努めることとする。

ロ　法第百九条第一項に規定する買受計画の認定の申請や法第百五条第一項に規定する容積率の特例の許可の申請に当たっては、あらかじめ管理組合等とその内容や手続の進め方等について十分に調整を行うよう努めることとする。

3　国及び地方公共団体が取り組むべき事項

イ　国及び地方公共団体は、マンションの耐震診断に対して、住宅・建築物安全ストック形成事業による補助等の資金面での総合的な支援及び技術的援助に努めることとする。

ロ　国は、地方公共団体における法第百五条第一項に規定する容積率の特例の許可が円滑に行われるよう、当該許可に係る許可準則を作成し、地方公共団体における許可基準の策定の促進に努めるとともに、地方公共団体と連携し、当該許可に係る事例の集積を行い、必要な助言、情報提供等に努めることとする。

ハ　地方公共団体は、法第百五条第一項に規定する容積率の特例の許可については、地域の実情を考慮しつつ、耐震性が不十分なマンションが除却されることの公益性等を踏まえて、積極的な活用や許可の手続の早期化、申請予定者からの相談への対応等に努めることとする。

ニ　地方公共団体は、耐震性が不十分なマンションを建て替える場合等において特に必要があるときは、地域の実情に応じ、市街地環境の確保に配慮しつつ、高度地区その他の都市計画の弾力的な運用について検討することが望まし

い。

第七　マンション敷地売却事業その他の除却する必要のあるマンションに係るマンション敷地売却の円滑な実施に関する事項

1　マンション敷地売却組合等が取り組むべき事項

イ　法第百八条第十項において読み替えて準用する建物の区分所有等に関する法律第六十三条第四項又は法第百二十四条第一項に規定する売渡請求権の行使に当たっては、マンション建替事業その他のマンションの建替えに関する事業も含めた先行事例を参考とするとともに、審査委員の意見を聞くことなどにより、区分所有権及び敷地利用権の時価を適正に評価しなければならない。

ロ　反対区分所有者の区分所有権及び敷地利用権については売渡請求権の行使等により適切に取得を行うとともに、これらに抵当権が設定されている場合には、民法（明治二十九年法律第八十九号）第三百七十九条に規定する抵当権消滅請求等により適切な手続を行うよう努めることとする。

ハ　法第百四十二条第一項第五号に規定する損失の額の算定に当たり、マンションの建替え等の円滑化に関する法律施行規則（平成十四年国土交通省令第百十六号）第六十七条第二項各号に定める損失の額は公共用地の取得に伴う損失補償基準（昭和三十七年十月十二日用地対策連絡会決定）に準じた適正な額として算定しなければならない。

ニ　法第百五十三条の規定による賃借人に対する補償金の支払に当たっては、賃貸人である区分所有者とその他の区分所有者との間でその負担を調整する必要がある場合には、法第百三十五条第一項に規定する賦課金の徴収等により調整することが可能であることに留意して、具体的な調整方法について検討を行うよう努める必要がある。

ホ　マンション敷地売却組合の組合員は、マンション敷地売却事業の円滑な実施のためマンション敷地売却組合の運営等に積極的に協力しなければならない。

2　国及び地方公共団体が取り組むべき事項

除却する必要のあるマンションに係るマンション敷地売却に対して、優良建築物等整備事業及び都市再生住宅制度による補助、独立行政法人住宅金融支援機構によるまちづくり融資、民間再開発促進基金による債務保証、税制特例等の資金面での総合的な支援並びに技術的援助に努めることとする。

第八　売却マンションに居住していた区分所有者及び賃借人の居住の安定の確保に関する事項

1　買受人等が取り組むべき事項

イ　早期の段階からヒアリングやアンケート等による区分所有者又は借家人の意向把握を行うとともに、区分所有者又は借家人に対する相談窓口の設置を行うよう努めなければならない。

ロ　区分所有者又は借家人の要請があった場合には、その要請が過度なものでない限りにおいて、法第百九条第二項第四号の規定により定められた代替建築物提供等計画に従い、流通している物件や新たに建設される再建マンション等の中で各区分所有者又は借家人の希望に最も近い代替建築物の提供等を行うよう努めなければならない。

2　管理組合等が取り組むべき事項

賃借人への適切な情報提供を行うことにより、賃借人においてもマンション敷地売却に係る検討状況が把握できるよう努める必要がある。

3　国及び地方公共団体が取り組むべき事項

イ　国及び地方公共団体は、再建マンションへの入居を希望する高齢者について、その購入資金の確保を容易にするため、独立行政法人住宅金融支援機構によるまちづくり融資の高齢者向け返済特例制度の普及等に努めることとする。

ロ　国及び地方公共団体は、マンション敷地売却によってもなお住宅ローンを完済できない区分所有者について、住宅ローンの一括返済により既抵当権を抹消するための金融機関からの借入を容易にするため、民間再開発促進基金による債務保証の普及等に努めることとする。

ハ　地方公共団体は、高齢者の区分所有者や賃借人など住宅の確保に特に配慮を要する者の居住の安定のため、地域の実情を踏まえつつ、公営住宅等の公共賃貸住宅の活用、都市再生住宅制度の活用、住宅確保要配慮者に対する賃貸住宅の供給の促進に関する法律（平成十九年法律第百十二号）第十条第一項に規定する居住支援協議会の活用、高齢者等を対象とした家賃債務保証の活用その他の多様な支援に努めることとする。

第九　その他マンションの建替え等の円滑化に関する重要事項

1　管理組合等が取り組むべき事項

イ　建替え決議から着工又はマンション敷地売却決議から買受人への売渡しまでの間において、不法占拠、新たな権利設定等により円滑な建替え等に支障が生ずることのないよう従前のマンション及びその敷地の適正な管理に努める必要がある。

ロ　マンションの建替え等に際しての従前のマンションの管理組合の財産の処分について、管理組合の総会において取決めを行うことが望ましい。

2　施行者等が取り組むべき事項

イ　再建マンションにおける良好な管理の確保のため、標準管理規約を参考にしつつ、再建マンションの管理規約を適正に定めるよう努めることとする。

ロ　マンションの建替え等に伴って発生する廃棄物の分別、再資源化等に努めるとともに、再建マンション等の建設に当たってはリサイクル材を使用することが望ましい。

3　国及び地方公共団体が取り組むべき事項

民間事業者を参加組合員や買受人等として選定する手続が透明かつ公正に行われるようマンション建替組合又はマンション敷地売却組合を設立しようとする者等に対して適切に指導及び助言を行わなければならない。

附　則

この告示は、マンションの建替えの円滑化等に関する法律の一部を改正する法律（平成二十六年法律第八十号）の施行の日（平成二十六年十二月二十四日）から施行する。

3 マンションの建替え等の円滑化に関する法律第百二条第二項の規定に基づき地震に対する安全性に係る建築基準法又はこれに基づく命令若しくは条例の規定に準ずるものとして定める基準

（平成二十六年十一月二十八日 国土交通省告示第千百六号）

マンションの建替え等の円滑化に関する法律（平成十四年法律第七十八号）第百二条第二項の規定に基づき、地震に対する安全性に係る建築基準法（昭和二十五年法律第二百一号）又はこれに基づく命令若しくは条例の規定に準ずるものとして定める基準を次のように定める。

マンションの建替え等の円滑化に関する法律第百二条第二項の規定に基づき地震に対する安全性に係る建築基準法又はこれに基づく命令若しくは条例の規定に準ずるものとして定める基準

マンションの建替え等の円滑化に関する法律第百二条第二項の規定に基づき、地震に対する安全性に係る建築基準法又はこれに基づく命令若しくは条例の規定に準ずるものとして定める基準は、建築物の耐震改修の促進に関する法律第二十二条第二項及び第二十五条第二項の規定に基づき地震に対する安全上耐震関係規定に準ずるものとして定める基準（平成二十五年国土交通省告示第千六十二号）とする。

附　則

この告示は、マンションの建替えの円滑化等に関する法律の一部を改正する法律（平成二十六年法律第八十号）の施行の日（平成二十六年十二月二十四日）から施行する。

（参考）

○建築物の耐震改修の促進に関する法律第二十二条第二項及び第二十五条第二項の規定に基づき地震に対する安全上耐震関係規定に準ずるものとして定める基準

〔平成二十五年十月二十九日
国土交通省告示第千六十二号〕

建築物の耐震改修の促進に関する法律（平成七年法律第百二十三号）第二十二条第二項及び第二十五条第二項の規定に基づき、地震に対する安全上耐震関係規定に準ずるものとして定める基準を次のように定める。

建築物の耐震改修の促進に関する法律第二十二条第二項及び第二十五条第二項の規定に基づき地震に対する安全上耐震関係規定に準ずるものとして定める基準

建築物の耐震改修の促進に関する法律施行規則（平成七年建設省令第百二十三号）第五条第一項各号のいずれかに掲げる者が建築物の耐震改修の促進に関する法律第四条第二項第三号に掲げる建築物の耐震診断及び耐震改修の実施について技術上の指針となるべき事項に定めるところにより耐震診断を行った結果、地震に対して安全な構造であることが確かめられること。

附　則

この告示は、建築物の耐震改修の促進に関する法律の一部を改正する法律の施行の日（平成二十五年十一月二十五日）から施行する。

4　マンションの建替えの円滑化等に関する法律の施行について（平成十四年）

（平成十四年十二月十九日
国住街第百三号）

第1　基本方針

法第四条第一項に基づき国土交通大臣が定めた基本方針は、法に基づくマンション建替事業にとどまらず、その他のマンションの建替えに関する事業も対象として、マンションの建替えの当事者たる区分所有者及びその協力者たる専門家等が、マンションの建替えを進めるに当たって留意すべき事項、地方公共団体及び国がマンションの建替えに関し必要な施策を講ずる際に留意すべき事項等を示したものであること。

なお、法第十二条第九号に規定する組合の設立の認可基準等において、「その他基本方針に照らして適切なものであること。」とされているところであるが、その趣旨は、基本方針に示された各事項を事業計画等に取り入れることを義務付けるものではなく、当該各事項の趣旨に反していないことを確認するものであることに留意すること。

また、法第九十条第一項及び第二項に規定する賃借人等の居住の安定の確保に関する施行者等の責務において、施行者並びに国及び地方公共団体は、基本方針に従って、居住の安定の確保等に努めなければならないとされているところであるが、その趣旨は、これらの者が努めるべき居住の安定の確保等の内容を基本方針第五のマンションの建替えが行われる場合における従前のマンションに居住していた賃借人及び転出区分所有者の居住の安定の確保に関する事項において示された内容を踏まえたものとすることにあることに留意すること。

これらを踏まえ、マンションに関する適切かつ円滑な施策の推進に努めること。

第2　マンションの建替えに関する情報提供、相談体制の整備

㈠　相談窓口等の整備

イ　マンションの建替えに関する窓口を担当する部署を広報するとともに、インターネットの活用等によってマンションの建替えに関する情報提供及び相談体制の整備に努めること。

ロ　組合、組合を設立しようとする者、個人施行者又は個人施行者となろうとする者（以下「組合等」という。）は、法第百一条に基づき、国土交通大臣、都道府県知事及び市町村長（以下「国土交通大臣等」という。）に対し、マンション建替事業の施行の準備又は施行のために、それぞれマンション建替事業に関し専門的知識を有する職員の技術的援助を求めることができるとされているところであり、国土交通大臣等が組合等から当該技術的援助を求められた場合には、相談窓口その他の担当部署において、誠意をもった対応を心がける必要があること。

また、当該事務に関する国土交通大臣の権限については、地方整備局長、北海道開発局長及び沖縄総合事務局長に委任されていることに留意すること。

㈡　支援制度等に関する情報提供

イ　基本方針第二2ハ及びニに基づき作成した「マンション

の建替えに向けた合意形成の進め方に関するマニュアル」及び「マンションの建替えか修繕かを判断するためのマニュアル」の普及に努めること。

ロ　マンションの建替えのための補助制度、融資制度その他の支援制度に関する情報提供に努めること。

(三)　専門家の活用のための連携体制の整備

マンション管理、建築、まちづくり、権利調整等の技術及び経験を有するマンション管理士、一級建築士その他の専門家について組合等による活用が円滑にできるよう、地方公共団体において、マンション管理に関する団体、建築関係の団体、建築又は都市計画関係のコンサルタントの団体等との連絡体制の整備を図ること。必要に応じ、マンションの建替えに関するアドバイザーの派遣制度その他の支援制度の構築に努めること。

第3　マンション建替事業及びその他のマンションの建替えに関する事業の適切な実施

(一)　マンション建替事業の認可の手続等

イ　法第九条第一項の組合の設立の認可、法第四十五条第一項の個人施行者によるマンション建替事業の施行の認可、法第五十七条第一項の権利変換計画の認可等に関する手続に当たっては、迅速かつ適切な処理に努めること。

その際、法第九条第一項の組合の設立の認可の申請、法第二十五条第一項の理事長の氏名等の届出、法第三十四条第一項の定款又は事業計画の変更の認可の申請、法第三十八条第四項の組合の解散の認可の申請、法第四十五条第一項の個人施行の認可の申請、法第五十条第一項の規準又は規約及び事業計画の変更の認可の申請、法第五十一条第三項の施行者の変動の認可の申請、同条第六項の施行者の変動の届出及び法第五十四条第一項のマンション建替事業の廃止及び終了の認可の申請は、施行マンションとなるべきマンション又は施行マンションの所在地の市町村長を経由して行わなければならないとされていることに留意すること。特に、当該マンションが二以上の市町村の区域にまたがって所在する場合にあっては、当該マンションが所在する二以上の市町村長をそれぞれ経由する必要があることに留意すること。これは、認可公告の後に、法第十四条第三項（法第三十四条第二項において準用する場合を含む。）又は第四十九条第三項（法第五十条第二項において準用する場合を含む。）の規定に基づいて、当該マンションが所在する二以上の市町村長が図書の送付を受け公衆の縦覧に供する必要があること等の理由により規定されているものであること。

また、施行マンションとなるべきマンション又は施行マンションが、指定都市、中核市又は特例市（以下「指定都市等」という。）とその隣接する指定都市等以外の市町村の区域にまたがって所在する場合にあっては、前述の認可の申請等を行う場合には、指定都市等の長に対して申請するとともに、併せて隣接する指定都市等以外の市町村長を経由して都道府県知事に申請する必要があることに留意すること。

ロ　法第十条第二項において「事業計画は、建替え決議の内容に適合したものでなければならない。」とされているところであるが、この規定は、建替え決議を前提に組合が設立される観点から、建替え決議において定められる新たに建築する建物の設計の概要等に照らして、設計の概要等が著しく異なるものとなっていないことを確認するためのものであること。

ハ　法第四十五条第一項又は法第五十条第一項の認可手続に当たっては、法第四十五条第二項（法第五十条第二項において準用する場合を含む。）に規定する関係権利者の同意が得られていることの確認を適切に行うこと。その際、「その権利をもって認可を申請しようとする者に対抗することができない者については、この限りでない。」とされているところであるが、その権利をもって認可を申請しようとする者に対抗できない者とは、自己が同意を得なければならない者であると認可を申請しようとする者に主張できない者であり、具体的には、使用貸借、間借り、一時使用を行っている者等が考えられること。

また、法第四十五条第三項（法第五十条第二項において準用する場合を含む。）において、「区分所有権、敷地利用権、敷地の所有権及び借地権並びに借家権以外の権利（以下「区分所有権等以外の権利」という。）を有する者から同意を得られないとき、又はその者を確知することができないときは、その同意を得られない理由又は確知することができない理由を記載した書面を添えて、第一項に規定による認可を申請することができる。」とされているところであるが、区分所有権等以外の権利を有する者とは、先取特権、質権、抵当権等の権利を有する者が考えられること。

ニ　法第五十七条第一項後段（法第六十六条において準用する場合を含む。）の権利変換計画の認可手続に当たっては、法第五十七条第二項（法第六十六条において準用する場合を含む。）に規定する関係権利者の同意が得られていることの確認を適切に行うこと。その際、「その権利をもって施行者に対抗することができない者については、この限りでない。」とされているところであるが、その権利をもって施行者に対抗することができない者とは、自己が同意を得なければならない者であると施行者に主張できない者であり、具体的には、使用貸借、間借り、一時使用を行っている者等が考えられること。

法第五十七条第三項（法第六十六条において準用する場合を含む。）において、「区分所有権等以外の権利を有する者から同意を得られないときは、その同意を得られない理由及び同意を得られない者の権利に関し損害を与えないようにするための措置を記載した書面を添えて、第一項後段の規定による認可を申請することができる。」とされているところであるが、損害を与えないようにするための措置とは、損害賠償責任保険又は履行保証保険の付保、必要額の供託等が考えられること。

法第五十七条第四項（法第六十六条において準用する場合を含む。）において「区分所有権等以外の権利を有する者を確知することができないときは、その確知することができない理由を記載した書面を添えて、第一項後段の規定による認可を申請することができる。」とされているところであるが、区分所有権等以外の権利を有する者とは、先取特権、質権、抵当権等の権利を有する者が考えられること。

(二) 権利の変換

権利変換計画においては、施行マンションの従前居住者が施行マンションについて有する区分所有権又は敷地利用権の価額とこれらの権利に対応して与えられることとなる施行再建マンションの区分所有権又は敷地利用権の価額に著しい差額が生じないこととする旨のいわゆる等価原則を採用していないことから、施行マンションの区分所有権又は敷地利用権の価額と施行再建マンションの区分所有権又は敷地利用権の価額に差が生じる場合があることを前提に、その差額は法第八十五条の清算金の徴収又は交付によって調整することとしていることに留意すること。

(三) 隣接施行敷地

隣接施行敷地を含めたマンション建替事業を個人施行により施行する場合にあっては、法第四十八条第三号の認可基準において「隣接施行敷地に建築物その他の工作物が存しないこと又はこれに存する建築物その他の工作物を除却し、若しくは移転することができることが確実であること。」とされている。この規定は、隣接施行敷地に建築物等が存在している場合に、マンション建替事業の事業外において、当該建築物等の除却費を隣接施行敷地所有者等が負担することにより、施行マンションと合わせて当該建築物等を一括して施行者が除却する手法については許容していることに留意すること。

なお、建物の区分所有等に関する法律及びマンションの建替えの円滑化等に関する法律の一部を改正する法律（平成十四年法律第百四十号）により、建替え決議における敷地の同一性要件の緩和に伴い、組合についても、隣接施行敷地を含めたマンション建替事業の施行が可能となるが、同法施行までの間は、組合は隣接施行敷地を含めたマンション建替事業の施行ができないことに留意すること。

(四) 仮住居対策

マンション建替事業及びその他のマンションの建替えに関する事業（以下「マンション建替事業等」という。）の施行に伴い必要となる再建マンションの建設期間中の仮住居の確保は、施行者等の責務により行うことが原則であるが、地方公共団体においても、地域の実情を踏まえつつ、適宜、公営住宅等公共賃貸住宅の活用やその他の多様な支援を行うための必要な措置を講ずるよう努めること。

(五) 支援措置

イ　区分所有者の建替えへの参加を促すとともに、マンション建替事業等の円滑な実施が可能となるよう、調査設計計画費、建設費等の負担の軽減を図るため、優良建築物等整備事業制度要綱（平成六年六月二十三日建設省住街発第六十三号）の「マンション建替タイプ」による国庫補助の活用のための要綱の整備等その他必要な措置を講ずるよう努めること。

ロ　組合等の施行者が、組合再開発促進基金に基づく建設資金等に係る債務保証制度を活用できるよう、地方公共団体が保証料の二分の一を負担するため必要な措置を講ずるよう努めること。

(六) 既存不適格マンションの建替えの円滑化

既存不適格マンションの建替えを円滑に行うことができるよう、建築基準法（昭和二十五年法律第二百一号）第五十九条の二第一項に規定するいわゆる総合設計制度による建築物の容積率制限又は建築物の高さ制限の緩和をはじめ、建築基準法第五十六条の二第一項ただし書の日影規制に係る特例許可制度等の活用など弾力的な対応に努めること。

(七) 団地型マンションの建替えの円滑化

団地型マンションの建替えが円滑に行うことができるよう、都市計画法（昭和四十三年法律第百号）に基づく地区計画制度の活用等により良好な居住環境を確保した上での一団地の住宅施設を定めた都市計画の廃止等適切な対応に努めること。

また、建築基準法（昭和二十五年法律第二百一号）第八十六条第一項に規定するいわゆる一団地の総合的設計又は同条第二項に規定するいわゆる連担建築物設計制度の認定を受けている団地について、当該認定を受けている区域の変更を伴わず、一部又は全部のマンションを建替える場合にあっては、同法第八十六条の二第一項の認定が必要となるが、当該認定の申請に際しては、同法第八十六条第六項の規定により公告された対象区域内の土地について所有権又は借地権を有する者全員の同意を要するものではないことに留意すること。

第４ 従前のマンションに居住していた賃借人及び転出区分所有者の居住の安定の確保

(一) 従前居住者用住宅対策

イ　マンションの建替えを円滑に進めていくためには、高齢等の理由により転出する賃借人及び区分所有者の居住の安定の確保が重要であること。

ロ　地域の住宅事情等を勘案し、公営住宅等の公共賃貸住宅への優先入居、民間賃貸住宅の活用等による都市再生住宅制度での対応等多様な支援に努めること。

(二) 都市再生住宅制度の活用

都市再生住宅制度においては、住宅市街地整備総合支援事業制度要綱（平成十年四月八日建設省住市発第十三号）等に基づき、民間賃貸住宅の借上げに伴う家賃減額に対する補助等の活用が可能とされているところであり、当該補助制度の活用が図られるよう補助要綱の整備等必要な措置に努めること。

第５ 保安上危険又は衛生上有害な状況にあるマンションの建替えの促進

(一) 建替え勧告のための調査

法第百二条第一項に規定する、市町村長が保安上危険又は衛生上有害な状況にあるマンションの区分所有者に対して当該マンションの建替えを行うべきことを勧告することができる制度の運用に当たっては、当該マンションの物理的な状況に加え、マンションの建替えに向けた区分所有者等の合意形成に関する状況等を調査し、建替え勧告によって当該マンションの建替えが実施される可能性を総合的に勘案の上当該勧告を行うことが望ましいこと。

(二) 建替え勧告の要請

法第百二条第二項においては、保安上危険又は衛生上有害な状況にあるマンションの一部の区分所有者は、市町村長に対し、当該マンションの他の区分所有者に対し、建替え勧告をするよう要請することができることとされているところであるが、当該要請がなされた場合においては、建替え勧告が居住不適当住戸の基準等に照らし適切に行われるべきことから、当該要請を行った区分所有者に対し、建替え勧告を行うため必要な資料の提出を求めることは可能と考えられること。

第6　大都市等の特例

法第百二十八条及び令第三十条の規定に基づき、法及び令中都道府県知事の権限に属する事務を指定都市等の長が行うこととされているところであるが、賃借人等転出者の居住安定のための公共賃貸住宅の活用、既存不適格マンションの建替えの円滑化のための措置、補助制度の活用等の点で都道府県知事との調整を要する場面が想定されるため、これらの事務の執行に際しては、都道府県知事と十分に調整を行うことが望ましいこと。

5 マンションの建替えの円滑化等に関する法律の一部を改正する法律等の施行について（技術的助言）（平成二十六年）

（平成二十六年十二月二十四日
国住街第百四十八号
国住マ第六十四号）

国土交通省住宅局長から　各都道府県知事あて

マンションの建替えの円滑化等に関する法律の一部を改正する法律（平成二十六年法律第八十号）、マンションの建替えの円滑化等に関する法律の一部を改正する法律の施行に伴う関係政令の整備に関する政令（平成二十六年政令第二百八十三号）、マンションの建替えの円滑化等に関する法律の一部を改正する法律の施行に伴う国土交通省関係省令の整備等に関する省令（平成二十六年国土交通省令第九十号）及び関連する告示は、いずれも平成二十六年十二月二十四日から施行されることとなった。

今回の改正の運用について、地方自治法第二百四十五条の四第一項の規定に基づく技術的助言として下記のとおり通知する。

なお、貴職におかれては、貴管下市町村に対しても、この旨周知いただくようお願いする。

記

第1　改正の趣旨

南海トラフ巨大地震や首都直下地震等の巨大地震発生のおそれがある中、生命・身体の保護の観点から、耐震性が不十分なマンションの耐震化等については喫緊の課題となっている。一方で、現在のマンションストック総数約六百一万戸（平成二十五年末時点）のうち、旧耐震基準に基づき建設されたものは約百六万戸となっているが、これまでのマンションの建替えの実績は累計で百九十六件、約一万五千五百戸（平成二十六年四月時点）に留まっている。

このような背景から、地震に対する安全性が確保されていないマンションの建替え等の円滑化を図るため、マンション及びその敷地の売却を多数決により行うことを可能とする制度を創設する等の所要の措置を講じたものである。

第2　改正の概要

一　題名（題名関係）

題名を「マンションの建替え等の円滑化に関する法律」に改めた。

二　目的（マンションの建替え等の円滑化に関する法律（平成十四年法律第七十八号。以下「法」という。）第一条関係）

この法律は、マンション建替事業、除却する必要のあるマンションに係る特別の措置及びマンション敷地売却事業について定めることにより、マンションにおける良好な居住環境の確保並びに地震によるマンションの倒壊その他の被害からの国民の生命、身体及び財産の保護を図り、もって国民生活の安定向上と国民経済の健全な発展に寄与することを目的とするものとした。

三　国及び地方公共団体の責務（法第三条関係）

除却する必要のあるマンションに係るマンション敷地売却の円滑化を図るため、必要な施策を講ずるよう努めることを国及び地方公共団体の責務に追加した。

四　基本方針（法第四条関係）

基本方針において定める事項に、次に掲げる事項を追加した。

1　除却する必要のあるマンションに係る特別の措置に関する事項

2　マンション敷地売却事業その他の除却する必要のあるマンションに係るマンション敷地売却の円滑な実施に関する事項

3　売却マンションに居住していた区分所有者及び賃借人の居住の安定の確保に関する事項

五　除却する必要のあるマンションに係る特別の措置（法第百二条から法第百十五条まで関係）

1　除却の必要性に係る認定等

イ　耐震診断が行われたマンションの管理者等は、特定行政庁に対し、当該マンションを除却する必要がある旨の認定を申請することができるものとし、特定行政庁は、当該申請に係るマンションが地震に対する安全性に係る建築基準法又はこれに基づく命令若しくは条例の規定に準ずるものとして国土交通大臣が定める基準に適合していないと認めるときは、その旨の認定をするものとした。

ロ　イの認定を受けたマンション（以下「要除却認定マンション」という。）の区分所有者は、当該要除却認定マンションについて除却を行うよう努めなければならないものとした。

ハ　都道府県知事等は、要除却認定マンションの区分所有者に対し、要除却認定マンションの除却について必要な指導及び助言並びに指示ができるものとし、その指示を受けた要除却認定マンションの区分所有者が、正当な理由がなく、その指示に従わなかったときは、その旨を公表することができるものとした。

2　容積率の特例

要除却認定マンションの建替えにより新たに建築される敷地面積が政令で定める規模以上のマンションで、特定行政庁が交通上、安全上、防火上及び衛生上支障がなく、かつ、その建ぺい率、容積率及び各部分の高さについて総合的な配慮がなされていることにより市街地の環境の整備改善に資すると認めて許可したものについては、その許可の範囲内において、建築基準法の容積率制限を緩和することができるものとした。

3　マンション敷地売却決議等

イ　1のイの認定を受けた場合においては、要除却認定マンションの区分所有者は、この法律及び区分所有法の定めるところにより、区分所有者集会を開くことができるものとし、区分所有者集会の招集の通知をする場合において、会議の目的たる事項がロの決議事項であるときは、その議案の要領をも通知しなければならないものとした。

ロ　1のイの認定を受けた場合において、要除却認定マンションに係る敷地利用権が数人で有する所有権又は借地権であるときは、区分所有者集会において、区分所有者、議決権及び当該敷地利用権の持分の価格の各五分の四以上の多数で、当該要除却認定マンション及びその敷地（当該敷地利用権が借地権であるときは、その借地権）を売却する旨の決議（以下「マンション敷地売却決議」という。）をすることができるものとした。

ハ　マンション敷地売却決議においては、買受人となるべき者の氏名又は名称、売却による代金の見込額及び売却によって各区分所有者が取得することができる金銭（以下「分配金」という。）の額の算定方法に関する事項を定めなければならないものとした。

ニ　ハの買受人は、4のイの認定を受けた者でなければならないものとした。

ホ　マンション敷地売却決議を目的とする区分所有者集会の手続等について、所要の規定を整備するものとした。

4　買受人

イ　マンション敷地売却決議が予定されている要除却認定マンションについて、マンション敷地売却決議があった場合にこれを買い受けようとする者は、当該要除却認定マンションごとに、マンション敷地売却決議がされた要除却認定マンション（以下「決議要除却認定マンション」という。）の買受け及び除却並びに代替建築物の提供等（決議要除却認定マンションに代わるべき建築物又はその部分の提供又はあっせんをいう。以下同じ。）に関する計画（以下「買受計画」という。）を作成し、都道府県知事等の認定を申請することができるものとした。

ロ　都道府県知事等は、イの認定の申請があった場合において、次のいずれにも該当すると認めるときは、その認定をするものとした。

(1)　決議要除却認定マンションを買い受けた日から決議要除却認定マンションが除却される日までの間に、当該決議要除却認定マンションについて新たな権利が設定されないことが確実であること。

(2)　決議要除却認定マンションの買受け及び除却に関する資金計画が当該買受け及び除却を遂行するため適切なものであり、当該決議要除却認定マンションが買い受けられ、かつ、除却されることが確実であること。

(3)　代替建築物提供等計画が当該決議要除却認定マンションの区分所有者又は借家人の要請に係る代替建築物の提供等を確実に遂行するため適切なものであること。

ハ　イの認定を受けた者（以下「認定買受人」という。）は、イの認定を受けた買受計画（以下「認定買受計画」という。）に従い、決議要除却認定マンションの買受け及び除却並びに代替建築物の提供等を実施しなければならないものとした。

ニ　都道府県知事等は、認定買受人に対し、認定買受計画に係る決議要除却認定マンションの買受け若しくは除却又は代替建築物の提供等の状況について報告を求めることができるものとするとともに、認定買受人が正当な理由がなく認定買受計画に従って決議要除却認定マンションの買受け若しくは除却又は代替建築物の提供等を実施していないと認めるときは、当該認定買受人に対して、当該認定買受計画に従ってこれらの措置を実施すべきことを勧告することができるものとし、認定買受人がその勧告に従わなかったときは、その旨を公表することができるものとした。

5　区分所有者等の居住の安定の確保に関する国及び地方公共団体の責務

国及び地方公共団体は、基本方針に従って、決議要除却認定マンションに居住していた区分所有者及び賃借人の居住の安定の確保を図るため必要な措置を講ずるよう努めなければならないものとした。

六　マンション敷地売却事業（法第百十六条から法第百六十三条まで関係）

1　マンション敷地売却組合

イ　マンション敷地売却組合（以下「組合」という。）は、マンション敷地売却事業を実施することができるものとした。

ロ　組合は、法人とするものとした。

ハ　マンション敷地売却決議の内容によりマンション敷地売却を行う旨の合意をしたものとみなされた者（マンションの区分所有権又は敷地利用権を有する者であってその後に当該マンション敷地売却決議の内容により当該マンション敷地売却を行う旨の同意をしたものを含む。以下「マンション敷地売却合意者」という。）は、五人以上共同して、定款及び資金計画を定め、都道府県知事等の認可を受けて組合を設立することができるものとし、この場合、認可を申請しようとするマンション敷地売却合意者はマンション敷地売却合意者の四分の三以上の同意（同意した者の議決権の合計がマンション敷地売却合意者の議決権の合計の四分の三以上であり、かつ、同意した者の敷地利用権の持分の価格の合計がマンション敷地売却合意者の敷地利用権の持分の価格の合計の四分の三以上となる場合に限る。）を得なければならないものとした。

ニ　都道府県知事等は、ハの認可の申請があった場合において、次のいずれにも該当すると認めるときは、その認可をしなければならないものとした。

(1)　申請手続が法令に違反するものでないこと。

(2)　定款又は資金計画の決定手続又は内容が法令に違反するものでないこと。

(3)　当該マンション敷地売却事業を遂行するために必要な経済的基礎及びこれを的確に遂行するために必要なその他の能力が十分であること。

(4)　その他基本方針に照らして適切なものであること。

ホ　組合は、ハの認可により成立し、都道府県知事等は、当該認可をしたときは、遅滞なく、組合の名称等を公告しなければならないものとした。

ヘ　組合は、ホの公告の日から二月以内に、マンション敷地売却に参加しない区分所有者に対し、区分所有権及び敷地利用権を時価で売り渡すべきことを請求することができるものとした。

ト　売却マンションのマンション敷地売却合意者（その承継人（組合を除く。）を含む。）は、全て組合の組合員とするものとした。

チ　その他組合の役員、総会、審査委員等組合の管理に関する事項及び組合の解散に関する事項に関し、所要の規定を設けるものとした。

リ　組合に関する法人税法及び消費税法に関する法令の規定の適用について、特例措置を設けるものとした。

2　分配金取得手続

イ　分配金取得手続開始の登記

組合は、1のホの公告があったときは、遅滞なく、登記所に、売却マンションの区分所有権及び敷地利用権（既登記のものに限る。）について、分配金取得手続開始の登記を申請しなければならないものとし、当該登記があった後においては、組合員は、売却マンションの区分所有権又は敷地利用権を処分するときは、組合の承認を得なければならないものとした。

ロ　分配金取得計画

(1)　組合は、1のホの公告後、遅滞なく、都道府県知事等の認可を受けて、分配金取得計画を定めなければならないものとし、当該認可を申請しようとするときは、分配金取得計画について、あらかじめ、総会の議決を経るとともに、売却マンションの敷地利用権が賃借権であるときは、売却マンションの敷地の所有権を有する者の同意を得なければならないものとした。

(2)　分配金取得計画においては、次に掲げる事項等を定めなければならないものとした。

1)　組合員が売却マンションについて有する区分所有権又は敷地利用権

2)　組合員が取得することとなる分配金の価額

3)　売却マンション又はその敷地に関する権利（組合員の有する区分所有権及び敷地利用権を除く。）を有する者で、この法律の規定により、権利消滅期日において当該権利を失うものの氏名又は名称及び住所、失われる売却マンション又はその敷地について有する権利並びにその価額

4)　売却マンション又はその敷地の明渡しにより3)に掲げる者（売却マンション又はその敷地を占有している者に限る。）が受ける損失の額

5)　権利消滅期日

(3)　分配金等の価額の算定基準

1)　(2)の2)の価額は、マンション敷地売却決議において定めた算定方法により算定した価額とするものとした。

2)　(2)の3)の価額は、近傍類似の土地又は近傍同種の建築物に関する同種の権利の取引価格その他の当該価額の算定の基礎となる事項を考慮して定める相当の価額とするものとした。

3)　(2)の4)の額は、売却マンション又はその敷地の明渡しにより通常受ける損失として政令で定める額とするものとした。

(4)　都道府県知事等は、(1)の認可の申請があった場合において、次のいずれにも該当すると認めるときは、その認可をしなければならないものとした。

1) 申請手続又は分配金取得計画の決定手続若しくは内容が法令に違反するものでないこと。

2) マンション敷地売却決議の内容に適合していること。

3) 売却マンションの区分所有権又は敷地利用権について先取特権等を有する者の権利を不当に害するものでないこと。

4) その他基本方針に照らして適切なものであること。

(5) その他分配金取得計画の変更等に関し、所要の規定を設けるものとした。

ハ 分配金の取得等

(1) 組合は、ロの(1)の認可を受けたとき等は、遅滞なく、その旨を公告し、及び関係権利者に関係事項を書面で通知しなければならないものとした。

(2) 権利消滅期日において、売却マンションは、組合に帰属し、区分所有法第一条に規定する建物の各部分を所有権の目的としない建物となり、売却マンションを目的とする所有権以外の権利は、消滅するとともに、売却マンションの敷地利用権は、組合に帰属し、売却マンションの敷地利用権が所有権であるときは当該所有権に係る敷地を目的とする所有権、地役権及び地上権以外の権利、売却マンションの敷地利用権が借地権であるときは当該借地権を目的とする権利は、消滅するものとした。

(3) 組合は、権利消滅期日後遅滞なく、売却マンション及びその敷地に関する権利について必要な登記を申請しなければならないものとした。

(4) 組合は、権利消滅期日までに、組合員に対し、分配金を支払わなければならないものとし、売却マンション又はその敷地に関する権利（組合員の有する区分所有権及び敷地利用権を除く。）を有する者で、この法律の規定により、権利消滅期日において当該権利を失うものに対し、その補償として、補償金を支払わなければならないものとした。

(5) 担保権の目的物について分配金又は補償金を支払うときは、担保権者の全てから供託しなくてもよい旨の申出があったときを除き、その補償金を供託しなければならないものとし、先取特権、質権又は抵当権を有する者は、当該供託された補償金に対してその権利を行うことができるものとするとともに、その他の分配金及び補償金の供託に関し所要の規定を設けるものとした。

ニ 売却マンション等の明渡し

売却マンション又はその敷地を占有している者は、権利消滅期日までに、組合に売却マンション又はその敷地を明け渡さなければならないものとした。ただし、分配金取得計画公告の日の翌日から起算して三十日を経過していないとき、分配金若しくは補償金の支払若しくはハの(5)の供託がないとき又は売渡し請求の代金の支払若しくは提供がないときは、この限りでないものとした。

3 マンション敷地売却事業の監督等

組合に対する監督、資金の融通等及び技術的援助の請求に関し、所要の規定を設けるものとした。

七　危険又は有害な状況にあるマンションの建替えの促進のための特別の措置の廃止（旧法第百二条から旧法第百二十四条まで関係）

危険又は有害な状況にあるマンションの建替えの勧告制度等を廃止するものとした。

八　雑則（法第百六十五条関係）

マンション敷地売却組合がこの法律に基づいてした処分その他公権力の行使に当たる行為に不服のある者は、都道府県知事等に対して審査請求をすることができるものとした。

第3　今後の運用方針等

法の施行に当たっては、今回の改正が地震に対する安全性が確保されていないマンションの建替え等の円滑化を図ることを目的としていることに鑑み、認定・許可・認可等に関する手続に当たっては迅速かつ適切な処理に努めるとともに、このほか以下の点に留意して運用されたい。

一　マンションの建替え等に関する情報提供、相談体制等の整備について

1　マンションの区分所有者、管理組合、借家人等が利用できる相談窓口として、公益財団法人住宅リフォーム・紛争処理支援センターが運営する「住まいるダイヤル」（電話番号：〇五七〇―〇一六―一〇〇）においてマンションの建替えやマンション敷地売却等に関する相談受付を開始するとともに、平成二十七年一月より住まいるダイヤルで受けた電話相談のうち、法律や制度等に関する専門的な相談が必要な場合について、弁護士・建築士による無料の対面相談を開始することから、これらの普及に努めること。（別添参照）

2　別途作成した「耐震性不足のマンションに係るマンション敷地売却ガイドライン」及び「マンション敷地売却関連書式・支援制度集」の普及に努めること。

二　法第百二条第一項の除却の必要性に係る認定について

除却の必要性に係る認定については、認定の申請に係るマンションが「地震に対する安全性に係る建築基準法又はこれに基づく命令若しくは条例の規定に準ずるものとして国土交通大臣が定める基準に適合しないと認めるとき」（法第百二条第二項）に認定を行うものであり、耐震性不足のマンションについて耐震改修を行うか除却を行うかの判断については、あくまで区分所有者が主体的に行うものであることに留意すること。

三　法第百五条第一項の規定による容積率の特例の許可について

容積率の特例の許可については、別途通知した「マンションの建替え等の円滑化に関する法律第百五条の規定の運用について（平成二十六年十二月五日国住街第百四十五号）」を参考に、各地域における耐震性不足のマンションの立地状況等を踏まえ、当該マンションの除却・建替えの必要性等を勘案し、積極的に活用を図ること。

四　法第百九条第一項の買受計画の認定について

1　買受計画の認定については、買受計画の認定基準である「買受け及び除却に関する資金計画が当該買受け及び除却

を遂行するため適切なものであり、当該決議要除却認定マンションが買い受けられ、かつ、除却されることが確実であること」（法第百十条第二号）や「代替建築物提供等計画が当該決議要除却認定マンションの区分所有者又は借家人の要請に係る代替建築物の提供等を確実に遂行するため適切なものであること」（法第百十条第三号）等の確認を行う上で必要な範囲内において、あらかじめ管理組合等とその内容や手続の進め方等について十分に調整を行った旨が確認される書類（管理組合等の代表者による確認書や買受計画に係る事項について決議をした管理組合等の総会の議事録）や資金計画の収入の確実性が確認される書類（収入項目に応じ、自己資金の場合は財務諸表、借入金の場合は金融機関の融資意向表明書や関心表明書等）等により確認を行うことが考えられること。

2　買受計画に記載される代替建築物提供等計画については、区分所有者や借家人に対して代替建築物の選択肢を十分かつ柔軟に示すことができるような計画が求められるものであり、個々の区分所有者及び借家人の再入居又は転出先の具体的な予定等を記載するものではないことに留意して、「マンション敷地売却関連書式・支援制度」で示す買受計画の記載例も参考に確認を行うこと。

3　認定買受人に対して義務付けている代替建築物の提供等については、買受計画に定められた代替建築物提供等計画に従い、流通している物件や新たに建設される再建マンション等の中で区分所有者又は借家人の希望に最も近い代替建築物の提供等を行うことが基本となるが、市場に存在しない代替建築物の要請や一般的な取引慣行にそぐわない売買代金や家賃等の減額の要請など、区分所有者や借家人から過度な要請があった場合の対応までは義務付けられるものではないことに留意して、認定買受人に対する監督を適切に行うこと。

五　法第百二十条第一項の規定によるマンション敷地売却組合の設立の認可について

組合の設立の認可基準において「その他基本方針に照らして適切なものであること」（法第百二十一条第四号）とされているが、その趣旨は、基本方針に示された事項の趣旨に反していないことを確認するものであることに留意すること。

六　法第百四十一条第一項後段の規定による分配金取得計画の認可について

1　分配金取得計画の認可については、分配金取得計画の認可基準である「申請手続又は分配金取得計画の決定手続若しくは内容が法令に違反するものでないこと」（法第百四十四条第一号）の確認を行う上で必要な範囲内において、価額の算定に関する資料や明渡しにより法第百四十二条第一項第四号に掲げる者が受ける損失の額の明細を示す書類等による確認を行うことが考えられること。

2　分配金取得計画の認可基準において「その他基本方針に照らして適切なものであること」（法第百四十四条第四号）とされているが、その趣旨は、基本方針に示された事項の趣旨に反していないことを確認するものであることに留意すること。

（別添）

住まいるダイヤルによる相談サービス

電話相談

○安心して利用できる相談窓口です。

住まいるダイヤルは国土交通大臣から指定を受けた住宅専門の相談窓口〔(公財）住宅リフォーム・紛争処理支援センター〕です。

○一級建築士の相談員がお答えします。

一級建築士の資格を持ち、住宅に関する広い知識を備えた相談員が、専門的な見地からアドバイスします。マンションの建替えやマンション敷地売却等についてのご相談にもお答えします。

住まいるダイヤル0570－016－100（通話料は有料）
受付時間10:00 ～ 17:00（土、日、祝休日、年末年始除く）

↓ マンションの建替えやマンション敷地売却等について法律や制度等に関する専門的な相談が必要な場合

専門家相談

○弁護士・建築士による無料の対面相談です。

各都道府県にある弁護士会※で行います。　※体制が整った弁護士会から順次実施

マンションの建替えやマンション敷地売却等に関係する区分所有者、管理組合、借家人等の方がご利用いただけます。

6　附帯決議（平成十四年）

○マンションの建替えの円滑化等に関する法律案に対する附帯決議

（平成十四年四月十七日　衆議院国土交通委員会）

政府は、本法の施行に当たっては、次の諸点に留意し、その運用について遺憾なきを期すべきである。

一　マンションの建替えが円滑かつ適切に行われるよう本法の趣旨の周知徹底に努めること。

二　マンションの建替えに当たっての区分所有者等の合意形成の促進に関し、建替えに係る情報の提供が十分になされるよう必要な措置を講ずるよう努めること。

三　新築又は既存のマンションの耐久性を向上させるための技術開発及びその普及のために必要な措置を講ずるよう努めること。

四　健全な中古マンション市場の育成に留意し、良好に管理され防災や居住環境の面で良質なマンションが適切に評価されるよう必要な措置を講ずるよう努めること。

五　マンションの建替えに参加することが困難な高齢者等の社会的弱者に対し、居住安定のために必要な措置を講ずるよう努めること。

六　マンションの建替えが良好な市街地環境の形成に資するよう必要な措置を講ずるよう努めること。

七　マンションの建替えに際して生ずる建設廃棄物が適正に処理されるよう必要な措置を講ずるよう努めること。

八　マンションの建替えに民間事業者が参加できる措置を講じたことにかんがみ、居住者の意向が十分尊重されるよう必要な措置を講ずるよう努めること。

○マンションの建替えの円滑化等に関する法律案に対する附帯決議

〔平成十四年六月十一日
参議院国土交通委員会〕

政府は、本法の施行に当たり、次の諸点について適切な措置を講じ、その運用に遺憾なきを期すべきである。

一、マンションの建替えが円滑かつ適切に行われるよう、本法の趣旨の十分な周知徹底を図ること。

また、本法がマンションの建替えを一律に促進するものであるとの誤解を生じさせることのないよう配慮すること。

二、マンションの建替えに当たり区分所有者等の合意形成が適切に促進されるよう、建替えと補修の選択に係る判断指針及び合意形成プロセス等に関するマニュアルを作成するとともに、国、地方公共団体、専門家等による相談・情報提供体制の整備が図られるよう努めること。

三、良質な住宅ストックの活用が重要であることにかんがみ、新築又は既存のマンションの耐久性を向上させるための技術開発及びその普及のために必要な措置を講ずるよう努めること。特に、再建マンションの長寿命化がなされるよう十分な配慮を行うこと。

四、健全な中古マンション市場の育成に留意し、良好に管理され防災や居住環境の面で良質なマンションが適切に評価されるよう、中古マンションに係る住宅性能表示制度の早期導入とその普及を図るなど必要な措置を講ずるよう努めること。

五、マンションの建替えへの参加を容易にするため、死亡時一括償還融資制度の普及を図りつつリバースモーゲージ手法の一層の活用につき検討するとともに、建替えに参加が困難な高齢者等に対し、居住安定のために必要な措置が講じられるよう、地方公共団体に対する補助、技術的援助等をはじめとした適切な支援の拡充に努めること。

六、マンション建替組合による売渡請求権の行使に際しての時価の算定基準については、今後の事例集積を重ねる等により、その明確化に資するよう努めること。

七、マンションの建替えが良好な市街地環境の形成に資するよう必要な配慮をするとともに、既存不適格マンション、団地型マンション等の建替えが円滑に行われるよう、適切な措置を検討すること。

八、循環型社会の形成の観点から、マンションの建替えに際して生ずる建設廃棄物の適正な処理に必要な措置を講ずるよう努めること。

九、マンションの建替えに民間事業者が参加する場合においても、居住者の意向が十分尊重されるよう配慮すること。

十、国土交通省と関係行政機関との十分な連携を行うことにより、マンションの管理、建替え等に係るマンション法制の有機的な運用が図られるようにすること。

右決議する。

○建物の区分所有等に関する法律及びマンションの建替えの円滑化等に関する法律の一部を改正する法律案に対する附帯決議

〔平成十四年十一月十五日　衆議院国土交通委員会〕

政府は、本法の施行に当たっては、次の諸点に留意し、その運用について遺憾なきを期すべきである。

一　環境保全、高齢者・障害者居住等の視点から、マンションの長寿命化を図るための必要な措置を講ずるよう努めること。また、マンションの長寿命化や再生に関する調査研究を促進すること。

二　マンションの劣化状況等の客観的な評価を行う評価制度の普及に努めること。

三　新築又は既存のマンションの耐久性を向上させるための技術開発及びその普及のために必要な措置を講ずるよう努めること。

四　健全な中古マンション市場の育成に留意し、良好に管理され防災や居住環境の面で良質なマンションが適切に評価されるよう必要な措置を講ずるよう努めること。

五　マンションの建替え及び大規模修繕に際して、居住者の意向が十分尊重されるよう必要な措置を講ずるよう努めるとともに、建替え及び大規模修繕に参加することが困難な高齢者等の社会的弱者に対し必要な支援を講ずるよう努めること。

六　マンションの建替えが良好な市街地環境の形成に資するよう必要な措置を講ずるよう努めること。

七　社会・経済情勢や建物の状況に応じた的確な管理を実施することにより、マンションの有する効用が可能な限り維持、増進されるよう本法を運用すること。

○建物の区分所有等に関する法律及びマンションの建替えの円滑化等に関する法律の一部を改正する法律案に対する附帯決議

〔平成十四年十二月三日
参議院国土交通委員会〕

区分所有建物、特に、マンションについては、社会・経済情勢の変化、国民ニーズの多様化の中で、都市住民の居住形態として普及・定着してきている。その反面、近時、マンションをめぐって諸問題が発生しており、建設・管理・建替え等に係る諸施策について、都市・住宅政策等の幅広い観点から、その一層の整備拡充が図られるべきである。

このような状況を踏まえ、政府は、本法の施行に当たり、次の諸点について適切な措置を講じ、その運用に遺憾なきを期すとともに、マンションをめぐる諸情勢の変化に対応して、その制度の在り方の見直しを始め広範多岐にわたる視点から検討を加えるべきである。

一、共用部分の変更を実施する際の区分所有者の判断の参考に供するため、特別多数決を要することとなる具体的事例を集積し、その周知徹底に努めること。

二、区分所有者の利害の衡平を図る見地から、規約の設定・見直しが適切になされるよう、マンション分譲業者、区分所有者、管理組合等関係者に対し、十分な周知徹底を行うなど、特段の配慮をすること。

三、マンションの建替え及び大規模修繕に当たっては、居住者の意向が十分尊重されるよう努めること。また、建替えに参加することが困難な高齢者等に対し、居住の安定のための方策を検討すること。

四、マンションの建替え及び大規模修繕に当たっては、その合意形成の円滑化を図るため、区分所有者等に対し極力早期の段階で的確かつ十分な情報開示がなされるよう努めるとともに、国、地方公共団体、専門家等による相談・情報提供体制の一層の整備に努めること。

五、団地型マンションの建替えについては、一棟建替えのほか、多様な手法の開発・導入を図り、円滑なマンションの建替え、従前居住者の居住の安定に寄与するよう工夫をすること。

六、社会・経済情勢や建物の状況に応じた的確な管理を実施することにより、マンションの有する効用が可能な限り維持・増進されるよう、管理組合に対する一層の支援を行うとともに、必要に応じ、中高層共同住宅標準管理規約等について見直しを行うなど、本法の効果的な運用が図られるようにすること。

七、環境保全、高齢者・障害者居住、良質なマンションストックの活用等の観点から、増改築等による既存マンションの再生手法の普及を図るなど、マンションの長寿命化が図られるよう積極的な取組を行うこと。

八、健全な中古マンション市場の育成に留意し、良好に管理され防災や居住環境の面で良質なマンションが適切に評価されるよう、マンションの劣化状況等に係る評価制度の普及を図るなど必要な措置を講ずるよう努めること。

九、新築又は既存のマンションの耐久性を向上させるため、スケルトン・インフィル住宅等の技術開発及びその普及のために必要な措置を講ずるよう努めること。

十、本法の施行に当たり、国土交通省は法務省及び関係行政機関との十分な連携を行うことにより、マンションの管理、建替え等に係るマンション法制の有機的な運用が図られるようにすること。

右決議する。

7　附帯決議（平成二十六年）

○マンションの建替えの円滑化等に関する法律の一部を改正する法律案に対する附帯決議

〔平成二十六年五月二十一日
衆議院国土交通委員会〕

政府は、本法の施行に当たっては、次の諸点に留意し、その運用について遺憾なきを期すべきである。

一　老朽化マンションについて、建替え、改修を含めた再生事業が円滑に進むよう、マンション敷地売却制度の創設による老朽化マンションの建替え等の促進効果を見極めた上で、マンションに係る権利調整や建築規制のあり方等について、引き続き多角的な観点から総合的な検討を行うこと。

二　特に、既存の老朽化マンションストックの多くを占め、更新のニーズの強い団地型のマンションについては、建替え等の促進を図るため、まちづくりの観点も含め、団地再生のための施策のあり方について幅広く検討を行うこと。

三　既存ストックを有効活用する観点から、区分所有者が改修か建替えか売却かを的確に判断できるよう、判断基準の作成、普及に努めること。

四　マンション敷地売却決議がされた要除却認定マンションの区分所有者及び借家人に対し、認定買受人が第百十三条の代替建築物の提供等を実施するに際しては、区分所有者及び借家人が過度な要請を行っていない限り、できるだけ要請に沿った提供等となるよう努めること。

五　本法による除却の必要性が認定されたマンションの建替えに係る容積率については、特定行政庁は、周辺地域への影響を十分に考慮し、地域住民の理解を得る努力をした上で、円滑な建替えが可能となるような容積率を設定するよう、国は必要な助言を行うこと。

六　近年の老朽化マンションの増加の実態を踏まえ、本法に基づくマンション敷地売却事業のほか、マンション建替事業や耐震改修などのマンション再生に向けた制度が十分に活用されるよう、地方公共団体や関係団体等と連携し、制度の周知や費用の支援、相談窓口の設置なども含め、その対応に万全を期すこと。

○マンションの建替えの円滑化等に関する法律の一部を改正する法律案に対する附帯決議

〔平成二十六年六月十七日
参議院国土交通委員会〕

政府は、本法の施行に当たり、次の諸点について適切な措置を講じ、その運用に遺憾なきを期すべきである。

一　老朽化マンションについて、建替え、改修を含めた再生事業が円滑に進むよう、マンション敷地売却制度の創設による老朽化マンションの建替え等の促進効果を見極めた上で、マンションに係る権利調整や建築規制の在り方等について、引き続き多角的な観点から総合的な検討を行うこと。

二　更新ニーズの強い団地型のマンションについては、その再生のための施策の在り方について、まちづくりの観点も含めて幅広く検討を行うこと。

三　マンション敷地売却制度及び容積率の緩和特例の前提となる耐震診断が広く行われることが重要であることから、共同住宅向けの耐震化のための支援制度の一層の充実に努めること。また、既存ストックを有効活用する観点から、区分所有者が改修か建替えか売却かを的確に判断できるよう、判断基準の作成、普及に努めること。

四　マンション敷地売却決議がされた要除却認定マンションの区分所有者及び借家人に対し、認定買受人が第百十三条の代替建築物の提供等を実施するに際しては、できるだけ区分所有者及び借家人の要請に沿った提供等となるよう努めること。

五　マンション敷地売却の際には、除却の必要性に係る認定、マンション敷地売却決議、分配金取得計画の決定等の各段階において紛争の余地を少なくすることが重要と考えられることから、耐震性の判断、買受人の選定、分配金等の算定等について、適切かつ明確な基準やガイドラインを示すこと。

六　除却の必要性が認定されたマンションの建替えに係る容積率の特例については、特定行政庁において、周辺地域への影響を十分に考慮し、地域住民の理解を得る努力をした上で、円滑な建替えが可能となるような運用がなされるよう、必要な助言を行うこと。

七　近年の老朽化マンションの増加の実態を踏まえ、本法に基づくマンション敷地売却事業のほか、マンション建替事業や耐震改修などのマンション再生に向けた制度が十分に活用されるよう、地方公共団体や関係団体等と連携し、制度の周知や費用の支援、相談窓口の設置、紛争処理体制の整備なども含め、その対応に万全を期すこと。

右決議する。

改訂　マンション建替法の解説

2003年３月30日　第１版第１刷発行
2015年９月30日　第２版第１刷発行

編　著　マンション建替法研究会

発行者　松　林　久　行

発行所　株式会社大成出版社

東京都世田谷区羽根木１—７—11

〒156－0042　電話（03）3321—4131（代）

http://www.taisei-shuppan.co.jp/

印刷　信教印刷

ISBN978-4-8028-3208-3